AF364238

La magia que duerme en ti

Gemma Comas

Nota a los lectores:

Esta publicación contiene las opiniones e ideas de su autor. Su intención es ofrecer material útil e información sobre el tema tratado. Las estrategias tratadas en este libro pueden no ser apropiadas para todos los individuos y no se garantiza que produzca algún resultado en particular. Este libro se vende bajo el supuesto que ni el autor ni el editor, ni la imprenta se dedican a prestar asesoría o servicios profesionales legales, financieros, de contaduría, psicología u otros. El lector deberá consultar a un profesional capacitado antes de adoptar las sugerencias de este libro. NO se da ninguna garantía respecto a la precisión o integridad de la información o referencias incluidas aquí, y tanto el autor como el editor y la imprenta y todas las partes implicadas en el diseño de portada y distribución, niegan específicamente cualquier responsabilidad por obligaciones, pérdidas o riesgos, personales o de otro tipo, en que se incurra como consecuencia, directa o indirecta, del uso y aplicación de cualquier contenido del libro.

Agradecimientos

En primer lugar doy gracias a esa voz que gritó dentro de mí para que tomara la decisión de escribir lo que tienes entre tus manos.
Quiero agradecer profundamente a dos seres increíbles, a los motores de mi vida. Agradezco de todo corazón a mis dos hijas por haberse convertido en mi gran PORQUÉ y acompañarme en esta aventura.

A mis padres y a mis hermanos por haberme ayudado a ser quien soy.
A mis amigos, los que están cerca y los que viven muy lejos porque siempre me han apoyado.
A Gema Salgado por ayudarme a materializar mi sueño.
A todos los maestros, mentores y autores que me han enseñado mucho de lo que hoy tengo para dar.
Y en especial a ti, querido lector. Por tener mi libro entre tus manos y poder vivir mi propósito de vida.

Miles de GRACIAS a todos por hacerme tan feliz.

TESTIMONIOS

«La magia que duerme en ti es un libro con el poder de cambiar tu vida. Inspirado para crear una revolución en tu interior y devolverte la soberanía que, por derecho, te corresponde. Te impulsa a conectarte al valor y a la verdad para aprender a sentirte pleno y satisfecho contigo mismo. Una herramienta con dominio para la expansión de la conciencia. De la mano de la sabiduría chamánica y del entendimiento de las leyes universales, aprenderás a conocerte y a ser el protagonista de tu vida».
María Roncero, autora de "Historia entre mujeres".

«Un libro MÁGICO. La claridad que nunca encontré en ningún otro sitio en cuanto a cambio de creencias o temas tan complejos y aparentemente esotéricos como el chamanismo, con bases muy claras y mucha práctica. Un libro que acaba y solo quieres más…».
Patricia Bartolomé. Terapeuta y formadora, especialista en Biodescodificación transgeneracional y en problemas de fertilidad. Autora de "Las leyes de la fertilidad".

«Empoderamiento total y absoluto ante una realidad existente pero aún no desvelada que te lleva a alcanzar niveles de energía óptimos para construir la vida que mereces. Revolucionaria manera práctica de entender los conceptos y aplicarlos para llevar tu vida a otro nivel de conciencia que atraerá la armonía que tanto necesitas. Todo esto lo descubrirás en este magnífico libro».
Euyen Martínez Negrín, autora del libro "Dedícate una sonrisa".

«La magia que duerme en ti es un compendio de información valiosa y muy bien explicada. Tras una primera parte con numerosas herramientas orientadas a liberarnos de nuestras creencias limitantes, la autora nos introduce en el conocimiento de la física cuántica, el chamanismo y las leyes herméticas. Un gran libro de consulta y estudio. Gracias, Gemma, por tu gran aportación».
Nuria Quirós, autora del libro "Cada día mejor".

«Maravilloso libro que me ha ayudado muchísimo a conocer mis creencias limitantes. Gracias, Gemma por tan gran valioso regalo. De una manera eminentemente práctica a la vez que inusual, te acompaña a vivir una espiritualidad mágica».
Lourdes López, autora de "Como sirena en el agua".

«Gracias a La magia que duerme en ti he tenido el valor para revolucionar mi vida y transformarla, cambiando las creencias que me limitan de forma práctica y sencilla.
Me he dado cuenta de cómo he venido repitiendo escenarios desde que era niña. Gracias a Gemma he podido cambiar estas creencias y con ello transformar mi vida. Me ha gustado mucho este libro porque he aprendido a gestionar mi energía para conseguir mis sueños. Me ha parecido super interesante; en realidad, todos tenemos magia en nuestro interior para alcanzar todo lo que deseemos. Miles de gracias, Gemma, por esta fabulosa obra.
Isa Campillos, autora del libro "El código de tu sanación".

«La magia que duerme en ti es revolucionario, informativo y práctico. Te lo recomiendo si quieres conocer más acerca de nuestra existencia y de la metafísica. ¡Gracias Gemma!».
Midalvis Velázquez Iglesias, profesora de Biología y autora de la trilogía "Dasamor".

«La magia que duerme en ti es un libro que te cambiará la vida. En él, Gemma nos desvela las técnicas necesarias para romper con nuestras limi-

taciones y crear todo lo que soñamos. Física cuántica, chamanismo, leyes universales... Este apasionante libro nos desvela lo que pocos han contado. ¡Gracias, Gemma por hacerme descubrir un nuevo mundo!
__Ana Fernández Cervantes__, autora del libro "Soñador... ¡Despierta!".

«Visión novedosa y reveladora sobre el autoconcepto y la conciencia. Promueve la revolución interior fomentando el autodescubrimiento».
__Mónica Dosil__. Psicóloga y Escritora.

«La magia que duerme en ti es un auténtico regalo para empoderarse. Puedes hacer un trabajo brillante de creencias y de toma de conciencia personal. El empoderamiento personal es un hecho si eres capaz de aprovechar bien este libro. ¡Gracias por tanta sabiduría, Gemma!».
__Ana de Juan__, autora de "Tu fortaleza espiritual. Rompe tu indefensión aprendida".

«Sin duda un libro que te dejará boquiabierto. La magia que duerme en ti me ayudó a vislumbrar un mundo mágico que estoy segura te encantará. Gracias, gracias, gracias, Gemma por crear esta maravilla que me ayudó en mi poder de creación».
__Jimena Rivas__, autora del libro "No son tus hijos".

Gemma Comas, en su obra La magia que duerme en ti revoluciona la vida del lector para empoderar a esas personas que están cansadas de vivir una vida que les crea mucho malestar, debido a un sistema de creencias limitantes que les lleva a repetir las mismas experiencias una y otra vez. Gemma, desde muy joven es una apasionada de la física cuántica y nos habla ampliamente de ello en su segunda parte del libro. Nos enseña a aprovechar nuestro potencial energético para poder crear la vida de nuestros sueños. Millones de gracias, Gemma por esta obra, ya que con ella vas a revolucionar la vida de todos tus lectores. Eres auténtica y el mundo tiene que saberlo.
__Lourdes Tatjé Martínez__, autora de "Mi momento es ahora".

«La magia que duerme en ti me ayudó enormemente a transformarme en una versión mejorada de mí mismo. Activó en mí una revolución interior que me ayudó a sentirme bien, satisfecho conmigo mismo. Apoyándome en la sabiduría antigua de los chamanes y en el orden del universo, comprendí que todo es perfecto».
Roberto Vicente Iglesias, *autor de "La alimentación secreta".*

«La Magia que duerme en ti es un libro que te revoluciona la vida. Te ayuda a romper con tu sistema de creencias y a empoderarte. La amplia información práctica que incluye, te ayuda a crear una nueva conciencia para el cambio. Te aconsejo que focalices especialmente tu atención en el apartado dedicado a chamanismo, pues la autora ha experimentado lo que dice en primera persona. A mí me ha sido muy útil hacerlo para aprender cosas acerca de mi poder personal. Gracias Gemma, por acotar tanta información en un único libro, facilitarnos la vida y ayudar a que surja en los lectores la magia interna».
Ana Gordillo, *autora de "Querida Tristeza…".*

«La magia que duerme en ti fue una revolución interna al leerlo. Me ayudó a cuestionar muchas creencias y transformarlas. Cada escrito me llevó a compresiones profundas sobre mí misma. Amé toda la información sobre chamanismo. Realmente lo recomiendo, hay mucho material que yo llamaría 'sagrado'. Es un regalo para el alma encontrarse con un libro así. Gracias, Gemma por tu maravillosa entrega».
Andrea Aranguiz Costa, *autora de "El Juego de la transformación interior".*

«La magia que duerme en ti es un libro escrito para revolucionar la vida del lector. Enseña cómo nosotros mismos somos los creadores de nuestra propia realidad. Es uno de los libros de empoderamiento y crecimiento personal mejor estructurados que he leído. Lo recomiendo vivamente a cualquier persona que busque una verdadera transformación».
Guillermo Salgado Cantor, *autor del libro "Recuerda el 100. Historias y fábulas inspiradoras".*

«A través de diferentes herramientas y sus conocimientos de metafísica, física cuántica y chamanismo, Gemma nos hace entrar en un mundo para muchos desconocido pero que siempre ha estado ahí; un mundo que puede cambiar todo el sentido de tu existencia».
Amadora Espinar, autora de "30 segundos".

«Todos tenemos una magia dentro de nosotros que no sabemos utilizar. Gemma, en este precioso libro, nos enseña cómo manifestar aquello que deseamos y sacar esa magia que todos tenemos. Gracias, Gemma por explicar de forma práctica y sencilla las leyes herméticas y la metafísica».
Nuria Sala Bergillos, autora del libro "Tu don. El poder de sanar tu vida".

«La magia que duerme en ti te llama a la acción de revolucionar y empoderar tu vida, trabajando sobre tu sistema de creencias. En él encontrarás tablas y ejercicios para trabajar con los principios de la física cuántica, el chamanismo y las leyes herméticas.
Gracias, Gracias, Gracias, Gemma por ofrecernos el poder de trabajar a nivel físico y metafísico y así crear la vida de nuestros sueños.
Carmen Jesús Pérez Rivero. *Técnica estilista y asesora de belleza, autora de la trilogía "Madre".*

«Gemma en este maravilloso libro nos enseña a cambiar nuestras creencias para sacar a flote esa MAGIA que reside dentro de nosotros mismos. La autora nos introduce en el mundo del chamanismo en el que encontraremos respuestas para sanar y mejorar en todas las áreas de nuestra vida. ¡Fantástico aporte, Gemma!».
Luna Wilde, autora de "¿Yo soy? La magia de la transformación".

«Con este libro he renacido. Me ha hecho conectar con mi poder personal y gracias a él he logrado ser la protagonista de mi vida y he dejado de ser actriz de reparto. ¡Ya no soy una víctima! ¡GRACIAS, GRACIAS GRACIAS!».
Guillermina Giménez

«La magia que duerme en ti es un libro único que nos enseña cómo cambiar nuestras creencias y también lo que es el chamanismo y sus beneficios para nosotros. Me ha encantado. ¡Gracias, Gemma!
Radostin Ivanov Stanchev

«Como profesional de la salud desconocía totalmente el mundo en el que Gemma nos introduce de manera práctica y clara. Gracias a la lectura de este libro he podido cambiar mi realidad y ser una mejor persona. ¡Muy recomendable!
Dra. Carina Povarchik, *autora de "Donde todo empieza".*

«La magia que duerme en ti te despierta al sueño de tu propia vida, al confiar de la energía inagotable que vive en ti, a que todo aquello que siempre has creído, puede no ser cierto; pero para ello tienes que descubrirte y elegir qué creer para tu propia evolución. Gemma te ayuda y te guía en tu descubrimiento. Gracias por querer llenar nuestro mundo de magia».
Maria del Pino Díaz Gómez, *autora de "Tod@s somos Mari@".*

«Este libro revoluciona tu vida desde el empoderamiento que va a provocar en ti. La autora se desliza mágicamente por tus emociones y te lleva a despertar tu poder interior. ¡Imprescindible para tu descubrimiento!
Rocío Sanchez Garcia, *autora de "¿Quién es la otra?".*

«La magia que duerme en ti me ha aportado las herramientas necesarias para cambiar algunos paradigmas que, sin darme cuenta, tenía arraigados en mi subconsciente y gracias a estos principios básicos y esta hermosa forma de explicarlo, ha hecho que sea realmente fácil poder entender y aplicar estos conceptos en mi vida. Muchas gracias, Gemma por la gran aportación que estás haciendo y sobre todo, por desvelar estos conocimientos que permanecían dormidos y que a partir de este libro comienzan a despertar».
Gerardo Vicente Fariña, *autor del libro "Invítame a pensar".*

«La magia que duerme en ti te hace despertar y empoderarte. Habla de física cuántica, metafísica y psicología y es un libro con el que puedes cambiar tu vida a mejor y lograr la vida que siempre has deseado. Gracias Gemma, por tu libro, me ha sido de gran ayuda».
Carmen Guerra, *autora de la trilogía "Rompiendo cadenas".*

«Gemma Comas te lleva por tu propio camino interior hacia el descubrimiento de tu fuerza y lugar en el universo, introduciéndote como guía en el chamanismo para fortalecerte como ser espiritual, enseñándote la magia que puedes crear en tu vida».
Luna Rosa, *autora de "Mariposa de un capo".*

«La magia que duerme en ti es un libro que no pasa desapercibido. He leído mucho sobre espiritualidad y crecimiento personal y puedo decir que este libro es totalmente revolucionario y transformador. Empoderamiento total al leerlo. Libro muy práctico y con gran coherencia...con herramientas muy potentes de transformación».
Cristina Segura

«Gemma Comas explica la física cuántica de una manera tan clara que tomas consciencia de tu poder creador en cada instante. Encontré herramientas valiosas que me ayudaron a conocer todo mi potencial. ¡Gracias, Gemma, por tu generosidad!».
Mery Ruíz Cendoya, *autora de "La auténtica macro-revolución".*

«La magia que duerme en ti es un libro que te lleva, de manera sencilla, a comprender los mecanismos de tu mente y del universo. Sin duda, te hará ver lo realmente poderoso que eres, la magia que llevas dentro».
Ángel Díaz Sánchez, *autor de "Tu mejor versión, nivel Dios".*

«Gemma, estoy encantada con tu libro La magia que duerme en ti. El libro expresa mucha claridad, para que toda persona pueda entender su

sistema de creencias y así poder romper los patrones limitantes. Las herramientas aportan una ayuda increíble. La física cuántica y el chamanismo me han encantado. Cómo lo explicas, a nivel físico y metafísico basándote en el ahorro energético. Gemma, gracias por compartir este bonito libro conmigo. Lo recomiendo de todo corazón a todas las personas que quieran aprender a ser creadores de la vida de sus sueños».
Claudia Elizabeth Garcete, *autora del libro "Los secretos de mi mundo".*

«Nos aporta herramientas muy útiles para cambiar las creencias limitantes que tenemos y para cambiar nuestro mundo, porque somos nosotros los que lo creamos».
Jessica Casado Aragoneses, *autora del libro "¡Qué bueno eres!".*

«Este maravilloso libro te llevará a adentrarte en un viaje donde tú eres el protagonista, donde tú eres el creador de todo. Gemma nos enseña cómo funciona nuestra mente y cómo manejarla para ponerla de nuestra parte y así tener la vida que queremos. Un libro apasionante donde habla de las creencias, de lo importante que es tener las adecuadas y cómo cambiarlas para que nos conduzcan a nuestros sueños.
Gracias por mostrarme el chamanismo, me he enamorado de toda esta mágica cultura. Gracias, Gemma por acercarnos a la vida que siempre hemos querido, por acercarnos a nosotros mismos».
Tatiana García Pérez, *autora del libro "Elígete".*

Gracias a este libro he podido descubrir las técnicas chamánicas que me han permitido ir a la raíz de mis conflictos internos y así descubrir mi paz interior. Gracias a Gemma he podido llegar a los rincones del alma para sanarla. Millones de gracias.
Ignasi Riera.

«Tener en tus manos el libro La magia que duerme en ti te adentra en filosofías documentadas en el poder que hay en esas técnicas. Es un libro

lleno de energías que vas a sentir nada más empezar. ¡Gracias, Gemma, por despertar la magia en todos tus lectores».
Mely Relinque, *autora de la trilogía "Más allá de tu piel".*

«Revoluciona tu vida con La magia que duerme en ti; rompe con tu sistema de creencias, crea tu realidad a través de la física cuántica, aprende las bases del chamanismo… Gemma me hizo entender la importancia de recuperar tu poder personal. Gracias infinitas, Gemma».
Carolina Rodrigo Fuentes, *autora del libro "Piensa, vende, ama".*

«Me ha fascinado este libro, porque me ha ayudado muchísimo a identificar mis creencias limitantes y a trabajar en ellas, cambiando mi molde antiguo por uno nuevo. La magia que duerme en ti es un libro que te lleva a otro nivel de conciencia y a un crecimiento increíble, personal y espiritual, donde despertarás de muchos estados que no te permitían avanzar. Gemma, nuestra autora, nos da herramientas sólidas para lograr la vida que deseamos.
Gracias, Gemma por llegar a mi vida a través de tus libros y ayudarme tanto a lograr una vida plena y feliz como la había soñado. Gracias gracias gracias».
Sol Jiménez, *autora de la trilogía "Tu cambio empieza hoy".*

«Gracias Gemma por este libro tan maravilloso, diseñado para revolucionar a las personas que están cansadas de su malestar. Me ha encantado que hable de chamanismo. ¡Muchas gracias, Gemma!».
Isa, *autora del libro Quédate con lo bueno y sé feliz.*

«La magia que duerme en ti es un libro que no te dejará indiferente; es un libro de empoderamiento. Te explica, de manera muy sencilla y aplicable, cómo cambiar tus creencias. El capítulo dedicado a chamanismo es sin duda el más transformador. La autora lleva mas de 14 años aprendiendo de este camino de conocimiento y nos ofrece técnicas eficaces para

conectar con nuestra realidad mas profunda. Gracias, Gemma, de todo corazón, por compartir esta sabiduría ancestral».
Vanesa Elizabeth Prado Cáceres, *autora de Sanar a través de nuestros ancestros.*

«Revolucionarás tu vida con este libro. Me ha asombrado lo bien que la autora explica cómo cambiar creencias y el contenido sobre física cúantica, tratado de manera sencilla y clara. Además, a través de su trilogía conocí el chamanismo. Es un libro apasionante.
Ana Carina Saraceno Ferreiro, *autora de "Creo en la magia y en el amor".*

«Excelente libro que no podemos perdernos, ya que a través de sus páginas podemos cambiar nuestras vidas. Empoderamiento y conciencia para poder realizar ese cambio, con herramientas y ejercicios que la autora nos brinda para nuestra transformación.
Gemma Comas nos anima a crear una vida llena de poder y energía y un futuro prometedor».
Gerard Brechet, *autor de la trilogia "Tú creas tu futuro".*

«Un libro revolucionario, de empoderamiento y transformación. Tú eres el creador y el observador de tu vida; puedes cambiar tu vida modificando tus creencias y tu pensamiento. Mil gracias, Gemma, por compartir tu sabiduría».
M.ª José Rosselló, *autora de "Tu lienzo en blanco. El arte de encontrar tu esencia".*

«Con su libro La magia que duerme en ti, Gemma revoluciona la vida de los lectores. Les lleva a lo más hondo de sí mismos para entender cómo pueden empoderarse, tomando conciencia de quiénes son realmente; de su verdadera esencia, llevándoles al mundo de la metafísica, de la física cuántica, del chamanismo y de las leyes herméticas. Gracias, Gemma, por tu gran aportación».
Geneviève Nieto, *autora del libro "Diálogo con tus guías, tus maestros y tus seres queridos. Los registros akáshicos y el mundo angélico".*

«La autora, en este libro, habla sobre las creencias que son las causantes de los resultados que experimentamos una y otra vez; explica este proceso para que lo entendamos y da herramientas para llegar a cambiar dichas creencias. Nos muestra con ejemplos de física cuántica cómo somos a la vez observadores y creadores de nuestra realidad; nos introduce en el chamanismo y nos hace ver cómo esta tradición espiritual nos da el poder para trabajar en el mundo físico y metafísico».
James García, autor de "El renacer de tu alma".

«Hermoso libro que te hace despertar a la realidad, soltando antiguos lastres que solo te hacían estar sumido en la desesperanza. Conocerás leyes ancestrales y cómo combinándolas con la práctica de ejercicios de una cultura antigua, lograrás sanar todos los episodios de tu vida».
Eila Rubio Romero

«La autora comparte este hermoso camino de empoderamiento con técnicas fáciles y claras de comprender, en una obra maravillosa en la que va mas allá de nuestra perspectiva y nos muestra un mundo maravilloso».
Paola Solarte, autora de "Volando ando".

«Es un libro que te ayuda a concienciarte y te ofrece una serie de herramientas que utilizándolas, te hacen tomar conciencia de que tú puedes crear la vida que deseas. Nos introduce en el chamanismo y la física cuántica de una manera tan especial y apasionada como solo ella sabe hacerlo».
Diana Henri, autora de "Conduce tu vida".

PRÓLOGO DE LAIN

Todos nosotros tenemos el anhelo interno de una vida mejor, solo que no todos actuamos en base a ello.

Algunos ya se rindieron, quizás recientemente o puede que haga décadas. Otros todavía no, siguen en la lucha, pero lamentablemente es cuestión de tiempo que también terminen haciéndolo.

¿Por qué?

Pues porque las estadísticas nos muestran que la gran mayoría de las personas no consiguen lo que quieren, y que cuando esto sucede, entonces se pasan la vida justificándolo y buscando adeptos que también justifiquen sus fracasos.

Los conocerás porque son criticones, tratan de destruir sueños ajenos, convencen a las personas de abandonar y nunca tienen esperanza de futuro.

Pero hay otros, muy pocos, que sí logran conseguir esos anhelos del alma.

¿Quiénes son esos y qué hacen diferente?

Ellos han entendido que el juego de la vida es un juego interno. Que el mundo interior crea el mundo exterior y que aquellos que ya se rindieron lo hicieron porque desconocían esta verdad.

Aquellos que luchan y pronto se rendirán es porque se esfuerzan en el juego externo ignorando el verdadero juego que está ocurriendo donde raramente ven, en su interior, concretamente, en sus paradigmas de creencias.

Pues bien, ¡muy buenas noticias!, porque si estás leyendo estas páginas es porque ya estás preparado y no llegaron a ti por casualidad, sino por CAUSAlidad.

Gemma va a ayudarte en este proceso y estoy seguro que si lo aplicas, ya nada volverá a ser como antes.

LAIN, autor de la saga LA VOZ DE TU ALMA.

www.lavozdetualma.com

ÍNDICE

INTRODUCCIÓN

¿Siempre se repiten las mismas circunstancias en tu vida? ¿Aunque quieras cambiarlas vuelven a repetirse? ¿Siempre vives los mismos problemas en las relaciones? ¿Siempre tienes problemas de dinero o de salud? ¿Aunque pongas todo tu empeño parece que el cambio hacia una situación mejor se te resiste? Te diré una cosa: aunque tomes acción para cambiar un área de tu vida en la que siempre se repiten las mismas situaciones, hasta que no haya un cambio profundo en tu mentalidad, no vas a lograr poder cambiarlo.

Si siempre has vivido situaciones similares, hasta que no cambies tu mentalidad en referencia a ese tema, siempre vas a repetir las mismas circunstancias. Hasta que no cambies tu programación mental y despiertes la magia que duerme en ti, difícilmente lograrás los cambios que te gustaría experimentar. Nuestra mente tiene un gran poder pero nadie nos enseña cómo utilizarlo.

Si ya estás cansado de repetir las mismas historias y de pasar por la vida preocupado siempre por las mismas cosas, este es el libro que necesitas. Permíteme que te acompañe en todo el proceso. Me siento feliz de que tengas este libro entre tus manos, porque simplemente habrá un antes y un después en ti y en tu vida.

¿Alguna vez has oído una voz que procede de tu corazón? ¿Una voz que no da grandes discursos pero que te hace vivir un momento de gran lucidez? ¿Has sentido esto alguna vez? ¿Has tenido la certeza absoluta de cuál era el cambio o el camino que debías seguir? Seguramente has experimentado esto alguna vez en tu vida. En ocasiones, inconscientemente, nos estamos preguntando por una situación en concreto que nos afecta y en un momento dado entramos en un estado de lucidez donde nos llega una respuesta. Esta respuesta siempre está en nosotros pero muchas veces no estamos preparados para escucharla. Cuando esta voz que viene de tu interior y te habla, la sientes, lo sientes en tu corazón y en cada célula de tu cuerpo; en ese instante, SABES que eso es lo que debes hacer, que ese es el camino a seguir.

Todos tenemos estos momentos de revelación pero lo verdaderamente importante es cómo procedemos después. Aunque lo sintamos y tengamos la certeza absoluta de que las cosas deben ir así, normalmente en unos días escondemos esa voz en algún rincón de nuestro corazón. Unos días después o incluso unas horas más tarde, nuestra mente, con su gran misión de protegernos nos está dando mil argumentos para que abandonemos nuestro plan, para que dudemos, para que tengamos miedo, para que nada cambie y todo continúe como está.

Pocas personas son capaces de anteponer esa voz a la voz de su mente, pocas personas se quedan con esa sensación y avanzan sabiendo que ese es el camino que deben transitar. Es más fácil quedarse como siempre que coger otra ruta. Es más fácil vivir mal, aburrido, amargado, sin proyectos, arruinado, enfermo, solo, triste, enfadado, deprimido… que cambiar la ruta de la propia vida. Es más fácil continuar estando mal que enfrentarse a lo que crea este malestar e ir a por una vida mejor.

Cuando abandonamos nuestra incómoda comodidad se abre un gran abismo ante nosotros: el miedo a no saber qué pasará. La incertidumbre y la falta de claridad hacen retroceder a la mayoría de las personas. Ese miedo es superior a su malestar. Pero llega un momento en que las situaciones ya son insostenibles y no se pueden soportar por más tiempo. Es este muchas veces el punto de inflexión, el punto de quiebra donde se inicia la transformación, donde se empieza a caminar hacia lo que uno desea.

Veo a menudo a las personas quejarse por todo: por el trabajo, por la economía, por la familia, por la salud, por la pareja... La sociedad se queja porque no se compromete. Las personas se quejan porque no se hacen responsables de su vida al cien por cien y cuando no te haces responsable de tu vida y las cosas no van como tú crees que deberían ir, tienes que buscar culpables: el gobierno, mi padre, mis hijos, la crisis, mi edad, mi sexo, mis estudios...

¿Por qué le cuesta tanto a la mayoría de personas comprometerse con sus sueños?, ¿por qué no se hacen responsables de su vida? Pues la respuesta es sencilla: porque estamos educados y programados para actuar de esta manera. ¿Cómo quieres ser millonario si tienes mentalidad de pobre?, ¿cómo quieres ser próspero si tienes una mentalidad de escasez?, ¿cómo quieres ser una persona sana y vital si no tienes una mentalidad acorde a lo que deseas?, ¿cómo quieres ser una persona amada, si no te amas a ti mismo?

Como verás más adelante, el 90% de todo lo que pasa en tu vida viene dirigido por tu PROGRAMACIÓN SUBCONSCIENTE. Y hasta que no cambies toda esta programación, no lograrás atraer lo contrario a tu vida. Piensa que tienes una gran herramienta pero el problema es que está mal programada y esa es la causa de que repitas siempre las mismas situaciones y aunque te propongas cambiarlas, se te resistan. Puede ser que con esfuerzo puedas cambiar alguna cosa en tu vida pero si no trabajas en ti a nivel interno, seguramente este cambio no será duradero.

¿Qué situación estás viviendo que te causa dolor? ¿Qué quieres cambiar en tu vida? Si tienes este libro en tus manos seguramente es porque quieres cambiar una situación que ya no deseas, una situación que te provoca malestar. Seguramente lo has intentado pero no has logrado lo que esperabas o puede que aún no hayas empezado.

De todas formas, mi intención es que acabes consiguiendo lo que te propones y como te explicaré, lo primero que debes cambiar es tu forma de pensar.

A menudo observo que las personas temen abandonar su zona de confort, no quieren sentirse incómodas, pero hasta que no abandonen esa zona cómoda, conocida y segura no podrán empezar a ver su transformación. Veo que las personas hablan mucho, pero a la hora de la verdad no actúan; sueñan, pero les falta compromiso. Con desear únicamente una cosa, no es suficiente…Tienes que cambiar tu mentalidad, tu programación, desearlo, soñarlo e ir a por ello. Por el mero hecho de que estés leyendo estas líneas, ya se que tú no eres una de esas personas, ya sé que realmente tienes ganas de cambiar tu situación y te felicito por ello.

He pasado muchos años de mi vida leyendo e investigando sobre el tema y he visto los resultados en mí una y otra vez. He leído muchísimo sobre metafísica y ley de la atracción pero al principio no tenía los resultados que esperaba, hasta que me di cuenta de que si mi forma de pensar continuaba siendo la misma, no podía atraer situaciones diferentes a mi vida. Cuando logré reunir todas las herramientas necesarias para este cambio interno, comenzó mi cambio externo.

Nuestra mentalidad (90%) viene dada por nuestra educación, por nuestra programación, por todo lo que aprendimos en un momento dado y lo vivimos como una gran certeza. Y toda esta información que llegó a ti son los pilares de tu vida. Seguramente te puede parecer curioso que algo que aprendiste hace muchos años pueda estar actualmente condicionándote, pero así es. Te explico porqué: dependiendo de tu mentalidad, pensarás y tomarás unas decisiones concretas que te llevarán a obtener unos resultados. Si tus resultados actuales no son los que quieres, es porque tu mentalidad no es la adecuada para lograrlos. Por tanto, llegar a unos resultados concretos implica: un cambio en tu programación, un compromiso verdadero con lo que quieres lograr, y generar acción hacia ese propósito. Esta es la ecuación mágica y precisamente en esto vas a trabajar con este libro. Observarás cuál es tu mentalidad, ganarás consciencia sobre qué creencias te limitan y aprenderás a transformarlas. También ganarás claridad sobre hacia dónde quieres dirigirte, sobre qué es lo que deseas lograr y a generar la acción para que eso acontezca.

Tu mentalidad es la que hace que seas quien eres en este momento, tu mentalidad es la que te ha llevado a los resultados actuales, tu mentalidad es la responsable de que tengas la vida que tienes ahora. Es por este motivo que cambiando tu mente (tu mentalidad, tu programación) puedes realmente transformar tu vida, puedes cambiar la trayectoria de tu destino. No estamos destinados, estamos educados para dirigirnos hacia un sitio u otro.

Únicamente con el deseo de lograr alguna cosa no es suficiente, todos hemos visto o leído sobre la ley de la atracción. Pero como su nombre indica, se atraen las cosas mediante la acción y por supuesto, con una mentalidad afín a ese cambio. Si no hay una mentalidad adecuada, por mucho que tú desees ser rico, próspero, tener una relación maravillosa, tener la familia perfecta, una salud envidiable, no lo vas a lograr. Si preguntas a las personas si quieren ser millonarias, todas te van a responder que por supuesto, pero solo haciendo las preguntas adecuadas ya ves que su mentalidad no es la correcta. La mayoría de personas tienen conflictos con el dinero. Tienen conflictos en generarlo, en mantenerlo o en ambas cosas.

EL LIBRO ESTÁ ESTRUCTURADO EN CUATRO PARTES PRINCIPALES

En la **primera parte** trabajarás la autobservación, las maneras de generar consciencia y el cambio en tu programación. Desde pequeños vamos acumulando información, como he comentado anteriormente; llegamos siendo recipientes vacíos y nos vamos llenando de información. Con esta información creamos nuestros archivos mentales (puedes imaginar nuestra mente como un gran archivador). En él están guardados todos los datos que aprendiste. Cuando tienes que tomar una decisión buscas dentro de tus archivos de información y estos condicionan cada pensamiento que brota de tu mente, por esto se le llama «la mente condicionada».

Recuerda que tus pensamientos (basados en tus archivos), te llevan a tener un tipo de sentimientos, tus sentimientos te llevan a tomar unas decisiones u otras, tus decisiones te llevan a tus acciones y estas finalmente a unos resultados. Todo se inicia en tu programación. Y al igual que con un ordenador, cuando cambias tu programación, cambias el resultado.

¿De qué formas nos llega esta información?, ¿Cómo estamos condicionados?

Encontramos tres formas principales de condicionamiento:

a) **Lenguaje** (lo que oías cuando eras pequeño).

b) **Referentes** (lo que veías cuando eras pequeño).

c) **Experiencias específicas** (lo que viviste cuando eras pequeño).

Es vital que comprendas estos tres procesos de la programación. Los examinaremos y los cambiaremos, si es necesario, para convertir en creencias capacitadoras aquellas creencias que te limitan.

Vivimos en una sociedad de gratificación inmediata. Quieres una cosa y basta con pulsar un botón para tenerla en casa al día siguiente. Vivimos en una sociedad en la que todo sucede al instante y muchas veces empezamos a construir la casa por el tejado.

He organizado el libro de esta forma precisamente por este motivo, porque no podemos empezar la casa por el tejado, sino por los cimientos. Muchas personas hacen cursos de crecimiento personal, meditan, visualizan y aun así no obtienen los resultados que esperan. Estos resultados no llegan porque las causantes de nuestros resultados son nuestras creencias y mientras no nos pongamos a trabajar en ellas nada cambiará.

Por mucho que te visualices sano, si tienes una mentalidad de enfermedad, continuarás igual. Por mucho que te visualices rico, si tienes una mentalidad de escasez, continuarás como estás. Por mucho que visualices una pareja maravillosa a tu lado, si continuas pensando y sintiendo que no eres merecedor o albergas creencias negativas al respecto, nunca llegará.

En la primera parte, trabajaremos sobre tus sistemas de creencias, sobre los pilares para poder cambiar lo que no prospera en tu vida. Verás que es la parte más extensa del libro y en la que hay más ejercicios, pero mi propósito es el de ayudarte a cambiar tu mentalidad y crear nuevas creencias que te ayuden en tus objetivos, en lugar de entorpecer tu camino. Cuando eliminas las creencias que te limitan estas son sustituidas por nuevas creencias de poder que te ayudarán a llegar adonde tú quieras.

La mayor finalidad de nuestra mente es la de protegernos y ante cualquier cambio importante siempre va a frenarnos, de la misma manera que frecuentemente nuestro entorno convencional va a buscar argumentos totalmente lógicos para que lo aplaces o abandones.

Cuando las cosas parecen no ir bien, la mayoría de personas te dirán que igual no es el momento, que esperes a que todo esté mejor, que esperes a que todo esté más calmado, que esperes a estar tú mejor, que esperes a estar más preparado, que esperes a que todo sea idóneo, pero no funciona así. Estamos mentalmente programados para seguir el camino fácil; pocas personas te animarán a seguir el camino difícil si tienes otras opciones, simplemente porque **estamos condicionados para evitar el dolor y como vivimos en una sociedad de gratificación inmediata, no vemos que detrás de una incertidumbre (dolor) inicial está lo que queremos lograr (placer).**

Cuando inicias tu camino y las cosas no parecen ir bien, la mayoría de personas que te rodean te dirán que descanses, que lo dejes un tiempo, que te vayas de vacaciones, que te plantees si es el momento adecuado...pero sabes, el momento adecuado nunca va a llegar, el momento adecuado es ¡AHORA!

El momento adecuado nunca llegará porque nosotros y nuestro entorno así lo consideraremos, siempre buscaremos justificaciones para continuar aplazándolo, buscaremos excusas para mantenernos donde estamos aunque no sea agradable. Justificaremos nuestra inacción callando esa voz que grita dentro de ti: ¡HAZLO!

Primero trabajaremos a nivel interno y más adelante verás la importancia de las personas de tu entorno. Cuando expones un GRAN cambio a algún familiar o persona de tu entorno, su primera reacción inconsciente será la de frenarte, la de hacerte abandonar (en la mayoría de los casos), pero date cuenta de que es su programación la que está hablando, sus creencias son las que le hacen pensar de esa manera.

Cuando estás rodeado de personas que han logrado el éxito en el ámbito en el que tú deseas prosperar y cambiar, estas personas te van a apoyar, simplemente porque sus creencias actuales son acordes con esto. Una amiga mía hace unos meses se separó de su marido y un día me llamó para encontrarnos. Hacía tiempo que posponía dar el paso y me explicaba que mucha gente no la entendía y que la juzgaba al respecto. Aún se mantienen las creencias de que se tiene que aguantar, de que tenemos que continuar en la relación por los hijos; son creencias culturales y familiares. Ella me explicaba que le había costado separarse por miedo a hacerle daño a la otra persona, pero que ahora era enormemente feliz, al igual que sus hijos y su exmarido. Hace 50 años el divorcio ni se contemplaba, las mujeres aguantaban mucho y esto por suerte ha cambiado, pero la creencia aún está en nuestras mentes.

La programación cultural también tiene un gran peso en nosotros. Fíjate que tenemos una creencia general (cultural) de que los nórdicos o los americanos son mejores. Yo he visto muchas veces a personas de mi entorno tratar de manera especial a alguien por el mero hecho de ser alemán, sueco o americano. Únicamente el origen de esa persona ya hace que te puedas sentir inferior a él y esto también es una programación. Y como todo, habrá personas muy aptas, del mismo modo que las tienes en tu país. Fíjate que estos países son pioneros en muchas cosas, son países ricos y con gente emprendedora pero, ¿por qué? Porque hay ya una programación cultural. Por ejemplo, si en Colombia una persona le dice a otra que es ambiciosa, seguramente esta se lo tomará mal, ya que en su cultura el ser ambicioso es algo negativo por la programación mental que se tiene al respecto. Seguramente se albergan creencias de que los ricos son ambiciosos y malas personas. Por tanto ambicioso, igual a malo. Pero, si alguien en Estados Unidos le dice a otra persona que es ambiciosa, seguramente será tomado como un elogio, ya que en su programación relacionan la ambición con el éxito, con las ganas de prosperar y para nada es negativo en un país donde muchas personas emprenden y llegan al éxito. Ahora hazte consciente de cómo pesa en nosotros nuestra programación: una palabra que en un país es un elogio, en otro país cercano es un insulto.

Así que en esta parte del libro vas a trabajar en toda esta información subconsciente, programada, que guía tu vida y que simplemente aprendiste. Vamos a crear unas bases, unos cimientos, para que puedas construir en ellos la vida que quieres vivir en el aspecto que quieras cambiar.

La **segunda parte** está enfocada en la física cuántica y la fuente universal de energía. Por suerte, en los últimos años, la física cuántica ha podido demostrar los principios metafísicos antiguos. En esta parte del libro conocerás cómo se crea la realidad, de dónde procedemos, qué somos realmente y la forma correcta de interactuar con esta fuente universal.

Y en la **tercera parte** conocerás la estrategia chamánica. Desde bien joven, he estado interesada en la metafísica, he leído cientos de libros sobre el tema y finalmente el chamanismo me ha dado las herramientas para trabajar desde el mundo físico directamente sobre el mundo metafísico. Antes de descubrir este camino, cuando leía tenía clara la teoría pero no sabía cómo ponerlo en práctica.

El chamanismo es desconocido por la gran mayoría pero posee unas formas muy eficaces para obtener resultados. Es un mundo complejo, pero la estrategia chamánica que te enseñaré precisa únicamente de autodisciplina y observación. Básicamente en este libro trabajaremos la autobservación, el ganar consciencia, el ahorro, la generación y la recuperación de energía, el enfoque y la impecabilidad.

En la **cuarta parte** vas a conocer las leyes herméticas. Las leyes universales que rigen el universo. A través de este conocimiento antiguo aprenderás cómo funcionan estas leyes y cómo utilizarlas para llevar a cabo tus propósitos. Cuando conozcas estas leyes te darás cuenta de que nunca fallan y que las observas una y otra vez en tu vida y en las vidas de otras personas.

A muchas personas les cuesta llegar al cambio a causa de su paradigma, los paradigmas que llevan toda la vida creyendo. Cuando tienes una creencia actúas acorde con esa creencia y por descontado obtienes unos resultados acordes también a ella, unos resultados que refuerzan aún más la creencia en la que te has basado. A nivel lógico, se piensa que solo se puede modificar la materia en el mismo mundo físico. Grandes pensadores, como Buda, Aristóteles, los herméticos… ya sabían y actualmente los físicos cuánticos lo afirman, que la materia no se modifica en el mundo físico o material, sino en el mundo cuántico o espiritual (metafísico). Puede que esto que acabo de decir te parezca una locura. En la segunda parte del libro profundizaremos en este tema y verás cómo a través de muchos experimentos científicos se llega a estas afirmaciones.

El gran físico Stephen Hawking decía: «lo que ahora son paradojas en la teoría cuántica, será algo de sentido común para los hijos de nuestros hijos». Y tiene toda la razón, sobre todo por los grandes avances que se realizan en este campo. Piensa que actualmente disponemos de grandes avances científicos y tecnológicos. Seguramente nuestros bisabuelos habrían pensado que estamos locos si les hubiéramos contado que en unos años podríamos ver y hablar con una persona que se encuentra en la otra punta del mundo. Algo que para nosotros es tan normal, les hubiera parecido una auténtica locura.

Ahora sabemos a ciencia cierta lo que los antiguos pensadores ya afirmaban, sabemos que TODOS SOMOS COCREADORES de nuestro mundo y que nuestra intención como observadores influye y cambia la realidad. Como verás más adelante en un experimento que se realizó con átomos, según el modo que tengamos de mirar las cosas, las cosas que miramos cambian. Por tanto, llegamos a la conclusión de que el universo es únicamente una pantalla donde se proyecta lo que creamos en el mundo metafísico o espiritual (en nuestra mente). En el universo se ha plasmado el pensamiento de todos los seres humanos. Como decían Jesús y Platón: «Sois dioses creadores pero lo habéis olvidado». En el mundo físico se proyecta lo que está dentro de nosotros, en nuestra vida se proyectan nuestros sistemas de creencias.

Nuestro mundo exterior es un reflejo de nuestro mundo interior. De la misma manera, para poder cambiar una imagen del mundo físico, no puedes hacerlo desde este mismo plano, sino desde el mundo metafísico, donde puedes coger la película del proyector y cambiarla.

Ahora imagina un ordenador en el que has escrito un texto. Imagina que este ordenador es tu mente. Cuando has terminado de escribir, imprimes el texto y al leerlo te das cuenta de que hay un error, coges corrector y bolígrafo y lo corriges. Al cabo de unos días vuelves a necesitar el texto, lo imprimes, ves el error y tienes que volver a corregirlo. Y estarás pensando, ¿por qué no lo corriges en el texto original del ordenador antes de imprimirlo? Pues sí, esto es lo lógico, pero nosotros estamos funcionando de manera ilógica. De la misma forma que si queremos ver otro resultado en la palabra del papel, esta se tiene que modificar en el texto del ordenador, tenemos que trabajar a nivel interno, en nuestra forma de pensar, para poder ver diferentes resultados en el mundo físico.

Aparte de la programación adquirida que rige nuestras vidas, el gran problema de la mayoría de personas es que no saben lo que quieren. Hay una falta de claridad en las metas. Cuando te centras en un objetivo estás mandando una señal energética al universo sobre lo que deseas lograr y este se pone en marcha para que todo se vaya orquestando, pero si un día crees que deseas llegar a unas cosas y al cabo de unos días cambias de decisión, todo se para. Debemos saber claramente qué es lo que queremos y no desviarnos de ello. Debemos tener claro internamente cuál es nuestra meta y mantenernos firmes en ella.

¿Estás preparado para empezar este apasionante camino?

¡Pues vamos!

TU VIDA ACTUAL ES EL REFLEJO DE TUS CREENCIAS

Puede ser que estés pasando una mala época, puede ser que lleves mucho tiempo viviendo el mismo tipo de problemas y estés pensando que ya no puedes hacer nada al respecto, resignado. Pero esto no es así, siempre puedes cambiar, siempre puedes tener mejores opciones, siempre puedes crecer y evolucionar en la vida...solo debes ser consciente de que estas oportunidades están dentro de ti y la fuerza para el cambio también. Descubre este poder que está en tu interior y utilízalo a tu favor, para vivir una vida mejor, para saltar los obstáculos presentes actualmente, para cambiar todo lo que te crea dolor.

Este libro es un camino, querido lector, un camino a la autobservación y a la transformación. Es un libro que te hará pensar, observar y trabajar. Lo único importante aquí es estar abierto y ser totalmente sincero, porque cuando te mientes acerca de alguna cosa, no estás engañando a nadie, únicamente te estás engañando a ti mismo. Trabajando con esta información que estás a punto de conocer, llegarás a tener resultados, te lo aseguro.

Si ya estás familiarizado con este tipo de lectura, no te va a generar tanta incomodidad, pero si eres de los que desconoce todos estos principios que voy a explicarte, únicamente te pido que tengas una mente abierta. Tu mente racional te va frenar en muchas ocasiones, es su trabajo, pero mantente abierto al contenido. No te pido que lo creas todo ciegamente, únicamente experimenta, pruébalo. No tienes nada que perder. Piensa que las cosas no ocurren al azar y si tienes este libro en tus manos es por algún motivo.

En este camino que estás a punto de iniciar, trabajaremos con la psicología, la autobservación, las estrategias chamánicas y las leyes universales. Si tienes ganas de cambiar tu vida, de prosperar, de acabar con una situación que no es buena para ti, de ser quien eres en realidad, de lograr tu sueño, estás en el momento y lugar adecuados.

Aprenderás que nuestra mente racional no puede detener a nuestra alma, sino que tiene que seguirla.

¿Cuántas veces has tomado una decisión que tu mente racional daba por buena y en el momento de llevarla a cabo has sentido una presión en el pecho? Normalmente hacemos caso a lo que pensamos. Aun sintiendo esa presión, aun teniendo un sentimiento negativo seguimos adelante porque CREEMOS que es lo correcto. ¿Qué tal si empiezas a aprender a escuchar lo que realmente quieres ser y hacer? ¿Qué tal si te conviertes en una persona auténtica y dejas de actuar de acuerdo a lo que los demás esperan de ti? Solo tienes una vida y es TUYA, únicamente tuya. Da igual en qué momento estés ahora, en este preciso momento tienes la oportunidad de empezar a cambiar, de crecer y de hacer lo que tu corazón desea hacer en cualquier situación.

En este preciso momento te mereces ser feliz y cambiar el rumbo de tu vida hacia la vida que siempre has querido. Nunca es tarde, tu pasado ya no existe y el futuro aún se tiene que crear, o mejor dicho, lo tienes que crear.

Si quieres crecer, si quieres cambiar, yo te voy a ayudar a hacerlo y empezaremos cambiando el sistema de creencias que te ha traído al momento actual, porque mientras sigas con tu mismo programa mental, tu vida no va a cambiar, o te diré más, si ya tienes una vida complicada, seguramente irá a peor. La vida es un aprendizaje pero muchas veces nos resistimos y esperamos a cambiar cuando ya no soportamos más una situación, cuando lo que estamos viviendo nos crea tanto dolor que somos capaces de abandonar esa zona conocida de «confort» para embarcarnos en una aventura de cambio.

Como verás a continuación, el 90% de nuestros éxitos o fracasos están en nuestra mente. Es nuestra mentalidad la responsable de ellos; nuestra forma de pensar, de sentir y de vivir nos lleva a unos resultados. Seguramente en este momento pensarás: «pero no solo depende de nuestra mente...» al final del libro entenderás perfectamente de que así es.

DECISIÓN Y COMPROMISO

Estas son dos palabras que entrañan un gran poder. Cuando tomas una decisión con el corazón y esta es inamovible, aunque tu mente te diga que no va a ser fácil, que te va a costar, que no es el mejor momento, tu alma sabe cuáles son los planes para ti. Tienes que invertir el orden y hacer que tu corazón vaya por delante. Cuando te asalten las dudas, ponte la mano en el corazón y siente si vas por buen camino o no, sé honesto, siéntelo. Cuando te comprometes con algo, vas a hacer lo necesario, lo que haga falta, para que se cumpla, porque es tu compromiso. Da igual en qué situación estés, da igual lo que hayas vivido, da igual cómo se encuentre tu entorno actualmente, da igual lo que te digan las personas que te rodean. Cuando has tomado una decisión con el corazón y te has comprometido con ella, debes perseguirla hasta hacerla realidad. Yo estoy aquí precisamente para que llegues hasta el final. Cuando tu mente te haga dudar, ponte la mano en el corazón y siente si es eso lo que quieres hacer o no.

Podemos reeducarnos, podemos reprogramarnos, podemos cambiar nuestra mentalidad. Si cambias tu mentalidad, tu forma de pensar será diferente, tu forma de sentir será diferente, tus decisiones serán distintas, tus acciones serán otras y por tanto, tus resultados también cambiarán. Muchas veces necesitamos situaciones límite para ponernos en marcha y es en estas situaciones donde se inicia el cambio y se aprende a generar los recursos necesarios.

Estas situaciones intensas que no te dejan más alternativa que dar un paso adelante suelen ser realmente transformadoras. Muchas personas de éxito han vivido experiencias muy duras que les han servido como trampolín. Da igual tu pasado, cada día tienes la oportunidad de cambiar la trayectoria de los acontecimientos.

El popular escritor y empresario Joe Vitale fue durante muchos años un sintecho en Texas; el coach número uno en el mundo Tonny Robins estaba arruinado, venía de una familia pobre y llegó a padecer una obesidad importante. Todos estos obstáculos no les impidieron, sin embargo llegar hasta donde están ahora. Tomaron una decisión, cambiaron su mentalidad y empezaron a moverse en la dirección de su propósito de vida hasta que lo lograron.

Muchos de los multimillonarios más destacados venían de familias muy pobres, habían crecido en ambientes complicados a nivel económico pero aun así consiguieron cambiar su sistema de creencias y generar el impulso necesario para romper ese patrón y lograr el éxito y la fortuna con los que se comprometieron.

Ya es hora de abandonar las excusas y las justificaciones para no vivir la vida que quieres, ya ves que otras personas lo lograron, ¿Por qué tú no puedes alcanzar tus sueños también? Cuando abandonas las excusas y las justificaciones, cuando dejas de buscar culpables y te haces totalmente responsable de tus decisiones y de tu situación actual, ya empieza el cambio. Cuando defines qué es lo que quieres lograr y creas un compromiso con ello, nada te detendrá. El camino no es fácil, pero sí posible.

Nos dejamos llevar por lo que la mayoría cree que es lo correcto, pero la mayoría no tiene resultados espectaculares en sus vidas en el ámbito que sea. A veces nos dejamos aconsejar por las personas menos indicadas, con lo cual, no se te vaya ocurrir pedir consejo a quien no tiene éxito en el área que a ti te interesa. Mucha gente ya se rindió en la vida y extiende su programación a su entorno. Una persona que no lo logró no te va a animar a que tú lo hagas; una persona que no lo logró no tenía la mentalidad y el compromiso para que así fuera y ahora aún tiene más reforzada la idea de que no es posible. No te dejes desanimar por quienes no lo lograron, porque es posible siempre y cuando tus creencias acerca de lo que quieres conseguir sean las correctas. Sin una mentalidad adecuada, sin asumir totalmente la responsabilidad de tus resultados y sin el compromiso, es muy probable que no llegues al objetivo deseado.

Si preguntas, todas las personas quieren mejoras en su vida, por supuesto... pero a la hora de implicarse, de asumir su responsabilidad y de invertir tiempo y energía, muchas veces se detienen. Prefieren la incomodidad de la comodidad actual.

He visto en mi consulta personas con algún problema físico que están en lista de espera para pasar por el quirófano. Ahora, imagínate que te digo que hay un medicamento que no tiene contraindicaciones y que funciona en el cien por cien de los casos que he tratado ¿Continuarías en lista de espera para operarte o iniciarías el tratamiento sabiendo que tienes unos meses de tiempo antes de entrar en el quirófano? Seguramente me dirás que escogerías el tratamiento antes de entrar en una sala de operaciones, ¿verdad? Pues sorprendentemente no es así en algunos casos.

No hace muchos días me encontré con un hombre en esta situación y le di la información de dos procedimientos, efectivos, naturales y sin contraindicaciones. ¿Sabes que me respondió? «Uff, es que qué le voy a decir al médico... además me tendrían que hacer otras pruebas para comprobar si ha funcionado o no antes de la cirugía...» ¡Demasiado trabajo!

Es más fácil poner la responsabilidad en otras manos que en las tuyas. Demasiado trabajo tener que ir al médico y decirle que tu cuerpo es tuyo y que quieres seguir otro tratamiento; demasiado complicado tener que ir y pedir que te hagan las pruebas oportunas otra vez dentro de unos meses para saber cómo va todo. Es más fácil resignarse, poner la responsabilidad en manos ajenas y si después algo sale mal, buscar culpables para poder quejarse. Y como haces una cosa, las haces todas...Seguramente te parecerá ridículo, ¿verdad? Pues así actúan la mayoría de las personas y no solo en este área, sino en todas. Cero compromiso, cero responsabilidades, cero trabajo y después se preguntan cómo tienen los problemas que tienen, cómo tienen los resultados que tienen.

Supongo que va siendo hora de que me presente, yo soy Gemma y desde jovencita he tenido muy claro cuál es mi propósito, mi tarea en la vida, como se conoce dentro del chamanismo. Siempre he sabido que mi propósito es ayudar a las personas a sanar y a crecer. Hace diecinueve años decidí que quería dedicarme a ayudar a las personas de manera holística y empecé a estudiar medicina natural y al cabo de cuatro años estudié medicina tradicional china. Soy terapeuta y llevo trabajando ya once años en lo que me apasiona.

Entiendo que en la vida todo pasa por algún motivo...Ya de muy jovencita viví experiencias que supusieron grandes retos para mí y todos esos desafíos que viví fueron los responsables de que empezará a leer libros de metafísica y crecimiento personal a una temprana edad, buscando una respuesta a todas las preguntas que tenía y que ni la sociedad ni mi entorno me podían responder. Me hice totalmente consciente de que los retos que nos pone delante la vida son entrenamientos para que acabes siendo la persona que estás llamada a ser. Estoy totalmente agradecida a la vida que he tenido, a mis padres, a mi entorno, a todas las experiencias que me hicieron evolucionar. Los desafíos nos hacen crecer, nos hacen salir de la zona de comodidad y es justo cuando estás incómodo cuando creces, cuando te expandes y te estiras.

En los años que llevo trabajando en mi pasión, me he dado cuenta de que detrás de cualquier dolencia o enfermedad está nuestra mente, nuestra forma de pensar. Cada vez se habla más de las enfermedades psicosomáticas y de la psiconeuroendocrinoinmunología. Aparte de poder ayudar a la persona a nivel físico, tratando la supuesta causa de la enfermedad, me di cuenta de que detrás siempre hay patrones de pensamiento concretos. **Las enfermedades aparecen cuando tu mente y tu alma no van en la misma dirección**. Aparecen cuando estás haciendo una cosa que no te hace feliz. Pero, ¿por qué continuas haciendo una cosa que no te hace feliz? Por tus creencias, así de fácil. Puede que estés pensando: es por la sociedad actual, no puedo hacer otra cosa distinta, es por no hacer daño a otra persona, es por....y yo continuo diciendo: es por tus creencias. Verás que cuando acabes de leer el libro, no tendrás ninguna duda de que así es.

De la misma forma que siempre vives las mismas situaciones en el área de las relaciones, de la salud o en la económica, ¿por qué aunque te propongas cambiar una cosa, no sale como esperas? Por tus creencias. Si quieres cambiar, de verdad, algún aspecto de tu vida, primero tienes que hacer el trabajo interno correspondiente. Y esto es lo que vas a hacer en el viaje que estás iniciando con esta lectura.

Para nuestra mente nunca es un buen momento para un cambio importante, nos dice que no estamos suficientemente preparados, que no nos lo podemos permitir, que tenemos que reflexionarlo más, que ya es demasiado tarde, que no te mereces aspirar a eso, que es demasiado pronto, que qué pensarán las personas que te rodean, etc. Piensa que al nacer no venimos marcados con una etiqueta que ponga «merecedor» o «no merecedor» «valioso» o «no valioso». Esas etiquetas nos las ponemos nosotros y de la misma forma que tenemos poder para ponerlas, también tenemos poder para quitarlas.

He hecho en mi vida grandes y revolucionarios cambios, cambios radicales que a muchas personas les costaba entender pero jamás he renunciado a lo que siento dentro de mí, digan lo que digan, pase lo que pase.

Mi intención es que recuperes tu autenticidad, todos somos únicos y maravillosos, que puedas vivir la vida que has venido a vivir, que seas quien realmente has venido a ser y que sepas que todo en este mundo es posible. El miedo es nuestro peor enemigo, siempre está detrás de la no acción y del fracaso. Cuando de verdad tienes claridad y sabes hacia dónde te diriges, nada puede pararte.

Hace trece años conocí el chamanismo a través de mi mejor amiga, ella me presentó a Agustín, un chamán mexicano impresionante. En mi búsqueda de encontrar soluciones que funcionaran, descubrí que la estrategia chamánica es una gran herramienta para el cambio. A través de unas directrices que conocerás en la tercera parte del libro, verás cambios rápidos en tu vida.

Hice un curso de ensoñación de tres meses con Agustín. No te preocupes, más adelante te explico de qué se trata. Cuando llevaba un mes y medio haciendo el curso a diario, empecé a percibir todos los cambios positivos que había en mi vida, pero lo que más me emocionó fue cuando me sorprendí un día haciendo un índice mental sobre todo lo que escribiría en mi libro, en este libro. Me levantaba por la mañana medio dormida y pensaba: «Si escribiera un libro, hablaría de esto, de aquello…», «podría explicar…» y así fue como volviendo a seguir mi voz interior he ido organizando dentro de mí todos los conocimientos que me llegaron de un modo u otro y empecé a escribir el libro que ahora tienes en tus manos.

Aunque la oportunidad para cambiar aparezca en un momento que te puede parecer inadecuado, siempre es posible. ¿Por qué te cuento todo esto? Cuando me sorprendí creando el libro en mi cabeza era una época de mi vida en la que estaba todo el día ocupada. Soy autónoma, estoy separada y con dos hijas, una de ellas aún era un bebé. Si tienes hijos sabes de lo que estoy hablando...Aparte de mi papel de madre, tengo mi propia consulta, y seguramente te estás preguntando: ¿De donde sacas el tiempo? El tiempo se busca, se crea.

Mirando mi situación, muchas personas hubieran tenido muchas excusas y justificaciones para posponer su propósito. Yo sabía que este era mi gran anhelo y lo hice realidad. Cuando sientes ese impulso que viene del alma, buscas tiempo, dejas de perder el tiempo en cosas que no te aportan nada y lo dedicas a tu fin. Trabajo muchas horas diarias, pero voy a dormir con un corazón enormemente feliz. Voy detrás de mi propósito de vida y nada me puede detener, voy detrás de mi deseo de ayudar a muchas personas a vivir una vida plena. Seguramente rompo estadísticas, seguramente es estadísticamente improbable que una mujer que tiene doce horas diarias ocupadas pueda escribir un libro. Pero ya sabes que siempre hay excepciones que rompen la regla y si alguien ha logrado algo que tú deseas, tú también puedes y si aún nadie ha logrado lo que tú deseas, tú puedes ser el primero. Tú también puedes romper estadísticas ¿qué crees? Recuerda que cuando te haces totalmente responsable de tu vida y te comprometes a ir a por lo que deseas, las excusas y las justificaciones para no hacerlo simplemente dejan de existir. Me costará más o menos, tardaré más o menos pero lo lograré. Cuando dejé de ver a mis hijas como una posible justificación para aplazar mi proyecto, inmediatamente me hice consciente y las convertí en mi gran PORQUÉ.

Cuando estás atento al mundo que te rodea, observas y escuchas, te das cuenta de que muchas personas no actúan por miedo, por comodidad o por pereza. Oigo a muchas personas quejarse de que están agotadas, de que están cansadas, de qué no pueden.... Si realmente quieres, ¡PUEDES! El cansancio es un estado mental y cuanto más te recrees en él, más importante será. ¿Verdad que cuando haces una cosa que te gusta mucho no te cansa? Cuando hacemos las cosas con pasión no hay excusas para no hacerlas lo mejor posible, no habrá excusas para que no le dediquemos todo el tiempo y el esfuerzo que podamos dar. Aquí entra en juego nuestra impecabilidad a la hora de hacer las cosas. Para que las cosas sucedan, tienes que moverte. Es como en una partida de ajedrez, tienes que mover ficha para que algo suceda. Así funciona el universo. La DECISIÓN y el MOVIMIENTO llevarán tu vida a un nivel superior. El movimiento es vida, el estancamiento es la muerte. El agua estancada acaba pudriéndose, todo estancamiento lleva a la infelicidad. El PROGRESO es vida y felicidad, cuando realmente estás haciendo lo que viniste a hacer. Ya es tiempo ahora de dejar de conformarte. Define en tu cabeza qué es lo que quieres lograr y empieza a volar hacia ello. La mayoría de las personas viven en unos estándares, no se atreven a ir a más por miedo, por miedo a fracasar, por no sentirse merecedores o suficientemente preparados, emprendedores o lo que sea. Llegan a un nivel que les parece adecuado y ahí se estancan. Las situaciones que no evolucionan por naturaleza empiezan a caer. Todo necesita PROGRESO.

Así que te animo a dejar de lado tu miedo y aprovechar el desafío que está presente en estos momentos en tu vida. Úsalo como una catapulta para saltar ese obstáculo y empezar a vivir la vida que viniste a vivir, la vida que mereces vivir.

No tengas miedo de ser quien eres, no tengas miedo de cambiar, no tengas miedo a merecer más, no temas en pedir lo que es tuyo. Cuando cambies tus patrones mentales, dispongas de la energía necesaria y tengas claro tu camino, el universo trabajará a tu favor. Cuando de verdad estés implicado, todas las situaciones que aparecerán en tu vida te irán acercando a lo que desees cambiar.

Cuando vives viendo las oportunidades que se presentan detrás de lo que pueden parecer obstáculos, cambias tu foco. En mi caso, estoy profundamente agradecida a todas las situaciones que te he contado, del mismo modo en que estoy profundamente agradecida a mis hijas. Gracias a ellas he podido desarrollar la disciplina que tengo actualmente. Cuando aparece un obstáculo y tú creces hasta ser más grande que él, podrás superarlo y en esta superación está el aprendizaje. Cuando puedes ver más allá, tu percepción cambia por completo. Cuando aprendes a hacerte las preguntas adecuadas, tu vida tiene otro matiz. Si en lugar de preguntarte; ¿Por qué me pasa esto a mí?, te preguntas: ¿Qué debo aprender de esta situación? No tiene nada que ver. En la primera pregunta estás en el rol de víctima, en el de una persona víctima de las circunstancias. En la segunda pregunta hay una actitud activa, una actitud responsable y resuelta, donde se busca aprender de una situación. Al fin y al cabo, todos estos aprendizajes son herramientas que te servirán en el futuro.

Piensa que cuando llegamos a este mundo somos recipientes vacíos. Poco a poco nos vamos llenando de lo que vemos, oímos y sentimos del entorno. En nuestra primera etapa estamos ya creando nuestra mentalidad, nuestros sistemas de creencias, que como ya sabes, nos llevarán a vivir una serie de situaciones concretas en la vida. Es tiempo de ver qué es útil y qué no en tu vida y es momento de aprender también a expandirse. Si quieres una vida superior en todos los aspectos, tendrás que trabajar sobre el recipiente, que TÚ eres. Si quieres una vida superior tendrás que aumentar la capacidad de tu recipiente.

**TIENES EL PODER DE CREAR.
SI CAMBIAS TU MENTE,
TRANSFORMARÁS TU VIDA**

Si cambias tu mente, ¿tomarás nuevas decisiones?
Si tomas nuevas decisiones, ¿tendrás otros resultados?
¿tendrás otra vida?
Te aseguro que SÍ
Me siento feliz de compartir este emocionante camino contigo
¿Me sigues?

TIENES EL PODER

Este libro es un manual para cambiar tu mente, dejando atrás las resistencias y el auto-sabotaje para empezar a crear lo que realmente quieres en tu vida. Muchos años atrás, cuando leía libros de metafísica sentía una gran confusión, porque a priori, había muchas ideas que se contradecían. Creo que el gran secreto en todo es el equilibrio. Hay muchos libros que hablan de la ley de la atracción y sus principios, pero para que funcionen estos principios tenemos que reprogramarnos, para poder recibir lo que deseamos incorporar a nuestra vida y trabajar a la vez en el mundo físico. Conozco a personas muy espirituales que utilizan estos principios pero no obtienen los resultados esperados. Cuando esto ocurre se crea un gran sentimiento de frustración. Yo me considero una persona espiritual, pero a la vez soy una persona práctica, lógica y que sabe moverse en el mundo físico.

Si tienes ganas de cambiar tu vida, de aspirar a más... este es tu momento. Quiero ayudarte a emprender un viaje hacia una vida más feliz, ayudarte a conocerte en profundidad y a cambiar los patrones que impiden que avances hacia lo que quieres lograr en tu vida. Mi intención es que despiertes la magia que duerme en ti para así poder crear tu propia realidad. Conocer estas verdades son el mayor regalo que cualquier ser humano pueda recibir.

Por tu forma de pensar y tus sistemas de creencias has tomado una serie de decisiones que te han conducido hasta el punto en el que te encuentras ahora. Las decisiones que tomaste años atrás han sido las que te han llevado donde estás. Actualmente sabemos que nuestra forma de pensar, sentir y ver las cosas crea nuestra realidad y por este motivo toda mi intención es ayudarte a pensar y actuar de la forma correcta para que puedas llegar al punto en el que te gustaría estar. Pero antes de llegar a cambiar nuestra realidad de forma deliberada, tenemos que trabajar a nivel profundo dentro de nosotros mismos.

¿Qué vida vives ahora? ¿Es la que deseas? Tu vida está marcada por tus creencias y escalas de valores y para poder hacer un cambio importante en ella, primero tienes que cambiar TÚ internamente. Aunque hayas leído muchos libros de metafísica, física cuántica o ley de la atracción, si no hay primero una transformación interna difícilmente podrás manifestar externamente lo que deseas. Si no trabajas profundamente en ti, tus creencias y resistencias te sabotearán.

Este es un libro para leer atentamente y releer las veces que sean necesarias. Será una gran herramienta para conocerte mejor. En él encontrarás muchos ejercicios, que pueden parecer muy fáciles a simple vista, pero que esconden un gran poder. Estos ejercicios son imprescindibles para lograr lo que deseas y aunque algunos, sobre todo los primeros, te parezcan muy sencillos, son sumamente importantes para poder realizar los siguientes. Si tienes ganas de cambiar tu vida este es el momento perfecto, como verás: las casualidades no existen.

TRES EJERCICIOS SIMPLES

Antes de entrar en materia, empezaremos haciendo estos tres ejercicios. Para poder cambiar o redirigir nuestras formas de pensar, primero debemos observar cómo funcionan. Como acabas de leer, el 90% de lo que pasa por nuestra mente es a nivel inconsciente y por tanto es vital que le prestemos atención para comenzar a conocer nuestra programación.

Empezaremos con unos ejercicios de observación, muy importantes, ya que nuestro objetivo es tener plena consciencia. Recuerda que en esta primera parte del libro trabajaremos sobre las bases que te han llevado a tener tu vida actual y construiremos los cimientos para el cambio. No dejes de hacerlos, tómate tu tiempo y ponte manos a la obra. Recuerda que no se puede empezar la casa por el tejado y aunque seas impaciente y quieras leer el libro deprisa, debes pararte, observar y escribir.

1. Observa cuáles son los pensamientos que predominan en tu mente.

Obsérvate de un modo totalmente objetivo y toma consciencia de hacia dónde tienes enfocados tus pensamientos. ¿Cuáles son los pensamientos predominantes? ¿Qué tipo de pensamientos se repiten? ¿En qué estás enfocado?, ¿Qué es en lo que más piensas?

Es importante que te observes (sin ningún tipo de crítica) y anotes cuáles son tus focos de pensamiento, en qué estás enfocado o dirigido. Recuerda que esto es para ti, para nadie más.

....

....

....

....

....

....

....

....

....

2. Haz una lista de 10 a 15 personas con las que más te relacionas.

Crea una lista de personas con las que te relacionas en tu día a día: en casa, en el trabajo, en la escuela, en el gimnasio, etc. Al lado del nombre de la persona escribe qué te crea a nivel energético. Especifica si te da energía (te sientes a gusto, estás tranquilo en su presencia y al separarte te deja una buena sensación); si te quita energía (si no te sientes bien estando con ella, si sientes que te apaga, que te desanima, llegas a casa con la sensación de agotamiento, tienes el sentimiento de que te llevas sus problemas a casa, te hace sentir triste, sin fuerzas, enfadado...) o si es neutra (no te quita ni te da energía).

Esta lista es totalmente personal (nadie tiene que verla) por tanto tienes que ser totalmente sincero a la hora de observar qué impacto tiene cada una de estas personas en ti, porque más adelante verás qué hacer en cada caso. Recuerdo que algunas veces, en las primeras listas que hice, me sentía culpable. Me sentía culpable cuando ponía al lado de alguna persona muy cercana a mí y a la que quería mucho un signo negativo. Muchas veces por el hecho de que se trate de tus padres, tus hermanos, tus hijos o tu pareja te sientes inclinado a poner el signo positivo o neutro. Por este motivo remarco que esta lista es para ti, nadie tiene que verla y poner un signo negativo no significa que no se quiera a esa persona, sino que nos quita energía.

....

....

....

....

....

....

3. ¿Cómo te sientes?

Aquí escribirás qué emociones experimentas con más regularidad a lo largo del día. Las emociones que sentimos son el mejor indicador para saber qué tipo de pensamientos tenemos. Recuerda que nuestra programación (pensamientos) hace que tengamos unos sentimientos u otros. No puedes tener buenos pensamientos y sentirte mal, de la misma forma que no puedes tener pensamientos negativos y sentirte bien.

¿CÓMO FUNCIONA NUESTRA MENTE?

En todo el libro hablo continuamente del consciente, el inconsciente y el subconsciente. Explicaré de forma sencilla qué abarca cada uno de estos niveles:

La mente consciente

Los estudios afirman que la mente consciente supone un 10% del total de nuestra mente, mientras que el 90% restante corresponde a la mente subconsciente. Nuestra parte consciente es la más conocida. A través de ella adquirimos los conocimientos y desarrollamos nuestra inteligencia. Es nuestra mente racional, la encargada de razonar de forma lógica. Acepta o rechaza a voluntad. Realiza análisis inteligentes basados en conocimientos probados, experiencias sensoriales y deducción. Gracias a ella prestamos atención a los detalles y decidimos llevar a cabo una acción u otra dependiendo de las situaciones observables. **Lo más importante es que cuanto más se desarrolla una habilidad a nivel consciente, más se vuelve esta subconsciente o inconsciente.** Cuanto más repetimos un comportamiento, más fuerte es la conexión neuronal. Por este motivo podemos «entrenarnos» con nuevas pautas y cambiar las creencias que nos limitan en la vida. Los caminos neuronales a nivel consciente, por lo regular vienen programados no solo desde nuestros antepasados, sino también desde nuestra infancia a través de nuestros aprendizajes.

La capacidad de análisis de nuestra mente consciente es limitada, ya que al estar influenciada por el subconsciente no puede ser totalmente objetiva. Por ejemplo, una experiencia que causara un trauma en la infancia, como tener un susto en la bañera puede hacer que de adulto tengamos miedo al agua, al mar, a las piscinas… aunque sepamos nadar. Otro ejemplo podría ser hablar en público. Uno puede saber perfectamente que hablar en público no es peligroso y que no hay motivo para ponerse tan nervioso hasta tal punto de que el cuerpo actúe como si estuviera a unos segundos de saltar al vacío sin paracaídas. Podemos verlo muy claro a un nivel consciente pero no ser capaces de controlar la respuesta de nuestro cuerpo.

La mente subconsciente

Esta es la mente emocional, la que se deja llevar por los gustos, anhelos y por el corazón. A este nivel creamos enlaces neuronales hacia personas u objetos. Por ejemplo, si cambiamos la ropa de nuestro armario nos llevará unos días acostumbrarnos a su nueva ubicación. La explicación a esto es que el enlace neuronal se había fortalecido y a nivel subconsciente conocíamos la ubicación de nuestras chaquetas y por tanto, no teníamos que pensar a nivel consciente dónde ir a buscarlas.

La mente subconsciente controla el sistema nervioso autónomo (el ejemplo anterior de la respuesta corporal al tener que hablar en público). Controla músculos involuntarios, los órganos y las glándulas. Esta mente razona de forma analógica, por semejanza. Como he comentado en la mente consciente, una mala experiencia de niños en una bañera puede hacernos tener miedo a la piscina de mayores. Aunque nuestra mente sepa a nivel consciente que no es lo mismo, para nuestra mente subconsciente resulta algo parecido.

La mente subconsciente es la que nos impulsa en ocasiones a llevar a cabo acciones que consideramos irracionales. Es la mente emocional, la mente que nunca olvida. La parte subconsciente es la que tiene acceso a nuestros recuerdos. A nivel consciente es imposible recordar todo lo que hemos vivido, pero muchas cosas que creemos olvidadas las podemos recuperar si logramos acceder a nuestra mente subconsciente. Gracias a esta mente podemos recordar cosas tan abstractas como sentimientos. ¿Verdad que cuando recuerdas un hecho con gran impacto emocional, automáticamente vives la sensación en tu cuerpo? Podemos evocar un sentimiento solo recordando una vivencia, o tan solo con un olor. Un olor nos puede hacer viajar a nuestra infancia en un segundo. Esta mente procesa símbolos o metáforas. Nuestra mente subconsciente no tiene la capacidad de discernir o de rechazar, aquí está la importancia de lo que nos decimos a nosotros mismos. El subconsciente absorbe sin juzgar.

¡Nuestra mente subconsciente es capaz de procesar 400 mil millones de bits de información por segundo! mientras que la mente consciente puede procesar 2000 bits por segundo. Por este motivo, mientras a nivel consciente estamos observando, nuestra mente subconsciente ya lo ha hecho y ha procesado informaciones que puede relacionar con experiencias. Por ejemplo, a veces conocemos a una persona y en el primer momento no nos da buena espina. Aunque a nivel consciente estemos haciendo un análisis, nuestra mente subconsciente ya ha detectado y procesado los patrones no verbales. Otras veces podemos encontrarnos en un lugar que sin nada aparentemente peligroso, nos cause mal estar. En este caso sucede lo mismo: a nivel lógico no vemos nada que nos pueda resultar peligroso, pero el subconsciente así lo percibe. Y qué decir de esas extrañas sensaciones que tenemos y que no podemos explicar a nivel racional. Sería lo que conocemos como INTUICIÓN. No sabes el porqué pero así lo sientes.

Muchas veces la mente consciente nos dice qué es lo ideal para nosotros, pero a nivel profundo no lo tenemos tan claro. Hay un sentimiento que nos hace dudar. Teniendo en cuenta la capacidad de procesar de nuestra mente subconsciente, tenemos que aprender a escucharla. Sentimos deseos o miedos que muchas veces queremos tapar con excusas lógicas. Para poder llegar a la raíz de lo que realmente deseamos, tememos o buscamos, tenemos que viajar a nuestro mundo subconsciente. Lo que nos sucede en el día a día no es más que la punta del iceberg de lo que esta por debajo.

Aquí reside la importancia de la autobservación. Cuando nos observamos y tomamos consciencia de hacia dónde están dirigidos nuestros pensamientos, ya abrimos una puerta para poder darles un nuevo rumbo. Miraremos qué tipo de pensamientos están detrás de cada área de nuestra vida. ¿Qué creencias hay detrás de poder tener una vida abundante en todos los aspectos?, ¿qué creencia está detrás de poder tener una pareja maravillosa a tu lado?, ¿que creencia está detrás de poder disfrutar de una vida sana y llena de energía?, ¿qué creencia está detrás del gran poder que puedes desarrollar?

La mente inconsciente

La mente inconsciente es la más primitiva de todas, en ella se almacenan todas las experiencias vividas por nuestra especie desde el principio de los tiempos. Se encarga, por ejemplo, de la respiración. A nivel consciente podemos cambiar el ritmo y profundidad de nuestra respiración, pero la mayor parte del día respiramos de manera inconsciente, al igual que cuando dormimos. También es la mente que nos hace cerrar los ojos delante de un estímulo que puede dañarlos o nos hace ponernos la mano o el brazo delante de la cara para protegernos. Es por tanto una mente reactiva, determinada por situaciones y vivencias milenarias. Es también la encargada de hacernos sentir DOLOR o PLACER. Como verás más adelante, todas nuestras decisiones y acciones giran alrededor de evitar el dolor y obtener placer. Es posible poder dominar la mente inconsciente, aunque es la más compleja de todas. Tener el control de la mente inconsciente y subconsciente nos permitirá lograr el éxito.

NO ES EL AZAR QUIEN CONTROLA TU VIDA, ES TU PROGRAMACIÓN

Como he explicado, llegamos al mundo como recipientes vacíos que son llenados por todo tipo de información externa. Toda esta información hace que seamos las personas que somos actualmente. Del mismo modo que si no se corrige el error en el lugar donde se originó, la hoja de papel siempre saldrá de la misma forma, hasta que no puedas cambiar los archivos que te limitan, siempre verás las mismas situaciones en tu vida. Vamos a identificar qué archivos mentales son los que te limitan y te hacen actuar de la misma forma constantemente y una vez identificados podrás cambiarlos por otros que te lleven a lo que quieres vivir, que te lleven a tus metas, que te lleven a tus propósitos. Recuerda que tu programación hace que sientas y pienses de una forma concreta partiendo de los archivos mentales que posees.

La forma de pensar y sentir hace que tomes unas decisiones y que actúes de una forma concreta que te lleva a unos resultados. Hasta que no cambies tus archivos llegarás siempre a los mismos resultados. Como verás en la parte de física cuántica, realmente nos volvemos adictos a experimentar emociones o sentimientos concretos. Aparte de nuestras creencias, que ya nos llevan a sentirnos de una manera concreta, a nivel bioquímico llegamos a tener necesidad de sentirnos de determinada forma, y de alguna manera, a nivel inconsciente buscamos reproducir situaciones que causen una liberación de neuropéptidos especializados en hacernos sentir todas esas emociones.

Vamos a ver las tres formas de condicionamiento o programación:

1.º Lenguaje:

¿Qué oías en tu infancia sobre cualquier área de la vida? ¿Alguna vez oíste expresiones como: «el dinero es malo, todos los hombres son iguales, esto no es para nosotros, nosotros nunca podremos aspirar a tal cosa; el dinero no cae del cielo, solo los privilegiados pueden dedicarse a lo que quieren; la vida es dura, no confíes en nadie, hay crisis, en nuestra sociedad es muy difícil tener éxito; cada vez hay más enfermedad, las mujeres lo tienen difícil, cada vez hay más cáncer o la gente rica es mala?» **Todas las afirmaciones que oíste cuando eras pequeño permanecen en tu subconsciente como parte del patrón que está rigiendo tu vida** en todos los aspectos. Si oías continuamente a tus padres despotricar del dinero, inconscientemente creaste la idea de que el dinero es malo y hace sufrir a las personas. Si oíste que tu padre es malo o que no se puede confiar en él, automáticamente tendrás una falta de confianza en los hombres o en las relaciones de pareja. Y así con todo. El condicionamiento verbal es muy poderoso.

Cuando somos niños somos especialmente vulnerables y acogemos estas afirmaciones como grandes verdades y más cuando las oímos repetirse frecuentemente. Es en estos momentos cuando creamos los archivos mentales con toda esta información verbal que nos llega. Podemos crear un archivo de: «yo no merezco nada bueno», «la vida es difícil», «el mundo está lleno de personas malas», «nunca voy a ser rico», «es difícil tener éxito», «solo triunfan las personas con contactos», etc.

Ahora pregúntate: ¿Cómo actuarás con unos archivos de esta naturaleza? Pues efectivamente, con miedo, resignación, con sentimiento de no ser merecedor, etc.

Por este motivo es vital que identifiques tus pautas y los archivos mentales que no te dejan prosperar y que los cambies intencionadamente. Por suerte, en la vida experimentamos situaciones que literalmente desmontan alguno de nuestros archivos mentales. Muchas veces aparecen situaciones que son totalmente contrarias a la información mental que poseemos y el hecho de vivir esa experiencia en nuestro cuerpo, hace simplemente que abandonemos esa creencia y que la cambiemos por otra.

Aunque estas creencias lleven contigo prácticamente toda tu vida, se pueden cambiar y no hace falta que vivas experiencias concretas para poder hacerlo, sino simplemente que sepas cuáles son las que a ti te limitan y que tengas la intención de hacer una renovación en tu mente, cambiando toda esta información que no te deja avanzar por otra que te sirva y te haga prosperar.

Volviendo a la más poderosa programación, la verbal, imagina un caso de un hombre que oía decir a su madre que los ricos son mezquinos y avariciosos. ¿Crees que él podrá ser rico? Aunque poder ser rico sería la elección lógica, cuando el subconsciente tiene que elegir entre la lógica o las emociones profundamente ancladas, siempre ganan estas últimas. Esta persona estará programada para no ser rico y no decepcionar a su madre. **Aunque no nos guste, repetimos los patrones de nuestros progenitores, simplemente porque su programación creó la nuestra.** Si ellos tenían problemas económicos, los tendrás. Si tenían problemas amorosos, engaños o si tuvieron problemas de salud, a no ser que ya hayas cambiado tus creencias al respecto, seguramente se repetirán en ti.

Básicamente hay tres puntos claves en el cambio de nuestra programación:

El primer paso es ser consciente de ello.

Reconocer qué pauta está detrás de tus acciones y decisiones. Una vez eres consciente, ya existe la posibilidad de poder cambiarlo. La consciencia es nuestra más poderosa herramienta para empezar el cambio. Muchas personas no saben como están, no saben cómo se sienten, no saben qué quieren ni hacia donde se dirigen. Tomar consciencia significa sentarse en el asiento del conductor, saber dónde te encuentras, coger el volante y dirigirte hacia donde quieres llegar.

Muchas veces la realidad que vives es tan dolorosa que simplemente la omites, vives sin pensar en aquello que te duele, intentas buscar distracciones para no saber lo que está pasando en tu vida, para no ser consciente de cómo te sientes en realidad. Para la mayoría es más fácil llegar a casa y «desconectar» mirando televisión o iInternet, en lugar de sentarse y afrontar los problemas que les crean dolor y buscar una solución. Cuando puedes saber exactamente cómo te sientes es más fácil saber qué creencia está detrás encargándose de hacerte sentir de esa forma.

Las emociones son los mejores indicadores para saber qué te está pasando en realidad. Observando cómo estás, cómo te sientes, podrás llegar a los archivos mentales responsables de hacerte sentir así. Si te sientes mal por cualquier problema u obstáculo, siéntate y mira qué soluciones tienes.

Enfoca tu atención siempre en la solución, no en el problema. Coge el volante de tu vida.

Dentro de este primer paso entra la comprensión, entendiendo que tu forma de pensar tuvo un origen externo a ti. Comprende que todas esas creencias llegaron a ti, que no te son propias; entiende que lo que piensas es el resultado de un aprendizaje, que la mayoría de tus creencias fueron acogidas sin ser cuestionadas.

El segundo paso es verlo desde fuera.

Una vez tienes consciencia de que tu forma de pensar no eres tú, puedes tomar distancia y observar si esta pauta es limitante para ti y si quieres cambiarla o mantenerla. Puedes ver tus pautas de pensamiento como archivos de información que se crearon y guardaron en tu mente y de esa forma elegir con cuáles te quedas y cuáles borras. Es como si abrieras un gran archivador lleno de carpetas y las fueras revisando: la carpeta «yo no merezco nada bueno», «yo no soy suficientemente...», «la gente exitosa es mala», «tengo que conformarme con lo que tengo», «todos los hombres son iguales», «no soy guapo/a», «no soy lo suficientemente inteligente», «siempre tendré sobrepeso, es mi genética», «en mi país no hay oportunidades», etc.

Imagínate que subes al desván y empiezas a hacer inventario, tirando las carpetas polvorientas que han estado frenando tu avance durante años, desprendiéndote de las carpetas que hacen que estés estancado, en lugar de ir a por todas; las carpetas que no te permiten ser quien eres, las carpetas que no te dejan ser auténtico, las carpetas responsables de que no te quieras como deberías, las responsables de hacerte ver más pequeño de lo que eres en realidad; las responsables de llevarte a hacer cosas que en realidad no quieres por intentar encajar en el molde general... Imagínate tirando todas estas carpetas y sustituyéndolas por otras que te impulsen a ser quien eres realmente, por otras que te den poder y te ayuden a avanzar.

El tercer paso es crear una programación de poder

Como verás con más detalle un poco más adelante, cuando eliminas una pauta limitante la sustituyes por una pauta capacitadora o archivo mental que te dé poder. Ahora vamos a ver qué archivos se grabaron a través de tu programación verbal. Te recomiendo que tengas una libreta a mano donde apuntar todo el trabajo del libro.

Ser consciente: Escribe todas las afirmaciones que oíste repetidas veces cuando eras niño y que ves que están limitando actualmente tu vida y tu progreso. ¿Qué decían?

Comprender: Apunta cómo estas afirmaciones han afectado a tu vida hasta la actualidad.

Verlo desde fuera: Hazte consciente de que todos estos pensamientos, no eres tú. Todas esas afirmaciones y pensamientos solo son algo que aprendiste y que ahora tienes la posibilidad de desaprender.

Crear programación de poder: Aprendemos las cosas por repetición y alto impacto emocional. Cuando hayas detectado el pensamiento que quieres cambiar, busca una pauta capacitadora. Si tu pensamiento era: «Yo no puedo», ahora va a ser. «Yo sí puedo». Si era: "No lo merezco» ahora será: «Yo me lo merezco todo».

La reprogramación la haremos también con declaraciones. Las declaraciones son lo que yo llamo FRASES DE PODER y en todo el libro las verás.

Como he comentado; aprendemos, nos condicionamos por repetición e alto impacto emocional y por eso, vamos a usar estas frases de poder. Para hacer una declaración, nos pondremos la mano en el corazón y con alta intensidad emocional la repetiremos. Si te es posible haz algunas declaraciones delante del espejo, con la mano en el corazón y en voz alta.

Vamos con la primera:
«Mi mundo interior crea mi mundo exterior».
«Me merezco lo mejor».

Puedes crear tus frases de poder para lo que más quieras trabajar en tu vida. Si en cualquier declaración que tú crees o en algunas de las que yo escribo sientes conflicto, averigua qué sentimiento está detrás. Mira qué programación o qué archivo está haciendo que no te sientas bien y cámbialo.

A las personas que piensen que esto es una tontería les animo a probarlo. Las palabras tienen un gran PODER y más cuando las repetimos en voz alta. Al principio puede que no lo hagas tan a menudo, pero una vez creas el hábito lo aplicas siempre. Yo aprovecho siempre que voy a un acontecimiento que cree una gran alegría en mí para hacer también mis declaraciones. Recuerda que el impacto emocional es importante. Siempre que voy a un concierto o a ver un fabuloso espectáculo, cuando todas las personas están eufóricas aplaudiendo y se genera aquella gran ola de energía, automáticamente digo mis frases de poder. Puede que te parezca ridículo, pero pruébalo.

Una vez leí que Tonny Robins cuando decidió cambiar su vida para lograr todo el éxito que tiene actualmente, salía a correr a diario por la playa y mientras corría y saltaba iba gritando todas sus declaraciones. Le llamaron el loco de la playa pero al contrario que esas personas, logró y seguramente superó con creces todo lo que declaró. Así que te animo a que crees tus declaraciones y te las repitas en voz alta si es posible y con alto impacto emocional. Crea tus frases de poder para trabajar directamente sobre lo que has decidido cambiar.

> *«Tus creencias se convierten en tus pensamientos,*
> *tus pensamientos se convierten en tus palabras,*
> *tus palabras se convierten en tus acciones,*
> *tus acciones se convierten en tus hábitos,*
> *tus hábitos se convierten en tus valores*
> *y tus valores en tu destino».*   *Gandhi*

¿Cuáles son las palabras que representan tus pensamientos y creencias y cómo afecta esto a tu destino? Si quieres ser una persona de éxito comienza HOY a usar palabras que sabes que te impulsarán a la acción. Si lo haces así, esas palabras se convertirán en acciones, luego en hábitos, luego en valores y finalmente, en un destino diferente.

Cambia el:

«**Nunca**» por «**Yo puedo**».

«**Lo estoy intentando**» por «**Lo haré**».

«**No puedo**» por «**Yo sí puedo**».

«**Necesito**» por «**Merezco**».

El cambio de tu vocabulario tiene un gran efecto sobre tu vida, Cuando empiezas a utilizar el vocabulario adecuado, con palabras de acción y merecimiento, todo a tu alrededor cambia. Cuando estas nuevas palabras vayan calando en ti, afectarán a tus acciones y decisiones y finalmente tus resultados serán distintos a los actuales.

Piensas que controlas en todo momento lo que piensas y las decisiones que tomas, pero esto no es así. **El 90% del día funcionas a nivel automático**, con toda la información programada de la que dispones. Actúas basándote en tus archivos mentales, actúas basándote en lo que alguien te enseñó que era bueno o malo, basándote en lo que alguien te dijo que era correcto o incorrecto. Estos aprendizajes son los que te llevan a decidir unas cosas u otras y finalmente te llevan a unos resultados acordes a lo que has decidido. Pensamos que lo controlamos todo, pero es nuestro programa el que lo hace, nuestra mentalidad. Recuerda que muchas creencias que defiendes no son tuyas, son de otras personas. El condicionamiento verbal es muy poderoso y será también una de las mayores herramientas de las que dispondrás para poder reprogramarte. Las palabras tienen un gran poder y a través del lenguaje trabajarás para lograr lo que esperas.

No sé si has visto la película En busca de la felicidad. Este film está basado en hechos reales. Narra la historia de Chris Gardner, un emprendedor multimillonario que durante la década de los ochenta vivió una época de grandes desafíos y pobreza; se quedó sin casa y con un hijo que criar. En una escena, Chris Gardner (interpretado por Will Smith) está en el parque jugando a básquet con su hijo. El hijo, eufórico con el juego, se siente feliz y cuando encesta una canasta, salta y grita: «¡Seré un profesional!» a lo que el padre le responde: «Está bien. Si, tal vez, no lo sé...quizás jugarás más o menos como lo hacía yo. Así son las cosas ¿sabes? Yo era uno del montón. Probablemente llegues a alcanzar mi nivel. Serás muy bueno en muchas cosas, pero en esto del básquet creo que no, por tanto no quiero verte todo el día en la cancha jugando». A lo que el hijo responde desconsolado: «De acuerdo». «Bien», dice el padre.

En ese preciso instante algo cambia en la mirada del niño. Su padre, sin querer, lo ha programado para renunciar a uno de sus sueños. Muy despacio, el niño va a por la pelota y la guarda en la bolsa para regresar a casa. Justo en ese momento, el padre, consciente de lo que acababa de hacer, se acerca a él y le dice: «Escucha: no permitas nunca a nadie decirte que no sabes hacer algo, ni siquiera a mí. ¿Está claro?». «De acuerdo», responde el niño. «Si tienes un sueño, lo debes proteger. Cuando alguien no sabe hacer algo, a menudo dice que eres tú quien no sabe hacerlo. Si quieres algo, si tienes un sueño, ve a por él. No lo olvides nunca».

Es importante que seas consciente de los aprendizajes que llevas, los aprendizajes responsables de tu mentalidad actual, porque de alguna manera estás viviendo la vida de otros. Los miedos e incapacidades de personas referentes en tu vida pueden estar afectando a tu vida actual. Estamos totalmente condicionados por el entorno, por la sociedad, por el qué dirán. Empieza a cambiar tu mentalidad con lo que tú realmente quieres pensar. Porque sabes realmente quién eres, sabes cómo eres y qué quieres. Qué quieres tú de verdad, no lo que las otras personas esperan que quieras, esperan que hagas o esperan que tengas.

Lo más importante para el ser humano es aprender a pensar y aprender a observar. En la actualidad estamos tan bombardeados de información y opiniones que la gran mayoría está confundida. Busca momentos en el día para ti, para poder pensar quién eres realmente y lo que quieres, busca momentos de reflexión y mira «qué» eres tú y qué es externo a ti, qué mentalidades son aprendidas y no te sirven, qué mentalidades te limitan, para poder ser tú, auténticamente.

Todos tenemos temores y el gran miedo de la sociedad es el miedo a no encajar, a ser diferente de la mayoría... pero la historia verifica que las masas están equivocadas. Mi mayor miedo era el de ser yo misma en todo momento, mi mayor miedo era el ser auténticamente yo. Solo me permitía ser yo en círculos concretos, en mi primer círculo de personas (como aprenderás más adelante). Ante situaciones concretas, callaba por el miedo al que dirán, por el miedo a lo que la gente pudiera pensar de mí, porque en mi mente había un archivo claro y conciso que decía: «debes encajar en la sociedad».

Mi mayor trabajo en esta vida ha sido y sigue siendo cambiar estos archivos que me impiden ser yo misma en todo momento, nado en la dirección que yo quiero, en lugar de seguir la corriente. Porque no siempre el camino más fácil es el correcto. Tendemos a imitar lo que hace la mayoría, por nuestra programación, por nuestras neuronas espejo, pero **de esta forma no vives tu vida, vives la vida que se espera que vivas**.

No existe acto de libertad más grande
que darme el permiso a mí mismo para ser quien soy.

Estamos totalmente influenciados por nuestra cultura y sociedad, tomamos decisiones guiados por nuestra programación y por lo que la sociedad define como correcto o incorrecto. La cultura no deja de ser un modelo que nos influye y tiene un gran peso en nuestra programación. Si haces lo que hace la mayoría, tendrás los resultados que tiene la mayoría, es así de simple. Si haces las cosas de forma distinta tendrás resultados diferentes. Aunque empezar a cambiar lo que deseas cambiar en este momento te parezca difícil, a la larga te hará la vida más fácil.

2.º Referentes:

La segunda forma en que se crea tu programación es a través de lo que eran tus modelos de referencia. En tu infancia, ¿Cómo eran tus padres en relación con el dinero? ¿Tenían éxito? ¿Estaban felices? ¿Se amaban? ¿Luchaban por lo querían o se resignaban? ¿Eran personas auténticas o intentaban encajar en el molde establecido por la sociedad? Ya sabes que cuando somos pequeños repetimos lo que vemos alrededor, aprendemos de las personas que nos rodean, actuamos por mimetismo. De aquí la expresión: «de tal palo, tal astilla».

Recreamos las formas de actuar de nuestros padres y personas más cercanas.

Aunque a muchos no les guste, repetimos las pautas de nuestros padres. Al tener la misma programación de uno u otro, tendemos a actuar de la misma forma. A la hora de poder cambiar tu programación, te ayudará saber que una parte viene dada de tus modelos de referencia. Cuando te das cuenta de que piensas y actúas por lo que en el pasado viste a tu alrededor, ya tienes el poder de observarlo de forma consciente y darte cuenta de que es solo algo que aprendiste y que eso no eres tú. Muchas veces repetimos acciones y ni siquiera sabemos por qué lo hacemos. En mi casa se tiene la «costumbre» (el aprendizaje) de hacer una cruz en el pan antes de cortarlo. Seguramente mis tatarabuelos ya lo hacían… Cuando yo era niña veía cómo siempre antes de cortar el pan mi abuela y mi madre lo giraban y con el cuchillo le dibujaban suavemente una cruz. Cuando crecí y me emancipé me descubrí un día trazando una cruz en el pan, ni siquiera era consciente de que lo estaba haciendo y lo más gracioso era que ni siquiera sabía por qué lo hacía. Inconscientemente adaptamos todos estos comportamientos porque los vemos a nuestro alrededor, sin entender su razón de ser. Simplemente adoptamos estos hábitos como cosas normales y buenas, sobre todo por el hecho de provenir de las personas más cercanas a nosotros. Seguramente tú también tienes alguna anécdota como la que te he contado y con esto se ve claramente que lo que continuamos haciendo y repitiendo son aprendizajes, acciones que modelamos de las personas que nos rodeaban y esos aprendizajes se pueden cambiar.

Voy a explicarte otra anécdota…Cuando era muy jovencita tenía un Gran Danés, un perro enorme pero a la vez un poco miedoso (el famoso Scooby Doo). Después de comer, nos íbamos a hacer largos paseos por el bosque; muchas veces caminábamos durante casi dos horas y nos alejábamos mucho del pueblo y de las rutas más transitadas por la gente. A veces yo tenía miedo de encontrarme con alguien y siempre estaba escuchando atenta al mínimo ruido que saliera de los típicos sonidos del bosque. Cuando venía una curva muy cerrada y no veía lo que había detrás, me paraba unos segundos y escuchaba con más atención. Lo divertido fue cuando vi que mi perro hacía exactamente lo mismo que yo en casi todas las curvas del camino. Iba corriendo y olisqueando y bruscamente se paraba unos segundos y levantaba ligeramente sus orejas, me miraba y seguía hacia adelante. Simplemente, había copiado mi comportamiento.

Las responsables de que estas cosas sucedan son las **neuronas espejo**, que se activan cuando una persona desarrolla la misma actividad que está observando ejecutar a otro individuo. Imitamos, como reflejando la acción de otra persona y este es el origen de su nombre: espejo. Estas neuronas tienen un papel muy importante dentro de las capacidades cognitivas ligadas a la vida social. Aparte de ser importantes a la hora de aprender por imitación, también lo son a la hora de poder comprender las acciones de otras personas.

Estas neuronas nos ayudan a entender la acción, aprender por imitación y la simulación imitativa del lenguaje corporal de otros. Existen técnicas que usan el comportamiento corporal para poder cambiar el estado emocional de la persona con la que te estás relacionando. Todos sabemos que cuando hablamos con alguien y este cruza sus brazos y piernas, muestra una actitud cerrada a lo que tú le estás transmitiendo. Gracias a las neuronas espejo podemos comprender el significado del lenguaje corporal de la otra persona y podemos hacer a través de nuestro cuerpo que la otra persona se abra.

Día a día observamos una gran variedad de comportamientos en las personas que nos rodean y les podemos atribuir una explicación; también en ocasiones vamos al teatro o a ver un espectáculo musical y sentimos la necesidad de ponernos a bailar o a expresarnos. Las responsables de esto también son las neuronas espejo. Tanto al observar como al relacionarnos con otras personas, estas neuronas se activan. Recuerdo que cuando era niña estrenaron las películas de las Tortugas Ninja y temía el momento en que mis amigos querían ir a verla porque ya sabía que estarían todo el camino de regreso a casa haciendo kung-fu.

Estas neuronas son también las responsables de que sintamos tristeza ante una catástrofe, que nos emocionemos con una película de amor o que tengamos sensación de dolor al ver que alguien se cae. Las neuronas espejo no solo reflejan aquello que vemos en el exterior a nivel motor, sino que son capaces también de reflejar aspectos emocionales por la conexión que tienen con el sistema límbico. Los niños que observan e imitan con mayor atención las expresiones faciales de las personas, muestran una mayor activación de estas neuronas y por tanto tienen un mayor nivel de empatía. Por ejemplo, cuando el niño ve sonreír a alguien, sus neuronas espejo crean una representación mental de esa sonrisa, envían señales a su sistema límbico y finalmente el niño siente lo mismo que la persona que está observando. Incluso son las responsables de hacernos bostezar al observar a otra persona hacerlo.

Supongo que te habrás fijado que repetimos gestos exactos a nuestros padres o que personas inicialmente muy diferentes, después de un tiempo de convivencia hacen los mismos gestos con las manos o con la cara. Seguramente te estarás preguntando: ¿Y porqué me cuentas todo esto? Pues para que veas la importancia de estas neuronas en el aprendizaje y en la relación con otras personas.

Imagínate la importancia de las personas que nos rodean. **Imitamos de manera totalmente inconsciente, reproducimos lo que vemos a nuestro alrededor**. Al igual que al ver sonreír a una persona se crea una imagen de esta sonrisa en nuestra mente y nos hace sentir bien, cuando vemos a personas enfadadas o deprimidas entramos en contacto también con las emociones que esta persona tiene. **Nos contagiamos a nivel emocional y aquí está la explicación de por qué hay personas que te hacen sentir bien y por qué hay personas que te hacen sentir mal con solo un pequeño contacto.**

Cuando eres un buen observador, te das cuenta de qué emociones se generan en ti en diferentes ambientes. En la actualidad es importante que identifiques qué círculos de personas no te hacen sentir bien. En mi caso, soy una persona muy positiva y alegre y me di cuenta de que siempre que iba a visitar a una familia, salía enfadada y nerviosa. Pero no había motivos para que yo estuviera así, simplemente ellos lo estaban.

Más adelante conocerás los círculos de acción de la estrategia chamánica, donde aprenderás a gestionar todo esto. No te puedes permitir sentirte mal porque personas ajenas a ti han decidido sentirse de esa manera.

Todos nacemos donde nacemos y tenemos los padres que tenemos. Nuestros padres, con sus aprendizajes y patrones, programaron nuestras tiernas mentes de la mejor manera que supieron. Estoy segura de que si hubieran tenido toda esta información, hubieran hecho muchas cosas de manera diferente. Si eres padre o madre, ahora dispones de todo este conocimiento para ayudar al crecimiento de tus hijos. En muchos libros se afirma que los bebés son un reflejo de la madre, se dice que son un reflejo de esta simplemente por el vínculo emocional que hay y porque es con ella con la que más tiempo pasa el niño. Cuando un bebé está muy a menudo enfermo, normalmente refleja una emoción de la madre; cuando un bebé está muy ansioso o irritable también refleja la irritabilidad y ansiedad de la madre. Conociendo ahora la existencia de las neuronas espejo es mucho más fácil de comprender ¿verdad?

Si tienes niños en casa observa cómo repiten los mismos gestos que tú haces. Hace unos meses haciendo broma en casa, les decía cosas a mis hijas y ponía las manos de una manera muy cómica. Al cabo de unos días, mi hija pequeña hacía lo mismo (y yo ya no lo hacía). Se ponía seria, explicaba algo con las manos, colocadas de la misma manera y después empezaba a reírse. Había copiado la posición de las manos y también lo había relacionado con algo gracioso y automáticamente se reía.

Así que vamos a ganar consciencia de cómo las personas que te rodean actualmente influyen en cómo te sientes. Aunque no lo hagan a un nivel verbal, también están reflejando en ti una serie de emociones que tienes que identificar y valorar si quieres experimentar o no. En el ejercicio que hiciste, de crear la lista de las personas con las que más te relacionas, únicamente te fijabas en si te daban o quitaban energía, pero estoy segura de que tendrías muchas emociones para escribir, estoy segura que podrías relacionar con cada persona una serie de emociones concretas que despiertan en ti. Lo que sientes cuando estás con ellas son las emociones que tienen en su interior.

El entorno que tenías en tu infancia era el que era, no podías escogerlo, pero sí puedes escoger actualmente de qué tipo de personas quieres rodearte. Como verás en los principios herméticos, la ley de vibración nos dice que: **«vibraciones similares vibran juntas»**. ¿Qué quiero decir con esto? Varias cosas: la primera es que cuando tú empiezas a cambiar, a crecer y a expandirte, tu entorno cambia y empiezas a relacionarte con nuevas personas más acordes a la situación que vives en ese momento. Y la segunda es que aplicando la misma ley, actualmente tu entorno es similar a tu vida. Normalmente te relacionas con personas que tienen el mismo nivel que tú, en general. Nos solemos relacionar con personas que tienen un estilo de vida parecido al nuestro, unos ingresos similares, unos trabajos parecidos, mismos estados civiles...aunque siempre puede haber excepciones.

«Eres la media de las cinco personas con las que pasas más tiempo».
Jim Rohn

De esta misma forma, ante un cambio importante, cualquier persona de tu alrededor te va a influir para que abandones. Sí, sí, lo has entendido bien. Te va a convencer para que te pares y no te estarán hablando a ti, sino que se autojustificarán. Recuerda que nuestra mente tiene dos finalidades principales: protegernos y hacernos seguir el camino más fácil. Por este motivo es muy importante nuestro entorno. Hay personas que ya se han rendido y desde su mentalidad te van a intentar convencer de que lo que quieres hacer no es posible. Imagina que empiezas a cambiar y también a relacionarte con personas que ya han logrado lo que tú quieres lograr en tu vida en el ámbito que sea. Imagina que hablas con una persona que superó una enfermedad grave y tú te encuentras en la misma situación. Esta persona te va a decir que para ti la sanación también es posible (él lo ha logrado). Cuando hablas con alguien de que quieres abrir un negocio y él también lo logró, te dirá que para ti también es posible. Cuando hablas con alguien felizmente enamorado y le explicas que tienes dudas de si podrás volverte a enamorar después de varias relaciones traumáticas, te dirá que por supuesto que sí. **Cuando te rodeas de las personas correctas, van a apoyarte en que realices tu sueño, pero además podrán enseñarte cómo lo hicieron ellos.**

Nuestra mentalidad es la base, es el inicio. ¿Te has preguntado alguna vez por qué delante de oportunidades idénticas, una persona logra tener éxito y otra fracasa? Exactamente, por su mentalidad. Puedes tener los estudios que precises y más, puedes tener una estrategia clara, puedes tener muchas cosas que jueguen a tu favor pero si la mentalidad no es la correcta, todo lo demás falla.

La mentalidad es la parte oculta del iceberg pero aunque no pueda verse, es la más importante.

Ahora, volviendo a los modelos de referencia de nuestra infancia: Ponte la mano en el corazón y repite en voz alta:

«Lo que adopté como modelo era la forma de actuar de mi familia. En el momento presente, yo puedo escoger la mía».

3.º Experiencias específicas:

Esta tercera forma de condicionamiento viene dada por los incidentes concretos que viviste siendo joven. ¿Qué cosas experimentaste en tu juventud (en cualquier área) que te marcaron? Estas vivencias son muy importantes, ya que dan forma a las creencias y como veremos más adelante, a las PROMESAS INTERNAS. Estas situaciones crearon en ti una serie de convicciones que rigen ahora tu vida. Aparte de que nosotros mismos creamos estas promesas internas, a nivel subconsciente esta información queda grabada. Cuando tenemos un impacto emocional fuerte, nuestra mente consciente se apaga, del mismo modo que un electrodoméstico lo hace cuando hay una subida fuerte de tensión. Pero aunque a nivel consciente permanezcamos apagados, nuestra mente subconsciente graba toda la información que llega a nosotros a través de los cinco sentidos (olores, sonidos...). Pongamos un caso hipotético: imagínate una persona que está en casa comiendo unos huevos revueltos mientras empieza un programa en la televisión con su canción de inicio. En aquel momento le llaman por teléfono para darle una mala noticia e inmediatamente siente un gran dolor de estómago. Aunque en este momento no tenga consciencia de lo que estaba haciendo, toda la información (comida, música, un perro ladrando en la calle....) queda grabada en su subconsciente. Puede que al cabo de unos días vaya a comer con alguien y le ofrezcan huevos revueltos y los rechace porque no le sientan bien; puede que un día oiga la música del inicio del programa de televisión y simplemente cambie de canal o no se sienta bien sin saber exactamente el porqué. Cuando estos indicadores aparecen, la mente racional intenta darles una explicación: no quiero comer huevos porque no me sientan muy bien...

Tomamos decisiones con nuestra mente inconsciente y nuestra mente consciente las justifica, les da una razón.

¿No te ha pasado alguna vez que yendo por la calle te ha llegado un olor que automáticamente te ha hecho sentir de una forma concreta? Cuando fui de viaje a la India con mi mejor amiga, comí una pakora (un plato típico del país) y me intoxiqué y años después solo oler algo parecido me provocaba mareos.

Todos recordamos al detalle estos incidentes que nos marcaron. Están grabados en nuestra mente y si cerramos los ojos podemos vivir los sentimientos que experimentamos en aquel momento en cada una de nuestras células.

«Cuando recuerdas una situación, te sientes exactamente igual que en aquel momento».
D. Simon

¿Recuerdas cómo se crean las creencias? con repetición y alto impacto emocional. Cuando vivimos una experiencia que crea un impacto fuerte en nosotros, automáticamente surgen las creencias que nos acompañarán. Una vivencia concreta puede estar marcando una forma de actuar muy definida que esté condicionando de forma negativa nuestra experiencia.

Vamos a recordar algunos incidentes emocionales concretos y escribiremos cómo esta vivencia puede haber afectado a nuestra vida actual. Más adelante veremos cómo trabajarlas. Escríbelos, no te dé pereza. Sé que esta parte del libro te puede resultar pesada pero es la base para todo lo demás. Una vez pasada esta primera parte, la lectura se hace mucho más amena, pero no olvides la importancia que tiene hacer este trabajo ahora.

Volviendo a las promesas internas…

¿Qué es una promesa interna?

Una promesa interna es una idea o creencia que está forjada en tu ser y la vives como una gran verdad. Es una situación que has vivido en el pasado y que ha dejado una idea fuertemente instaurada en tu interior. En nuestra infancia creamos muchas promesas internas sin darnos cuenta, simplemente las adoptamos como si fueran grandes verdades. Nuestro entorno a esas edades es muy importante. En mi caso, tuve la mala suerte de tener un profesor desde sexto hasta octavo que no veía en mí nada bueno. Era mi tutor y me daba tres asignaturas que llegué a odiar. O suspendía o aprobaba por los pelos, así que ya iba a los exámenes sin estudiar, llegando a pensar que era tonta y que no servía. Tenía otro profesor que me daba las clases de matemáticas y ciencias y con él no tenía ningún problema. La idea que tenía mi tutor de mí hizo que creara la creencia de que no tenía capacidades y así me comportaba. Nos comportamos y actuamos basándonos en nuestras creencias.

Cuando acabé en octavo recuerdo la reunión que este profesor tuvo con mi madre y conmigo. Al final lo había aprobado todo pero le dijo a mi madre que no estaba preparada para hacer el bachillerato. Tuve la gran suerte que mi madre confiaba en mí. Llegué al instituto y continué más o menos en la misma línea, viéndome inferior a los demás. Llegó el final del curso y mi profesora de lengua y tutora tuvo una reunión con mi madre. Ella sí confiaba en mí. Recuerdo que dijo: «no te entiendo Gemma, vemos en ti grandes capacidades, comprendes perfectamente todo lo que te enseñamos y nunca levantas la mano aunque sepas la respuesta. Usas la ley del mínimo esfuerzo, no estudias…». Recuerdo la cara de mi madre. En aquel momento tomé consciencia del esfuerzo de mis padres para que yo pudiera ir al instituto que estaba en un pueblo vecino donde me quedaba tres días a comer. Aquel día aprendí que si tenía que hacer una cosa, la iba a hacer bien y por otro lado, las palabras de mi profesora me hicieron pensar mucho. Me di cuenta de que me había creído la historia que había creado de mí el profesor de primaria. Le pedí perdón a mi madre y fui a por todas. En el primer examen de matemáticas del segundo año saqué un 9,7 y notas altas en casi todas las asignaturas.

Yo misma me encaré a una de mis más poderosas promesas, a la promesa de que no servía, de que no era lo suficientemente lista y la anulé. Pero imagínate que ni mi madre ni la profesora del instituto hubieran creído en mí. Yo me habría rendido muy joven aceptando esto como cierto. Lo curioso del caso es que aparte de anularme a mí, el profesor con sus comentarios hacía que mis compañeros me vieran igual que él y aún reforzaban más esta creencia en mí. Me hizo perder todas la ganas de estudiar y el entusiasmo en aprender, cosas que son vitales para mí en la actualidad. Espero que se diera cuenta de que ser maestro no era su vocación y acabara dedicándose a otra cosa.

Esa sed de conocimiento es un gran regalo, se ve claramente en los niños y es la naturaleza del ser humano. Mi hija de cinco años no para de preguntarme cosas y todo lo que conozco se lo explico y si no, lo busco, me informo, pero nunca le quito importancia a lo que desea saber. Es vital que se fomenten esas ganas de aprender desde pequeños.

Otro caso del efecto que puede tener el entorno, un profesor o las personas que rodean a un niño para tener unos hábitos u otros, es el que me encontré con dos niños que vinieron a mi consulta con varios diagnósticos, cuando en realidad eran superdotados. Por desgracia, posiblemente hay muchos más casos. Recuerdo mucho uno de esos dos casos; un niño de doce años a punto de iniciar la medicación. Cuando vino por primera vez, vi que tenía unas capacidades increíbles, muy superiores a los niños de su edad. Le propuse a su madre que buscaran otras opiniones y finalmente resultó que tenía un coeficiente intelectual altísimo y lo avanzaron dos cursos en el instituto. Si su madre no hubiera escuchado su voz interna, seguramente ese niño ahora sería un chico frustrado que no creería en sí mismo y que seguramente no lucharía por lo que anhelaba, porque ya lo habían programado para que no lo lograse. Llegaría a la edad adulta con una promesa interna dura de romper. Así que animo a los padres a confiar y motivar a los pequeños porque los límites nos los ponemos nosotros.

Hace unos días hablaba con una logopeda y me explicó un experimento que se había realizado con niños de primaria. En un aula se repartieron dos test. En uno había letras con las que se tenían que formar un mínimo de palabras y en el otro había números con los que realizar unos ejercicios matemáticos. A la mitad de la clase les repartieron las pruebas con letras con las que se podían formar palabras y a la otra mitad con letras con las que NO se podían formar palabras, y del mismo modo con la prueba matemática: la primera mitad lo podían resolver y la segunda mitad no podían. Se les indicó que una vez realizada la prueba levantaran la mano. Los niños repartidos por la clase con el test número 1 lo terminaban y levantaban su mano y los otros no podían hacerlo y no levantaban la mano. Se dieron dos pruebas más iguales, con letras y números. El que se podía hacer, a los que lo habían logrado y el imposible a los que no lo hicieron. Así que volvió a repetirse la situación anterior. Los del test 1 levantaron la mano y los otros no. Por último se dieron otro par de test, pero esta vez eran realizables para todos. Se podían crear palabras en el primero y obtener el resultado en el segundo. Toda la clase tenía el mismo. ¿Y sabes que pasó? Que el grupo que anteriormente no pudo realizar los test, tampoco lo logró. ¡Imagina! Con solo dos veces de no haber podido obtener el resultado ya no lo lograron en la tercera opción que sí era posible. ¡¡¡Ninguno del grupo 2 lo logró!!!

¿Cuántas veces te han hecho creer que no eres suficientemente bueno? ¿Cuántas veces te han hecho creer que si no trabajas duro no vas a tener dinero? ¿Cuántas veces te han hecho creer que no eres merecedor? ¿Cuántas veces te han hecho creer que no mereces ser amado? ¿Cuántas veces te han hecho creer que si no actúas de tal o cual forma no van a aceptarte? Todo esto son creencias internas que tenemos que transformar, son las promesas internas que hemos aceptado como verdades y que nos limitan totalmente. La mayoría de estas creencias ya se instauran a edades tempranas y por ello son tan profundas.

Lo que explicaba antes del efecto negativo que tuvo ese maestro en mi caso es lo que se conoce como el EFECTO PIGMALIÓN: «Las expectativas y previsiones de los profesores sobre la forma en que se conducirán los alumnos, determinan precisamente las conductas que los profesores esperan». ¿Qué quiere decir todo esto?

Se hizo un estudio en el ámbito escolar en el que se realizaron test de capacidades a alumnos de entre 7 y 11 años. Una vez evaluados los test se les comunicó a los profesores que una mitad de la clase, elegida al azar, era muy brillante mientras que de la otra mitad se dieron los resultados reales. Los resultados de esta investigación fueron que la mitad de la clase que se habían considerado más capacitados obtuvieron un progreso mayor al final del curso (siendo elegidos al azar), que la otra parte de la clase cuyos resultados comunicados a los profesores eran los reales. Por tanto se llegó a la conclusión que al considerar los profesores más inteligentes a ciertos estudiantes, estos tendían a rendir más.

Este es un estudio realizado en el ámbito educativo, pero el efecto Pigmalión es real en cada área de nuestra vida. Es por este motivo que nuestro entorno es muy importante. Las personas cercanas a ti, con las que te relacionas, y la idea que ellos tienen de ti va a afectarte de manera positiva o negativa. Aquí está la importancia de escoger bien nuestras compañías y dejar ir a las personas que frenan nuestro progreso. De ahí la famosa frase: «Dime con quien andas y te diré quien eres».

Antes ya has hecho la lista de las personas con las que más te relacionas y has anotado si te dan o te restan energía. Más adelante veremos qué hacer en cada grupo que crearás con estas personas. Pero piensa que cuando tú estás avanzando, progresando y tienes una vibración más alta, mucha gente con la que te relacionabas va a ir desapareciendo de tu vida. Es normal, las vibraciones similares vibran juntas. De igual manera que muchas personas se perderán en el camino, aparecerán nuevas caras acordes a tu situación y vibración. Cuando das un gran salto, toda tu vida se transforma.

Cuando fui a estudiar a Barcelona, me vi rodeada de personas con las que compartía muchas cosas profundas. Yo cambié y mi entorno me acompañó. Recuerdo que al cabo de un año de estar fuera quedé para cenar con una amiga de hacía muchos años y pude confirmar esta idea. Su realidad y la mía estaban muy alejadas. Recuerdo su incomodidad al no saber ni de qué podíamos hablar. Nos dimos cuenta las dos que aparte de que teníamos vidas muy diferentes, había algo más profundo, nuestras vibraciones eran muy distintas y no sintonizábamos.

La fábula de Pigmalión

Dice la leyenda que Pigmalión, rey de Chipre, buscó durante mucho tiempo a una mujer con la que casarse, pero no cualquier mujer… quería una mujer perfecta. Frustrado por no encontrarla, abandonó su búsqueda y empezó a dedicar su tiempo en convertirse en uno de los mejores escultores, con una gran y única obsesión; crear la escultura de la más bella mujer, para compensar la ausencia de esa mujer real que nunca llegó. Él creó la escultura de la más bella mujer, una escultura de mármol perfecta a la cual llamó Galatea. Galatea era tan bella que Pigmalión se enamoró de ella. La Diosa Afrodita, observando lo que estaba pasando, vio tan enamorado al escultor de su obra, que hizo que Galatea cobrara vida. Afrodita le dijo a Pigmalión: «Mereces la felicidad, una felicidad que tú mismo has plasmado, aquí tienes a la reina que has buscado, ámala y defiéndela». Y así fue como Galatea se convirtió en una mujer de carne y hueso.

Con esta historia ves que al plantar un pensamiento en tu mente, acaba manifestándose en tu vida. Imagínate tu mente como si fuera un bonito huerto... tú escoges qué plantar en él. Eliges qué semillas vas a plantar y a cuidar hasta que crezcan, de la misma manera que escoges dejar crecer las malas hierbas que serían todos esos pensamientos negativos e incapacitadores. Igual que Galatea se convirtió en humana en la historia, cuando plantas en tu mente semillas para tener un bonito manzano, las riegas, las cuidas y vas quitando las malas hierbas que crecen a su alrededor, cuando ese manzano sea el centro de tu atención, acabarás teniendo manzanas. Es lo que se conoce como la profecía autocumplida, el efecto Pigmalión. Y es que cuando plantas un pensamiento en tu mente, con el tiempo acabarás viendo los resultados de ese pensamiento, sea este bueno o malo. En el momento en que nos comprometemos con una idea, con una meta u objetivo, nuestra conducta se modifica para poder conseguir lo que deseamos. Empezar a creer es la base para que empiece a suceder. Un pensamiento repetido acaba afectando a tu actividad y a tu autoimagen.

El SAR (Sistema de Activación Reticular) es nuestro radar mental, que hará que puedas apreciar en la vida aquello que estás buscando. Fíjate que cuando deseas una cosa intensamente no haces más que verlo en el exterior. No es que todos se hayan vuelto locos y quieran lo mismo que tú, esto ocurre gracias al SAR. Imagínate que cada día te dices que eres afortunado; tu sistema de activación reticular va a dirigir toda tu atención en mostrarte información que sea congruente con ese pensamiento, ofreciéndote más cosas externas que te hagan sentir aún más afortunado. Al activar este radar, empezarás a ver cosas que antes no veías. Tu atención se dirigirá de forma automática a provocar situaciones para que tu deseo tenga más posibilidades de cumplirse.

«Sólo vemos lo que estamos preparados para ver».

Si estás preparado para ver oportunidades, verás oportunidades. Si estás preparado para ver amor, verás amor. Si estás preparado para ver salud, eso es lo que verás.

Existe también el efecto antipigmalión, conocido como EFECTO GOLEM. El efecto Golem nos dice que cuando te rodeas de gente que no cree en ti, que te desalienta, eso también va a afectar en tu actitud, haciendo que plantes dudas y preocupaciones en tu mente. Muchas personas ahí fuera viven inmersos en la negatividad, creen que es mejor pensar en negativo por si acaso, como una defensa. Evita las relaciones con personas que te hacen sentir pequeño, que no creen en ti porque plantarán malas hierbas en tu mente y ¿sabes qué? A tu mente le da igual que plantes en ella bellos manzanos o que dejes que las malas hierbas lo cubran todo.

Por tanto, la forma como te ven las personas de tu entorno condiciona tu vida y tu forma de ser. Las cosas que has oído de tus padres, tus profesores o amigos también te hacen creer en una serie de ideas que adoptas como verdades sin analizarlas (programación verbal). Las «grandes frases» que se oyen a menudo como: «la vida es dura», «el mundo está muy mal», «hay crisis», «la juventud, aun con estudios lo tiene muy negro» y una larga lista más, van calando en nosotros por repetición. Lo oímos y por si no es suficiente, los medios de comunicación nos lo muestran con imágenes para acabar de reafirmar esa idea.

Creamos promesas internas por repetición o en momentos de gran impacto emocional.

Cuando te repiten frecuentemente que eres malo o que no sirves para nada, llega un momento en que te confirmas a ti mismo que eres malo o que no sirves. Llega una situación y, totalmente condicionado por el adjetivo que te han colgado, decidirás y actuarás de forma específica para llegar a un resultado que te reafirme la creencia de que eres malo o de que no sirves. De este modo, al ver con tus ojos el resultado, acabas diciéndote: «Soy malo» o «No sirvo para esto».

Todos recordamos hechos importantes que han sucedido en el mundo. Todos recordamos el día en que hubo el ataque terrorista a las torres gemelas. Recordamos perfectamente donde estábamos, con quién y lo que estábamos haciendo. Todos recordamos la primera vez que nos rompieron el corazón; el día en que obtuvimos nuestro permiso de conducir o el día en que murió algún ser querido. En este tipo de momentos, cuando el protagonista eres tú y algún hecho te ha impactado, creas promesas internas.

Imagina una situación donde una mujer descubre que su pareja le ha sido infiel. En el momento en que lo descubre, desbordada de sentimientos, se hace una promesa. ¡Todos los hombres son iguales! o ¡A mí siempre me engañan! o ¡Nunca encontraré un hombre que me quiera!, etc. Al pronunciar estas palabras o incluso si solo se piensan en un momento emocional fuerte, quedan forjadas en nuestro ser. Cuando te sientes traicionado por alguien a quien considerabas un gran amigo o una persona de total confianza, cuando te engañan, cuando te decepcionan, cuando te hacen daño… Estas son las situaciones en las que se crean promesas internas.

Toda tu vida está guiada por tus decisiones y estas están dirigidas por las creencias y promesas que tienes. Lo que te sucede en la vida no es cuestión del azar sino de tu programación mental. Pero tengo una gran noticia; puedes reprogramarte. Desde tu madurez actual puedes analizar estas creencias que acogiste como verdades y cambiarlas. Sé que pensarás que decirlo es muy fácil pero hacerlo no tanto. Aquí está el reto y lo vas a lograr. Empezarás a creer lo que te estoy diciendo cuando veas resultados y la única forma de verlos es rompiendo los patrones que creaste. Solamente con los ejercicios que vienen a continuación ya verás grandes cambios en tu vida, porque dejarás tu rol de víctima para empezar a ser el creador de tus circunstancias, de tu vida.

> *«El hombre no es hijo de las circunstancias.*
> *Las circunstancias son hijas del hombre».*
> *Benjamin Disraeli*

Cuando conoces esta gran verdad, puedes hacerte promesas positivas, PROMESAS DE PODER. Cuando realizas una promesa en un momento de alta intensidad, la recuerdas y tiene mucha fuerza. Una vez vi un vídeo de Shakira. En ese vídeo explicaba que siendo niña en Colombia fue con sus padres a un barrio muy pobre donde había niños drogándose con pegamento. Ella en ese momento se hizo la promesa de que TRIUNFARÍA EN LA VIDA y así lo ha hecho.

Es por este motivo que puedes sacar provecho de momentos dolorosos, todo depende de si lo aceptas y te resignas o de si te dan fuerza para lograr algo más grande. Shakira no contaba con una vida fácil y aun así logró llegar a su meta. El hecho de ver esa imagen de niños de su edad, le tocó y decidió que ella triunfaría en la vida. Cuando tienes un desafío que te causa dolor, puedes seguir aguantando resignado o puedes usar ese malestar como trampolín para alcanzar otra vida, otras circunstancias. Los desafíos, «los problemas» son pruebas para hacerte saltar hacia delante, para hacerte crecer y ser más grande que ellos.

Cuando dices: ¡Basta! a una situación y empiezas a centrarte en lo que quieres, hacia donde quieres dirigirte y dejas de enfocarte en la situación actual, todo empieza a cambiar. A lo que te enfocas le das energía.

Es importante empezar a enfocarte en la solución, en lugar de continuar centrándote en el problema.

Muchas personas se encuentran en situaciones difíciles que les causan un gran dolor y malestar, saben que tienen que cambiar pero la mente las sabotea y las mantiene en esta zona conocida. Cualquier cambio es una gran amenaza para tu mente, pero cuando ya llegas a un extremo, no puedes seguir ignorando lo que te está pasando. ¿Cuántas personas siguen con un matrimonio infeliz por el miedo a dejarlo, por el miedo a estar solos o a no encontrar a alguien mejor? ¿Cuántas personas trabajan en un empleo que odian, que no les deja tiempo para estar con su familia y encima está mal pagado y aguantan? Tienen miedo de salir allá fuera y ver qué opciones más hay. Muchas personas aguantan este dolor, les es más cómodo vivir así, les es más fácil estar mal que pasar por la incertidumbre que crea un cambio.

Tienes que ser muy honesto contigo mismo a la hora de descubrir cuáles son tus promesas internas y tus creencias. Este es un trabajo personal que te cambiará la vida, ya que empiezas por la base. Para poder buscar las promesas internas escondidas dentro de ti, tienes que viajar en el tiempo y recordar los momentos dolorosos que has vivido. Recordarlos y detectar si en aquellos momentos creaste alguna promesa. Recuerda que empezamos creando consciencia, viendo las consecuencias actuales de esa creencia e incorporando una nueva pauta que nos ayude en nuestro progreso, en lugar de limitarnos.

Seguro que conoces a alguna persona que siempre repite un patrón (siempre los mismos problemas en el trabajo, malos tratos, problemas económicos o de salud, parejas inadecuadas, etc). En estos casos es la promesa la que manda. Mira en qué área de tu vida no prosperas, observa qué es exactamente lo que pasa. Así podrás descubrir las promesas y creencias que están detrás y cambiarlas. Puedes buscar directamente la promesa recordando una situación concreta o revivir las emociones que experimentaste, ya que estas te ayudarán a identificarla.

Estas promesas que te has hecho crean en ti un tipo de emociones y sentimientos que te hacen vibrar de una forma específica. Y es a través de los sentimientos-vibraciones que atraes lo que tienes en esta realidad y este es el motivo por el que muchas personas repiten una y otra vez un patrón y no salen de ahí. Hasta que la promesa que crea este patrón no se rompa, se irá repitiendo.

Ahora vamos a ver qué promesas están detrás de tu forma de pensar. Muchas promesas son muy antiguas y están bien arraigadas. Como he dicho antes, muchas provienen de tu infancia, donde aún no poseías la suficiente capacidad para discernir, simplemente creías que era así. Observando tus pensamientos más recurrentes podrás llegar a las promesas mas firmes ancladas dentro de ti.

«Una persona acostumbrada a la autobservación sabe con certeza que en diferentes períodos de su vida, una misma idea, un mismo pensamiento, se entiende de manera totalmente diferente. Con frecuencia le parece extraño cómo pudo haber entendido erróneamente algo que, en su opinión, ahora entiende correctamente».

G.I.Gurdjieff

El primer paso para que puedas romper tus formas de pensamiento es la autobservación. Continúa escribiendo en tu lista los pensamientos persistentes que vayan apareciendo.

Y ahora vamos a empezar a escribir nuestras promesas internas. Antes ya has plasmado los incidentes específicos de gran impacto en tu vida. No tienes que escribir muchas ahora mismo, seguramente tienes algunas bien detectadas pero las otras se irán destapando a medida que te vayas observando. Recuerda que la identificación de tus sentimientos te llevará a tus promesas.

«Su visión se aclarará solamente cuando usted pueda mirar en su propio corazón. Quien mira hacia fuera, sueña, quien mira hacia adentro, despierta».

Carl Jung

LAS CREENCIAS

Los seres humanos evitamos el dolor. Muchas veces no actuamos para evitarlo. Hemos creado unas neuroasociaciones a lo que nos provoca dolor o nos provoca bienestar. Uno de los grandes miedos para no emprender cosas es el miedo al fracaso, que nos podría causar dolor. No tomamos acción por miedo a fracasar y a sentir ese dolor o malestar. Pero aunque no lo parezca, el aplazar lo que sabes que tienes que hacer también te causa dolor.

A las personas que disfrutan comiendo, les resulta doloroso seguir una dieta porque no podrán comer todas las cosas que tanto les gustan y les han llevado a padecer sobrepeso y puede que algún que otro problema de salud. Relacionan la dieta con el malestar. Muchas de estas personas han estado media comenzando dietas y como no han sido capaces de dar la vuelta a la situación, siempre se encuentran igual: con sobrepeso y pensando en cuándo iniciarán el próximo régimen. Cuando tienes la capacidad de ver los beneficios que te dará el seguir una dieta sana, empiezas, lo disfrutas y rompes ese círculo vicioso de sentirte mal por no hacer dieta y sentirte mal si la comienzas. Tienes que ser capaz de ver los beneficios de una acción a largo plazo. Cuando empiezas a comer bien, te reeducas, cambiando así tu forma de vivir y alimentarte. No tendrás que preocuparte más por tu peso, tu salud o por cuándo vas a empezar tu nuevo régimen.

Es importante observar qué emociones se esconden detrás de cada acto o inacción que te crea malestar, ya que siempre va a ver una creencia en tu interior que te hará actuar de esa forma.

¿Exactamente qué es una creencia?

Una creencia no es nada más que un sentimiento de total certeza sobre alguna cosa. La creencia estaría situada en un grado inferior a la promesa. Las promesas internas casi siempre las creas tú mismo, mientras que las creencias tienen varias vías de entrada. Si afirmas ser tímido, lo que estás diciendo en el fondo es: «Siento la certidumbre de que soy tímido». Pero lo que pasa a veces es que nuestra falta de creencia, o la falta de esa certeza, no nos permite utilizar las capacidades que poseemos. Por lo tanto, tenemos que cuestionarnos las creencias que nos limitan, de la misma forma que tenemos que crear creencias que nos ayuden a progresar.

Cuando hay una creencia general de que alguna cosa no es posible, así es, hasta que una persona cuestiona esa promesa, la cambia y lo logra.

Os pondré un gran ejemplo: durante muchísimos años circuló la creencia de que era imposible para un corredor recorrer la distancia de una milla en menos de cuatro minutos, hasta que en 1954 Roger Bannister lo logró. Bannister aparte de prepararse físicamente, creó la intención en su mente. Lo visualizó hasta que lo creyó real y finalmente lo materializó. Nadie en la historia había realizado tal hazaña, pero lo que hizo él fue romper una barrera mental, ya que un año después de su logro, otros treinta y siete corredores también lo lograron. **Si lo puedes creer, lo puedes crear.** Los otros corredores también creyeron que podrían lograrlo, sobre todo porque ya tenían un modelo, una referencia y así lo hicieron. Después de dos años de haber roto esa creencia, ya eran trescientos corredores los que lo habían conseguido.

Cuando vayas descubriendo tus creencias, verás qué partes de tu vida y de tu progreso están bloqueadas. Tómate tu tiempo para observarlas y apuntarlas.

Lo que sucede con estas creencias es que se convierten en limitaciones para las acciones futuras acerca de quién eres y de lo que eres capaz de hacer.

Como he explicado anteriormente, la mayoría de nosotros no decidimos conscientemente en qué vamos a creer. Nuestras creencias se basan a menudo en malas interpretaciones de experiencias pasadas y una vez adoptada una creencia, olvidamos que solo se trata de una interpretación y empezamos a considerarlas como realidades.

El cerebro es capaz de reorganizar sus contenidos y de crear nuevos archivos o programas mentales, esta característica es lo que se conoce como neuroplasticidad. Una vez tienes algunas promesas internas limitantes detectadas, puedes cambiarlas. Teniendo esta información, hazte las siguientes preguntas:

¿Qué archivos mentales te gustaría tener?

¿Qué creencias te gustaría incorporar?

¿Qué es lo que deseas hacer?

¿Quién te gustaría llegar a ser?

¿Que quieres cambiar en tu vida?

Con estas respuestas puedes ir creando tus frases de poder y hablando de frases de poder, ponte la mano en el corazón...

«Yo soy una persona impecable y lograré lo que me proponga»

Haremos otro ejercicio muy importante para ganar consciencia sobre qué estamos posponiendo en nuestras vidas, a qué mostramos resistencias y el porqué:

Piensa en tres acciones que NECESITES emprender y que hayas estado posponiendo. No hay cosa que cause más estrés que saber qué es lo que quieres hacer y no hacerlo. Debajo de estas acciones escribirás el motivo por el cual aún no has tomado acción, qué cosa negativa se vincula al hecho de hacerlo. En tercer lugar escribirás qué COMPENSACIÓN has tenido en el pasado con esta pauta negativa. En cuarto lugar EL PRECIO QUE PAGARÁS si no se cambia esta pauta. Qué pasará si se sigue posponiendo esta acción y por último escribe el PLACER que obtendrás de LLEVAR A CABO ESA ACCIÓN.

Os muestro un ejemplo:

ACCIONES QUE POSPONES	Dejar de fumar	Hacer una dieta	Llevar a cabo mi propósito de vida
¿POR QUÉ LAS POSPONGO?	Porqué CREO que voy a pasarlo mal dejándolo.	Porque al hacer dieta no puedo comer lo que quiero y me gusta.	Por el miedo al fracaso
PLACER PASADO POR SEGUIR ESTA PAUTA	Porqué CREO que fumar me da tranquilidad y seguridad.	Seguir comiendo lo que más me apetece sin control.	El no involucrarme y no tener responsabilidades
PRECIO A PAGAR POR LA DILACIÓN DE LA ACCIÓN	Continuar con una adicción que me quita libertad y puede crearme problemas de salud.	Seguir con mi sobrepeso y sintiéndome mal por el hecho de ir aplazándolo	No hacer lo que realmente me hace feliz, no sentirme realizado y sentir culpa por el hecho de no ser capaz de hacerlo.
PLACER QUE OBTENDRÁS DE LA ACCIÓN	Llevar una vida más sana con un nivel de energía superior y sintiéndome bien por haberlo conseguido.	Tener el peso correcto. Sentirme bien y verme bien. Llevar una vida más saludable. Acabar con mi sentimiento de culpa.	Sentirme feliz y realizado. Aportar valor al mundo. Ganarme la vida con lo que he venido a ser.

Estos son algunos ejemplos. Escribe esas tres cosas que hace tiempo que te rondan por la cabeza y no consigues llevar a cabo. Cuando escribes el porqué de manera totalmente honesta algo cambia en tu interior. Es un ejercicio que te da mucha claridad. No pases sin hacerlo, es diferente pensarlo a escribirlo. He puesto tres ejemplos muy básicos para tener la idea pero hay grandes cosas que pospones y son realmente importantes para que tu vida tome un rumbo u otro. ¿Por qué no cambias de trabajo si no es tu vocación? ¿Por qué sigues sin llamar a esa persona tan importante y contarle lo que sientes?, ¿Por qué continuas en una relación tóxica donde la otra persona te lastima?, ¿Por qué no haces eso que has soñado toda tu vida?, ¿Por qué no sigues lo que tu corazón te está diciendo?

ACCIONES QUE POSPONES			
¿POR QUÉ LAS POSPONGO?			
PLACER PASADO POR SEGUIR ESTA PAUTA			
PRECIO A PAGAR POR LA DILACIÓN DE LA ACCIÓN			
PLACER QUE OBTENDRÁS DE LA ACCIÓN			

PROCRASTINACIÓN

«Nunca dejes para mañana lo que puedas hacer hoy».
Benjamin Franklin

La palabra procrastinar procede del latín «cras» que significa mañana o adelante. Procrastinamos cuando dejamos para mañana cualquier acción, cuando posponemos las cosas. Nuestros buenos y malos hábitos fueron formados por repetición y estoy convencida de
que en algún punto de nuestras vidas, desarrollamos el hábito de la
procrastinación porque nos hizo sentir bien a corto plazo. Recuerda
que evitamos el dolor, nuestra mente siempre va a tratar de protegernos y de mantenernos en nuestra zona conocida, en nuestra
zona cómoda. Tendremos la tendencia de evitar cualquier cambio
o situación que nos cree incomodidad. Una de las mayores razones
por la que las personas procrastinan son sus hábitos ya establecidos.

Todos nos sentimos tentados de posponer las cosas a veces y
es totalmente normal responder con este mal hábito cuando nos
enfrentamos con un reto nuevo o difícil, cuando salimos de nuestra zona de confort. Para la mayoría de las personas, cuanto más
grande sea el reto o más cambio implique, más tendencia habrá
a posponerlo, aunque la zona cómoda o la situación que estén viviendo sea dolorosa. Afortunadamente, superar este mal hábito es
mucho más fácil de lo que parece. Pero, ¿por qué tenemos el hábito
de posponer?

Primeramente porque queremos tener una recompensa inmediata, es más cómodo descansar en el sofá que ir al gimnasio, revisar
el correo es más fácil que empezar aquel proyecto que llevas días
posponiendo; es más fácil ignorar un problema que solucionarlo,
es más seguro continuar en una situación que atreverse a cambiarla.

En segundo lugar, porqué subestimamos nuestra capacidad de producción futura, pensamos que no pasa nada en posponer las cosas porque ya las haremos más tarde. Pero cuando llega ese futuro se sigue sin poder acabar o aún sin haber empezado.

El tercer motivo es el miedo; el miedo siempre paraliza y nos hace posponer las cosas, poniendo cosas seguras en su lugar. Aquí vuelve a aparecer el miedo a fracasar, el gran paralizador. Cuando sabes que debes empezar alguna cosa que implique cambios, tu mente va a comenzar a argumentar de manera negativa estos cambios y el mayor miedo es el de: ¿Y si no me sale bien?, ¿Y si no lo consigo? Por suerte, mi familia tiene una gran respuesta a estas preguntas: «El no, ya lo tienes». Así que si no haces nada, te mantienes en el no, ¿Por qué no intentarlo entonces? ¿Por qué no ir a por el sí?

La pregunta más dolorosa que puedes hacerte es: ¿Y si? Imagínate dentro de unos años, después de haber estado aplazando una acción que en su momento tuvo fuerza dentro de ti. Imagínate que después de tiempo aplazándola por el miedo, se hace tan insoportable tener que darte excusas continuamente por no empezar, que la dejas apagar. Imagínate aún más avanzado en el tiempo, con unas circunstancias parecidas a las que tenías en el momento en que abandonaste y entonces aparece en tu mente la pregunta: ¿Y si? ¿Y si hubiera actuado en lugar de abandonar? ¿Y si hubiera actuado en lugar de resignarme? ¿Cómo sería mi vida ahora, si hubiera actuado en su momento?

Hay oportunidades en la vida que no puedes dejar pasar, cuando llegue la tuya, actúa. Cuando tienes esa certeza dentro de ti, del cambio que quieres realizar, simplemente ¡HAZLO! Hay trenes que solo pasan una vez, si está parado esperando a qué subas, no lo pienses más.

Siempre buscamos excusas para continuar aplazando las cosas importantes en nuestra vida: «Ahora no es un buen momento», «No estoy suficientemente preparado», «No tengo tiempo actualmente», «No tengo dinero en este momento», «No estoy bien emocionalmente para hacer este cambio», etc. Las personas que consiguen grandes logros en su vida, actúan, se lanzan de cabeza cuando sienten que así tienen que hacerlo, se lanzan de cabeza cuando aparece una oportunidad, son los primeros en entrar en el tren. Empieza, hazlo y durante el proceso, ya verás que es el mejor momento para llevarlo a cabo. Aprenderás lo que necesites aprender mientras vayas caminando, generarás el dinero necesario, encontrarás el tiempo que necesites y como estarás haciendo lo que tu ser interior sabe que deseas hacer, te encontrarás fenomenal.

La vida no cambia si no te mueves, cambia cuando te lanzas de cabeza y vas a por lo que tienes que ir. Generas los recursos porque no tienes otra opción. Aquí está la diferencia entre las personas que se quedan quietas esperando que todo se resuelva por sí solo o las personas que actúan. No hay cosa más estresante que tener una idea en la cabeza cada día y no llevarla a cabo. El mejor momento para empezar es AHORA MISMO.

¿CÓMO PODEMOS CAMBIAR UNA CREENCIA?

Todas las evoluciones personales empiezan cambiando nuestras creencias. Aparte de lo que hemos visto antes, una forma muy efectiva para cambiar una creencia es asociando a esa creencia dolor o malestar. El ser humano siempre evita sentir dolor. Debes hacer que tu cerebro asocie dolor a esa creencia, debes sentir el dolor que te ha causado esa creencia en el pasado, el que te causa en el presente y el que te creará en el futuro si no la cambias. De la misma forma que asocias el dolor a una antigua creencia que ya no quieres, debes hacer que tu cerebro asocie placer con la idea de adoptar otras creencias que te harán progresar.

«Somos transformados por la renovación de nuestras mentes».

Tienes que crear la duda. ¿Qué quiero decir con esto? Si observas tu pasado, seguramente había creencias que defendías con todas tus fuerzas y después de que pasara alguna cosa que te demostrara lo contrario, las cambiaste por completo. Un hecho te hizo dudar para cambiar una creencia bien arraigada. Una situación o vivencia puede hacer tambalear las bases de una creencia sólida hasta hacerla caer. Pero estas nuevas experiencias solo crearán un cambio si realmente te hacen dudar, si te hacen cuestionarte tus creencias. Una vez empieces a cuestionarlas, ya no te sentirás seguro sobre ellas, ya no tendrás la certidumbre. Si observas tus creencias con atención, verás que aquello que creías puede estar basado en una serie de falsas presuposiciones. Si te cuestionas algo de manera frecuente, acabarás dudando de ello.

Nuestras creencias tienen diferentes niveles de intensidad, de menos a más encontramos: las opiniones, las creencias y las promesas internas. Una opinión tiene una intensidad inferior, ya que es algo de lo que nos sentimos relativamente seguros y puede cambiar fácilmente. En la creencia tenemos una gama más amplia de referencias, hacia las cuales experimentamos emociones fuertes. Ese impacto emocional nos da el sentimiento de certidumbre. En las promesas internas, la intensidad emocional vinculada a una idea, hace que sean más fuertes que las creencias. Podríamos decir que es una convicción y no se acepta nada diferente. Cuando puedas crear convicciones que te capaciten, serán tu impulso para conseguir tus metas.

Entonces, una convicción positiva puede darte el poder para actuar. Cuando creas una promesa interna capacitadora esta te impulsa a lograr lo que te has prometido. Es lo que yo llamo una PROMESA DE PODER. Lo mejor que puedes hacer para cambiar un área de tu vida es elevar una creencia al rango de promesa y así obtener el poder para actuar. Las convicciones o promesas capacitadoras te dan la fuerza para la acción.

Repite esta frase de poder:

«Voy a triunfar en la vida en todos los aspectos».
«Tengo el poder para cambiar mi vida».

¿Cómo puedes crear una promesa interna positiva o capacitadora?

Se empieza con una creencia básica y la refuerzas dándole nuevas y más poderosas referencias. Cuantas más referencias encuentres que refuercen esta creencia, más poderosa se volverá. Ponemos el ejemplo de que quieres dejar de fumar. Infórmate, mira fotografías, vídeos de lo que está sucediendo a nivel pulmonar, lee sobre las enfermedades secundarias que este hábito crea en tu organismo, pregunta a personas que han sufrido o están sufriendo sus efectos. Todas estas referencias refuerzan mucho más tu creencia y la elevan a convicción. Cuando estás convencido, vas a cambiar lo que quieras cambiar. Cuando asocias malestar a un hábito ya has empezado el cambio. Cuando asocias dolor a una situación, instintivamente buscas evitarlo provocando un cambio que te dé bienestar.

Por lo tanto, **el dolor es la herramienta para desplazar una creencia**. El dolor o el querer evitarlo, siempre están detrás de todo lo que hacemos y no hacemos.

Asocia más dolor al ¿Y si lo hubiera intentado? que al cambio. Asocia más dolor al ¿Y si lo hubiera hecho? que a la incertidumbre. Asocia más dolor al ¿Y si... ? que a un hipotético fracaso.

Cuando llega un momento, en una situación que te crea un dolor lo bastante fuerte, es cuando internamente decides hacer el cambio. Por mucho miedo al cambio que sientas, el dolor de tu situación actual es más elevado y por tanto, ya no toleras seguir aguantando y decides pasar a la acción. La incertidumbre también crea dolor, se tiene miedo a fracasar, a ir a peor... pero cuando una situación ha llegado al límite, el dolor que crea esta es superior al de la incertidumbre y es cuando se decide tomar las riendas y actuar.

Cuando ya no puedes más, cuando una situación se hace insoportable y dices ¡basta! esa situación se convierte en el trampolín hacia el cambio, hacia la acción. Cuando llegas a un nivel de dolor que no se puede tolerar, es cuando tomas la decisión de cambiar.

Cuenta una historia que a un entrenador le llevaron dos halcones para amaestrar-los. Al cabo de unos meses, el instructor le comu-

nicó al dueño de los halcones que solo uno de ellos estaba perfectamente amaestrado. Ya había aprendido a volar y también cazaba, pero el entrenador no entendía qué pasaba con el otro. Desde el día que llegó, se subió a una rama y no se movió de ese lugar, incluso tenía que llevarle la comida. El dueño, preocupado, requirió la ayuda de otros entrenadores. Pero ninguno pudo conseguir que el ave volara. El dueño, ya desesperado, publicó un anuncio para ver quién podía lograrlo. A la mañana siguiente, vio que el halcón volaba fácilmente y le preguntó al artífice del milagro:

- Tú hiciste volar al halcón, ¿Cómo lo lograste, acaso eres mago?, a lo que este contestó:

- No fue nada difícil, solo corté la rama y el halcón se dio cuenta de que tenía alas y se lanzó a volar.

Esta historia nos ilustra que muchas veces vivimos aferrados a las ramas que nos ofrecen un grado de comodidad. La costumbre te hace vivir en una jaula, aun sabiendo que la puerta está abierta. Atrévete a enfrentar el riesgo porque al dejar tu zona de confort te darás cuenta de que sin importar el resultado, te sentirás mejor solo por haber decidido tomar el reto. Deja de aferrarte a lo que crees que es más fácil, porque a pesar de que te sientes cómodo donde estás, debes aprender a volar para ir en busca de lo que quieres. Cuando te quedas amarrado a las ramas, puedes sentirte más seguro pero no más feliz. Cuando te quedas en la rama es más fácil pero no lograrás cambiar tu vida hasta que emprendas el vuelo. Cuando decidas ir a por lo que quieres, te darás cuenta de que puedes hacer cosas extraordinarias, pero si decides quedarte inmóvil, jamás tendrás consciencia de todo el potencial y las cualidades que tienes.

Tú puedes ser como el halcón que dejó la rama por propia decisión o como el que necesitó que cortaran su rama. Sea cual sea la razón por la que empezaste a volar, no lo vivas como una tragedia sino como una gran oportunidad que hará que te conviertas en una persona capaz de hacer lo que te propongas.

Muchas veces la vida actúa como el instructor que cortó la rama del halcón. Muchas veces la vida te quita aquella pequeña cosa que te daba la poca seguridad para mantenerte amarrado a ella, haciendo que emprendas el vuelo. Cuando la vida te quita ese pilar de seguridad, no debes verlo como algo negativo sino como una bendición, como una gran oportunidad de crecer y evolucionar.

La vida es un camino de aprendizaje y tú decides en qué momento soltar lo que te ancla a tu zona de confort. Puedes darte cuenta enseguida de que quieres cambiar y evolucionar y lanzarte a volar o puedes ver que la vida que vives no es la que quieres y aun así mantenerte anclado a ella. No obstante, cuando el dolor vinculado a una situación es ya tan intenso, no tienes más remedio que abandonar esa situación y avanzar hacia el cambio. Cuando el dolor es ya insoportable, es como cuando le cortan la rama al árbol.

Siempre hablo de la importancia de escribirlo todo. ¿Qué situación actual te crea dolor? ¿Qué situación te crea dolor pero aún estás amarrado a ella? Escribe lo que estás viviendo en la actualidad que te genera malestar, que te quita el sueño... escríbelo con todo lujo de detalles. Las situaciones no cambian ignorándolas, las situaciones se cambian enfrentándolas. Escribe y cuando puedas asociarle todo el dolor que te genera, tú mismo te cortarás la rama.

....

....

....

....

....

....

....

....

....

....

Cambiando creencias...

Como vengo diciendo, es sumamente importante que revises tus creencias y sus consecuencias para asegurarte que estas te capacitan. Al hacer el ejercicio anterior y ver como esas creencias aún afectan a tu vida y continuarán haciéndolo a no ser que decidas cambiarlas, ya adquieres el poder para poder hacerlo. Pero, ¿sabes qué creencias adoptar? Es fácil, solo debes encontrar a personas que ya tienen los resultados de lo que tú deseas en tu vida. Esas personas serán modelos a seguir y pueden darte algunas respuestas. Detrás de las personas exitosas que han triunfado en la vida (en todos los aspectos) encontrarás una serie específica de creencias y convicciones de donde proviene todo su poder.

En el chamanismo es de vital importancia la observación, aprender a observar, a observarte a ti mismo y a las personas que te rodean. Cuando estás rodeado de personas negativas, que ya hace tiempo que se rindieron, que viven resignadas su día a día, es fácil observar las creencias que están detrás de sus formas de pensar, sentir, actuar y finalmente de sus resultados. Busca personas que tengan la vida que tú quieres tener y de la misma forma podrás observar las creencias que tienen en los diferentes ámbitos de su vida. Podrás observar cómo piensan, cómo sienten, cómo deciden, cómo actúan y los resultados a los que llegan.

> *«Todo depende de cómo vemos las cosas,*
> *no de la forma en que son en sí mismas».*
> *Carl Jung*

Puede que pienses ¿y cómo encuentro yo a personas que tengan ya lo que yo quiero? La vida es maravillosa y cuando tú empiezas a cambiar, te vuelves un imán que atrae a personas similares a ti. Es curioso ver cómo al trabajar en una dirección concreta, poco a poco van apareciendo personas nuevas en tu entorno que te pueden enseñar a mejorar. Personas que están en el mismo camino que tú has empezado o que ya han llegado a los resultados que tú quieres obtener. No dejes pasar esa oportunidad de aprender de alguien que ya ha logrado lo que tú quieres lograr. Aquí también entra la figura del mentor. Un mentor es una persona que ya ha llegado a los resultados y puede enseñarte la forma para que tú también lo consigas.

Observa las sincronicidades, observa a las personas que llegan a tu vida y tienen algo que enseñarte.

Por lo tanto, para poder progresar y expandir nuestras vidas, debemos tomar de modelo a personas que ya lo lograron. De igual forma que tomamos unos modelos de referencia en la infancia, también podemos tomar referentes en el presente. Muchas personas cuando ven a alguien que ha logrado un éxito en el ámbito laboral, afectivo o físico, en lugar de preguntase como ha llegado a ello, normalmente lo critican. Tenemos muchas ideas asociadas a determinadas situaciones pero si realmente quieres llegar a lo que ha llegado esa persona, en lugar de criticarlo, aprende de él. ¿Qué es lo que hace diferente de ti? ¿Qué es lo que piensa? ¿Cómo actúa? ¿Qué mentalidad tiene?

Aunque muchas personas no quieran admitirlo, tenemos muchas ideas negativas asociadas a la prosperidad, a los logros. **Pero recuerda que todas esas creencias no son tuyas, simplemente las aprendiste**. Se tienen muchas creencias negativas sobre todo con el dinero y el éxito. Muchas veces se parte de una mentalidad de no ser merecedores e internamente se vive como imposible llegar a tener éxito y dinero, porque te han enseñado que esto no es para ti. Automáticamente salen tus creencias negativas relacionadas con estos ámbitos. Todo es importante en la vida, el dinero y el éxito también. Cuando no puedes llegar a realizarte en el ámbito laboral, eso perjudicará también tu salud y tu área afectiva. Cuando tienes problemas económicos, estos también afectarán a tu salud y a tus relaciones. Tener una vida próspera significa que prosperas en todas las áreas de tu vida.

Siempre se ha dicho que detrás de la crítica está la envidia, ya no somos niños. Si quieres lograr lo mismo que esa persona que ya está disfrutando de ello, modela, en lugar de criticar. **Cuando criticas una cosa que en el fondo deseas, lo que estás haciendo es alejarlo aún más de ti**. Debes mirar qué es lo que hacen diferente estas personas de los demás para tener éxito, debes ver qué tipo de creencias tienen, su actitud, su lenguaje y su expresión corporal.

«Somos lo que pensamos. Todo lo que somos surge con nuestros pensamientos. Con nuestros pensamientos hacemos nuestro mundo».
Buda

Sé que esta parte del libro necesita dedicación por la gran cantidad de ejercicios y por la autoreflexión ligada a ellos. No dejes de hacer los ejercicios porque son de vital importancia, recuerda que no podemos empezar a construir una casa por el tejado y del mismo modo, no podemos ver grandes resultados si la base de todo continúa siendo la misma. Hasta que no cambies tu programación continuarás viendo los mismos resultados en tu vida. Necesitas poseer la mentalidad acorde a lo que quieres lograr. Recuerda el mal hábito de la procrastinación y hazlos. Si eres de las personas a las que les gusta leer en la cama por la noche, marca la página donde están los ejercicios y a la mañana siguiente, busca un momento para sentarte y hacerlos.

A estas alturas del libro, estoy segura que tienes muchas creencias limitantes detectadas y también eres consciente de las promesas internas que más te bloquean. Ahora vamos a hacer otra actividad más para cuestionar las dos creencias que más te limitan y lo haremos con estas simples preguntas:

1. **¿De quien aprendí esa creencia?**, ¿Es alguien a modelar en el ámbito relacionado con la creencia?, ¿Ha tenido éxito esa persona en esa área de su vida?

2. **¿Qué me costará a nivel emocional mantener esa creencia?**, ¿Qué pasará si continúo pensando y actuando de esta forma?

3. **¿Qué me costará a nivel físico, a nivel de relaciones o a nivel financiero** el mantener esa creencia?

4. **¿Cómo perjudicará a mis seres queridos** mantener este archivo mental?

Hazte estas preguntas tranquilamente y escribe las respuestas. Al preguntarte cosas tan concretas, tus creencias pierden fuerza. Después de preguntarte todo esto, vas a asociar dolor al hecho de seguir manteniéndolas y te harás consciente del coste que generan y generarán en ti y tus seres queridos si no te desprendes de ellas. Cuando ves tus resultados actuales y no son lo que esperabas ya te haces consciente de que tu mentalidad en referencia al área afectada no es la correcta. El mero hecho de comprender que tu mentalidad es algo que aprendiste, que acogiste esas creencias sin cuestionarlas y que estas te han llevado a tomar unas decisiones y acciones que te han conducido hasta el punto donde te encuentras ahora, ya estás creando un estado de duda.

Cuando puedes asociar dolor a esas creencias que te han estado limitando, solo querrás desprenderte de ellas. Después de eliminar estas dos creencias limitantes, debes introducir dos pautas nuevas que te den poder. Escribe también qué dos nuevas pautas vas a introducir para «sustituir» las dos viejas creencias limitantes. Puede ser lo opuesto...

«Triunfar en la vida no es para mí».
«Me lo merezco todo, me merezco triunfar».
«La vida es dura».
«La vida es maravillosa».
«Nunca tengo dinero».
«Mi economía prospera más y más».

«Siempre fracaso en el amor».
«Estoy en camino de vivir una relación maravillosa».

Cuanto más se refuerce esa nueva pauta, más enfocado estarás en ella. Utiliza referencias que le den más poder. Mira quién ha conseguido lo que tú quieres y recuerda que: ¡Tú también puedes lograrlo!

Ponte la mano en el corazón y repite:

«Soy un ser único y maravilloso, me amo y merezco lo mejor».

¿CÓMO FUNCIONAN NUESTRAS CONEXIONES NEURONALES?

La primera vez que realizamos alguna acción creamos una conexión física y se crea un diminuto hilo neural que nos permitirá volver a acceder a ese comportamiento en un futuro. Cada vez que repetimos ese comportamiento, vamos haciendo más fuerte la conexión neural, vamos añadiendo pequeños hilos. Es como cuando vas al gimnasio y ejercitas un músculo. Cada vez irán aumentando la cantidad de fibras musculares y el músculo crecerá. Por repetición e intensidad emocional podemos añadir al mismo tiempo varios hilos, dando fuerza a ese comportamiento o pauta emocional, hasta que finalmente creamos una «línea troncal». Es entonces, al haber reforzado tanto esa pauta, cuando nos vemos impulsados a llevar a cabo ese comportamiento de forma contundente. Esa conexión se convierte en una vía rápida que nos lleva a una ruta consistente de comportamiento.

¿Qué quiero decir con esto? Cuanto más repitas una pauta emocional, más fuerza tendrá y saldrá rápidamente. Por ejemplo, si empiezas a enfadarte a menudo, a estar más irritable y se va repitiendo en el tiempo, llegará un momento en que por cualquier cosa estarás molesto. Como verás en el capítulo siguiente, **bioquímicamente nos volvemos adictos a las emociones que más experimentamos.**

Creamos estas asociaciones neuronales inconscientemente cuando nos damos permiso de experimentar las emociones o comportamientos de manera consistente. Cuando se permite la emoción de la cólera o el comportamiento de gritar a tu pareja o a tus seres queridos, la conexión neuronal se hace más fuerte y es probable que vuelva a suceder. Cuando nos permitimos la huida en una situación que requiere de nuestra responsabilidad, adoptamos este patrón y lo más seguro es que lo vayamos repitiendo.

Cuando introducimos nuevas pautas conscientemente y les damos repetición e impacto emocional, haremos de ellas bases sólidas y actuaremos según estas nuevas formas. ¿Me sigues? Cuando nos condicionamos de manera positiva, ocurre lo mismo que cuando lo hacemos de forma negativa. Cuando introducimos nuevas pautas y les damos poder, repetición e impacto emocional, vamos creando una línea troncal. Y es aquí donde entran las declaraciones o frases de poder que voy escribiendo. Crea las tuyas. Cuando te repites en voz alta, con intensidad emocional y frecuentemente «Soy valioso» y «Merezco todo lo mejor» por ejemplo, estás creando una vía rápida para sentirte de este modo y para que tu forma de actuar en la vida sea partiendo de estos sentimientos. De la misma forma que podemos crear, la ciencia también nos dice que cuando dejas de consentir un comportamiento o emoción en concreto, durante un tiempo suficiente que interrumpe la pauta de utilización de ese camino neuronal, esa conexión se debilita y se atrofia y de esa forma la pauta o comportamiento desaparecen con él. Volviendo al ejemplo del gimnasio; cuando una persona baja su rendimiento o por cualquier circunstancia se ve impedido de ejercitarse, su musculatura se debilita, pierde fuerza y volumen.

Cuando tienes patrones de comportamiento bien establecidos, actúas de manera inconsciente de la misma forma ante situaciones similares. Sin darte cuenta, respondes de igual forma ante un estímulo, actúas en modo piloto automático. Cuando tienes comportamientos que quieres cambiar, lo primero que debes hacer es detectarlos y observar en qué situaciones se activan. Una vez los tengas identificados puedes interrumpirlos. Al principio será difícil porque has reforzado mucho el comportamiento a base de repetición pero si cada vez que esté a punto de aparecer lo interrumpes, vas a poder cambiarlo. Si te enfadas con facilidad, si te sientes agobiado, antes de entrar en la emoción de la cólera, simplemente sonríe. De esta forma ya rompes la pauta.

Una madre me explicaba un día que se pasaba las tardes gritando, que estaba cansada de su jornada laboral y al llegar a casa se encontraba con sus tres hijos cargados de energía. Un día se hizo consciente de lo mucho que gritaba y amenazaba a sus hijos si se peleaban o hacían cualquier trastada. Sin darse cuenta había creado un hábito, para todos era «normal» que estuviera toda la tarde enfadada. Me explicó que cuando se observó no le gustó nada lo que veía y empezó a cambiar su conducta. Los primeros días le costaba no volver a empezar, pero cuando lo detectaba se mordía el dedo índice. De esta forma, cambió su forma de actuar.

Nos volvemos adictos a experimentar determinadas emociones, adictos a sentirnos de una manera determinada, pero aunque lo lógico sería que nos volviéramos adictos a experimentar sentimientos positivos, en realidad no es así. Como explicaré detalladamente en el siguiente capítulo, cuando necesitamos sentirnos a nivel inconsciente de una forma concreta, buscamos cualquier pretexto para experimentar esa emoción. Pero si no hay una situación externa a la que podamos recurrir para sentirnos de esa forma, nuestro cerebro buscará imágenes mentales de situaciones pasadas para que podamos hacerlo.

El cerebro no distingue entre lo que está observando o lo que está recordando, por este motivo, simplemente evocando unas imágenes determinadas puede crear el torrente bioquímico responsable de hacerte sentir de esa forma concreta. De la misma manera que nuestro cerebro evoca imágenes mentales para que puedas continuar sintiéndote víctima o triste, también puede evocar imágenes para que te sientas bien y feliz.

Como bien habrás deducido, de igual manera que podemos cambiar nuestras creencias, también podemos cambiar nuestros comportamientos. Como te contaba, el mero hecho de interrumpir una pauta de comportamiento ya lo debilita y también sabemos que imaginando, evocando en nuestra mente imágenes mentales concretas, estas hacen que experimentemos unas emociones u otras. Nuestras emociones vienen dadas por nuestra mentalidad, lo que pensamos nos hace sentir de una forma particular. Si albergas buenos pensamientos no puedes sentirte mal y si albergas malos pensamientos es prácticamente imposible que te sientas bien.

«El estado en el que se encuentra en cualquier momento dado, determina sus percepciones de la realidad y, por lo tanto, sus decisiones y comportamiento».

Tony Robbins

Puedes cambiar la forma de sentirte trabajando directamente en las creencias causantes de ello. Por ejemplo, una persona que piensa que la vida es injusta y busca culpables fuera, automáticamente entra en un estado de victimismo y se mantiene en el «pobre de mí». Con esta mentalidad, ante cualquier situación que aparezca, tendrá oportunidad de quejarse y de sentirse así. Cuando trabajas sobre estas creencias y te haces cien por cien responsable de todo lo que ocurre en tu vida, abandonas el rol de víctima. Recuerda que eres cien por cien responsable de tu vida.

LAS TRES GRANDES ÁREAS

Ya te has cuestionado dos creencias limitantes haciendo las preguntas correctas. Una de las preguntas era de quién aprendiste esa creencia y cómo es la situación de esa persona en el ámbito relacionado con esa creencia. Ahora vamos a ver como están tus tres grandes áreas (salud, economía y amor).

Vamos a hacer otro ejercicio rápido pero muy importante. Vas a puntuar del 1 al 10 qué has logrado hasta este momento en tus áreas del amor, del dinero y de la salud.

Una vez más tienes que ser honesto y realista a la hora de valorar cómo está tu vida en el momento actual. Dando la puntuación máxima a tus aspiraciones, a tus sueños futuros.

En el área del amor tendrás en cuenta el amor que sientes y recibes, el amor hacia tu pareja, hacia tus hijos, familiares y amigos. El amor que sientes por lo que tienes, por tu trabajo, el amor hacia ti mismo y hacia la vida en general.

En el área de dinero, consideraremos cuál es tu situación económica actual, tu salario o ganancias, tu satisfacción profesional, tus ahorros y tu gestión económica.

Y en el área de la salud consideraremos cómo te sientes, tu nivel de energía y vitalidad, tu salud mental y tu salud emocional.

Es increíble el poder que tiene el escribir nuestras situaciones y anhelos. No lo dejes sin hacer, este ejercicio tan simple puede hacerte ver cosas realmente importantes. Es muy diferente pensar las cosas o plasmarlas sobre papel. Al igual que cuando escribes tus metas y al cabo de unos años encuentra la lista y ves que has logrado la mayoría de las cosas que escribiste, dentro de un tiempo puedes recuperar estas tablas y ver los cambios que ha habido en tu vida.

	AMOR	DINERO	SALUD
10			
9			
8			
7			
6			
5			
4			
3			
2			
1			

Una vez finalizada esta, vas a hacer lo mismo pero con tus padres y abuelos. Mirando en que áreas se desarrollan o desarrollaron con mayor facilidad y en qué áreas tienen o tenían problemas. Serán dos tablas; una para el padre y abuelos paternos y la otra para la madre y abuelos maternos.

	AMOR	DINERO	SALUD	AMOR	DINERO	SALUD
10						
9						
8						
7						
6						
5						
4						
3						
2						
1						

Ahora que tienes todas las tablas hechas, observa si hay coincidencia entre tu tabla y las tablas de tus padres y abuelos.

Has hecho este ejercicio por dos motivos: el primero, para ser consciente de cuál es el área de tarea donde debes enfocarte para prosperar y cuáles son las áreas que manejas mejor. Cuando observas en las tablas un área en la que hay dificultades, que se repite en tus padres, abuelos y seguramente en tus bisabuelos pero no sucede lo mismo en ti; es que HAS ROTO EL PATRÓN. Venimos arrastrando a nivel generacional los mismos problemas. Recuerda que venimos programados por nuestro entorno y repetimos los patrones aprendidos. Venimos condicionados por la familia a nivel verbal y por los modelos de referencia que tuvimos.

Y ahora... ¿Cuál es tu área de tarea? ¿Qué es lo que hace que este área sea la más floja en tu vida? ¿Qué necesitas cambiar o incorporar a tu vida para que esta área suba a otro nivel? Como he repetido varias veces, el cambio empieza cuando tomas una decisión. ¿Qué quieres cambiar? ¿Qué quieres lograr? ¿Qué cambios quieres experimentar en tu vida dentro de seis meses? Escríbelos.

«Me comprometo a transformar mi área de .... **en los próximos seis meses.**

Me comprometo a:

....

....

....

....

....

....

....

....

Cuando en una familia hay problemas económicos, ya los padres, abuelos y bisabuelos los tenían. Esto ha creado a nivel familiar un sistema de creencias y VALORES que los ha llevado a todos al mismo resultado.

Recuerdo cuando estudiaba y en el ámbito medico se hablaba de la tendencia genética para padecer colesterol. Hay muchos casos en familias donde bastantes miembros mueren de un infarto causado por un problema de arteriosclerosis, donde el diámetro de los vasos se ve afectado por el colesterol en sangre, disminuyendo así el flujo sanguíneo y por tanto la buena irrigación de los tejidos y al mismo tiempo del corazón. Ahora bien, vamos a observar un hecho muy simple; ¿qué pasaba antes en todas las casas? Las abuelas enseñaban a cocinar a las madres y a su vez las madres a sus hijas. Todas cocinaban los mismos platos y por este motivo había un problema de obesidad y colesterol en toda la familia. Más que un problema genético es un problema de hábitos familiares.

Del mismo modo, en una familia con problemas de obesidad y sus complicaciones relacionadas, hay una persona que está delgado y goza de muy buena salud. ¿Qué ha pasado aquí? Pues que esta persona ha roto el patrón familiar. Él ha decidido llevar una vida sana y alimentarse correctamente. A nivel genético hay las mismas condiciones pero él es todo lo contrario y sus hijos seguramente serán esbeltos y sanos igual que él, mientras que posiblemente sus sobrinos sigan con los mismos problemas de salud.

Estas personas han roto el patrón familiar porque se han hecho responsables y han tomado la decisión de cambiar.

Me he encontrado con muchísimas personas en mi consulta que quieren cambiar sus hábitos de alimentación, que quieren aprender a comer y consecuentemente tener una vida sana. Pero también me he encontrado con muchas personas que se escudan detrás de la palabra genético, «Todos en mi familia tienen sobrepeso».

Y esto es aplicable a todo, a todas las áreas de nuestra vida. Cuando en una familia siempre ha habido dificultades económicas, así va a continuar siendo, hasta que una persona pueda romper el patrón, pueda cuestionarse sus creencias acerca del dinero y cambiarlas completamente. Puede también conocer su escala de valores y cambiarla según lo que quiera lograr en la vida.

Repetimos patrones durante cuatro generaciones

Seguramente conoces a Iván Pavlov, muy famoso por su experimento con un perro. (Teoría de los reflejos condicionados). Pavlov vivió de 1904 al 1967 y fue el padre de la psicología objetiva y científica. Desde sus inicios planteó la psicología como el resultado de causas materiales y contrastables, afirmando que las asociaciones se basan siempre en reacciones orgánicas, biológicas. Pavlov argumentaba que en el planteamiento del estudio del individuo hay que tener en cuenta las reacciones incondicionadas, hereditarias, no aprendidas o genéticas, ya que son la base de las respuestas condicionadas.

Siguiendo estas pautas, se realizó un experimento con gusanos. Se puso un grupo de gusanos en una de caja con diferentes niveles. En la parte superior de la caja había más y mejor alimento. Cuando los gusanos subían para comer los pinchaban con una aguja una y otra vez hasta que dejaron de subir a buscar el alimento porque lo relacionaban con un estado de dolor. Hasta aquí es lógico y comprensible el comportamiento adquirido. Pero ahora viene lo interesante: la nueva generación de gusanos no recibieron ningún estímulo negativo (aguja) para que no subieran a buscar el mejor alimento, y ¡NO LO HACÍAN! Sin haber recibido ningún estímulo negativo, tenían un comportamiento adquirido. Inconscientemente relacionaban el subir con un estado de dolor. Pero lo que es realmente interesante es que este comportamiento se mantuvo durante cuatro generaciones.

Nosotros obviamente nos comportamos igual. Cuando en una familia el tema económico ha causado dolor o simplemente se relaciona el dinero con algo negativo, las generaciones siguientes tienen las mismas pautas inconscientes.

Posteriormente se realizaron más experimentos del mismo tipo. En el que te explicaré ahora, se repitió el patrón durante siete generaciones. Volvieron a utilizar gusanos, concretamente los de la especie C. elegans, interesantes porque producen una nueva generación cada dos o tres días,. Les insertaron un chip transgénico (una cadena de copias de un gen que produce una proteína fluorescente) y de esa forma pudieron medir la actividad de un gen relacionado con el estrés.

Cuando los gusanos estaban a 20 grados, el chip emitía una pequeña fluorescencia. Sin embargo, cuando se incrementaba la temperatura del hábitat hasta los 25 grados (algo que les resultaba desagradable) la cantidad de proteína fluorescente producida aumentaba. Después, aunque volvieran a bajar la temperatura hasta los 20 grados, la actividad del chip se mantenía. Lo más sorprendente fue que esta especie de memoria del período cálido no solo se guardaba en la memoria de los gusanos que lo habían sufrido. Los hijos y los nietos de esos gusanos solo vivían con los agradables 20 grados y seguían mostrando la fluorescencia que marcaba la reacción biológica de sus padres y abuelos al aumento de temperatura. Este efecto duraba hasta siete generaciones, y si se sometía a cinco generaciones a los 25 grados, la fluorescencia se mantenía hasta 14 generaciones.

Hay muchos más experimentos de este tipo, que constatan el condicionamiento adquirido. Es por este motivo que repetimos las mismas características en cada una de las tres grandes áreas de nuestra vida. Las VIVENCIAS y CREENCIAS de nuestros abuelos están presentes en nosotros. Aquí reside la importancia de identificar y cuestionarnos las creencias, ya que muchas de ellas vienen de mucho tiempo atrás y son las que están condicionando tu vida actual.

Ahora tienes representado a nivel gráfico como están estas áreas de tu vida y las de tus familiares y te será mucho más fácil encontrar las relaciones entre ambas.

Ahora tú tienes los conocimientos y herramientas para cambiar esas creencias y vivencias que se han ido repitiendo de generación en generación. TÚ PUEDES ROMPER EL PATRÓN. Hay muchísimos casos de personas que llegan a amasar una gran fortuna y que tuvieron una infancia marcada por la pobreza. Nosotros absorbemos información de muchas maneras. Imagínate el caso de un niño que ve sufrir a sus padres por no tener dinero, por no poder pagar las deudas, por no poder comprar lo necesario... inconscientemente creará la asociación de que el dinero es malo porque hace sufrir a sus padres.

Hay muchos adultos que mantienen firmemente esta creencia y que se preguntan una y otra vez el porqué nunca tienen dinero. El dinero no es malo, lo malo es no tenerlo. Muchas personas que se dedican a terapias más espirituales también tienen problemas económicos porque internamente también tienen la creencia de que el mundo espiritual y el económico no pueden ir de la mano. El dinero es un vehículo que nos permite lograr cosas mayores y poder ayudar y llegar a muchas más personas. En muchas películas y libros también se mantiene esa creencia, el pobre es el bueno y el rico es el malo, pero como todo, habrá hombres que posean grandes cosas y también un gran corazón y viceversa.

Volviendo a las creencias familiares, en mi familia había la fuerte convicción de que para ganar dinero tenías que trabajar muy duro. Por parte paterna estaba arraigada esta creencia y tanto mi padre como mi abuelo han sido unas personas muy trabajadoras. Mi padre en ocasiones había llegado a trabajar dieciséis horas diarias. Para mí son un gran ejemplo de disciplina. Aprovecho para darles las gracias, porque con ellos aprendí la importancia de ser constante y disciplinada. Pero por otro lado, la idea de tener que trabajar duro para vivir, creaba en mi una gran contradicción. Estudié dos carreras durante más de nueve años pero cuando empecé a trabajar me sentía mal por lo que cobraba, así que siempre había un sentimiento de culpabilidad detrás de cada cobro. Cuando fui consciente de ello empezó mi trabajo para cambiar esa creencia y la emoción que creaba en mí. En lugar de sentirme culpable empecé a sentirme orgullosa y más cuando vi que mi padre también estaba orgulloso de mí (inconscientemente también él estaba cambiando esa creencia). Empecé a sentir mucha gratitud, me sentí feliz de trabajar en lo que amo y ser una herramienta para ayudar a tantas personas.

Entendí que ofrecía un servicio a las personas a nivel profesional (mi trabajo) y entendí que podía también satisfacer mis ganas de dar de manera altruista, de ayudar sin recibir aparentemente nada a cambio (a excepción de la gran satisfacción de hacerlo), así que me hice socia de varias entidades que ofrecen ayuda y apoyo a personas necesitadas en todos los ámbitos, pero sobre todo a nivel médico y de primeras necesidades. Pero para poder colaborar a nivel económico en estas actividades que sigo desarrollando debo tener dinero y aquí está el equilibrio.

En el área afectiva pasa exactamente lo mismo. Si ves en tu familia unos padres infelices que se pelean y se han perdido el respeto, a nivel inconsciente creas la asociación de que esto no es bueno y de que sufren viviendo juntos.

Bien, ahora que tienes identificada tu área a trabajar y las repeticiones familiares, intenta recordar qué creencias familiares se repiten, qué frases has oído en boca de tus padres o abuelos. Coge esas creencias y somételas a las cuatro preguntas anteriores:

1. **¿De qué persona aprendí esa creencia?**, ¿Es una persona a modelar en el ámbito relacionado con la creencia?, ¿Ha tenido éxito en ese área de su vida?

2. **¿Qué me costará a nivel emocional mantener esa creencia?**, ¿Qué pasará si continuo pensando y actuando de esta forma?

3. **¿Qué me costará a nivel físico, a nivel de relaciones o a nivel financiero** el mantener esa creencia?

4. ¿Cómo perjudicará a mis seres queridos el mantener ese archivo mental?

Y después introduces una pauta nueva a seguir y la vas repitiendo hasta que forme totalmente parte de ti. Es curioso, pero a veces tenemos que empezar fingiendo una cosa para hacerla real. Ya sabes que a nivel neuronal, cuanto más refuerces una pauta, más rápida y fuerte será. Sabemos que la reforzamos con repetición e impacto emocional, así que una vez tengas la nueva pauta a seguir, dale fuerza.

Si te cuesta afirmar una situación o estado que aún está por llegar puedes usar expresiones como:

«Estoy en proceso de ser una persona de éxito».
«Estoy encaminado a tener una vida abundante en todos los aspectos».
«Soy un imán de oportunidades para el triunfo».
«Soy un imán para el amor».
«Soy feliz, tengo salud y vitalidad».
«Estoy encaminado a tener una pareja maravillosa».
«Cada día prospero más y más».
«El amor, el dinero, la salud fluyen hacia mí».
«Me encanta tener libertad económica».
«Mi situación ideal es convertirme en...».
«Estoy en proceso de lograr...».

«No es suficiente tener una buena mente, lo principal es usarla bien».

LENGUAJE Y CORPORALIDAD

¿Te has parado a pensar alguna vez quién es la persona con la qué más hablas? Puede que me respondas: con mis hijos, con mis compañeros de trabajo, con mi madre, con mi hermana, con mi pareja, etc. Pero la persona con la que más hablas es contigo mismo y eso es a lo que llamamos DIÁLOGO INTERNO.

Estamos todo el día hablándonos a nosotros mismos. El lenguaje es sumamente importante a la hora de atraer situaciones a nuestra vida. Las palabras que utilizas determinarán tu vida. Puede que a nivel social puedas medir tu lenguaje, pero ¿cómo te hablas a ti mismo?

Nuestro diálogo interno empieza solo despertarnos. Pongo un ejemplo: «Uff, el despertador....y con lo cansado que estoy, vaya día me espera... Parece que me haya pasado un camión por encima, cada día duermo peor... Y encima hoy viene la supervisora de la empresa… Bueno, una ducha y en marcha... Madre mía, los pantalones me aprietan... he engordado, claro con lo mal que como... Es que no tengo tiempo! No tengo tiempo de ir al gimnasio, no tengo tiempo de cuidarme! ¡No tengo tiempo para nada! ¡Y mira como estoy! Parezco 10 años mayor, y encima este trabajo que detesto y que me crea tanto estrés. ¡Vaya día me espera hoy!».

Con este diálogo interno ¿cómo crees que va a ser el día de esta persona?

Por la mañana empezamos a dar foco a lo que queremos hacer y si partimos de un diálogo de este tipo seguramente llegaremos por la noche cansados, enfadados, viéndonos mal y con la sensación de que no tenemos tiempo para nada. Cuando antes te decía que prestaras atención a cuáles son tus pensamientos más frecuentes o recurrentes, puede que no te hayas fijado en estas pequeñas conversaciones que tienes. Hay veces que parece haberse instalado una pequeña bruja en nuestra cabeza y cuando empiezas con malos pensamientos, continúas con ellos y acabas con ellos, a menos que te des cuenta enseguida y los cambies. Es vital poder redirigir tu diálogo interno y sobre todo por la mañana, ya que es en este momento donde creas tu día.

¿Y por qué digo que por la mañana creas tu día? Cada mañana es importante que tengas unos momentos para planificar tu jornada y enfocarte en lo que quieres y no en lo que no quieres. Cuando empiezas el día con un diálogo interno negativo, a no ser que lo pares a nivel consciente, así continuará. Se entra en una espiral de pensamientos negativos y ya sabes que el 90% de nuestros pensamientos son subconscientes y que no puedes predecir el siguiente pensamiento que va a saltar a tu mente. Haciendo ese cambio en el diálogo interno empezarás a reeducarte. Y aquí voy a hablarte de una cosa muy importante:

La atención selectiva

Uno de los mecanismos más maravillosos de nuestro cerebro es la atención selectiva, que es activada y reforzada por nuestros archivos mentales o nuestra programación. Nuestro cerebro debe procesar muchísima información y tiende a mantener en el estado de consciencia solo parte de esta, sobre todo aquella información en la que estás enfocado, en la que estás concentrado. Empezamos el día con la atención en una serie de cosas y aquí entenderás la importancia de las mañanas para centrarnos en lo que queremos. La atención selectiva realmente es un mecanismo para no volvernos locos con toda la información que el cerebro elabora en bits por segundo. ¿Y esto que significa? Significa que entre tanta información solo eres consciente de una pequeña parte, ves una pequeñísima parte de la realidad que te rodea y esto tiene un gran impacto en tu vida.

Voy a ponerte unos ejemplos: si alguna vez has tenido que comprarte un coche nuevo, ¿no te ha pasado que de repente ves un montón de coches del mismo modelo que el que quieres para ti? ¿e incluso del mismo color que te gusta? o cuando decides tener un hijo ¿no es verdad que ves un montón de embarazadas? ¿y padres paseando los bebes? ¿Qué ha pasado aquí? No es que todo el mundo haya decidido comprarse el coche que a ti te gusta o que estés delante de un baby boom, lo que pasa es que antes esto para ti no era importante y tu cerebro no lo traía al estado de consciencia y, por tanto, no lo veías. Cada vez que te enfocas en algo, tu cerebro traerá al estado de consciencia todo aquello que te interesa, seleccionándolo en un mar de información.

Este mecanismo tiene un potencial enorme en nuestras vidas y ahora lo experimentarás. Vamos a hacer un pequeño ejercicio. Da igual donde te encuentres. Levanta la mirada y observa el lugar donde estás. Cuenta las cosas u objetos de color negro que veas. ¿Lo has hecho? ¿Seguro que sabes cuántos objetos negros te rodean? Vuelve a mirar y memoriza la cantidad. Y ahora, sin mirar de nuevo a tu alrededor, responde a esta pregunta ¿Cuántas cosas de color blanco hay en el lugar en el que te encuentras? ¡No te rías, no! Seguramente dirás: ¡Eh! ¡No las he contado, ni me he fijado! Y seguramente algunas cosas ni las habrás visto, puede que tengas una ligera idea de las cosas blancas que hay en la habitación pero no lo sabrás con certeza. Si miraras otra vez podrías decirme con certeza la cantidad de cosas blancas que hay en el sitio donde estás, es decir, verías otras cosas a las que viste la primera vez. ¿Qué ha pasado?, ¿acaso las cosas blancas no existían la primera vez que miraste? Pues claro, pero tu atención no estaba puesta en ellas.

Y ahora que conoces como funciona este mecanismo, piensa: si estás concentrado en tus problemas ¿qué crees que pasará? Que continuarás viendo siempre más problemas. Si estás concentrado en las cosas de tu día que no te gustan ¿qué pasará? Que verás cosas que te hacen estar mal.

Nuestra atención selectiva es como un radar. El radar está programado para observar el territorio circundante y mostrar la presencia de aviones, pero ¿quiere decir esto que no existen las montañas, los ríos, los coches, las casas y las personas? Por supuesto que existen, pero el radar ha sido programado para ver los aviones y eso es solo lo que ve. Con el ejercicio anterior, cuando has mirado alrededor buscando objetos negros, tu cerebro estaba programado para encontrar objetos con esta característica, de la misma manera que el radar con los aviones. Entendemos pues que tenemos un verdadero radar en nuestra mente y que nos muestra únicamente aquello para lo que ha sido programado. Nos muestra las cosas en las que estamos enfocados.

¿Y por qué no programar nuestro radar para que detecte cosas buenas? ¿Quieres transformar tu vida? Deja de dar enfoque a los problemas que puedas tener y empieza a fijarte en las soluciones, empieza a enfocarte en los cambios que vendrán y de verdad vendrán. Empieza a centrarte en las cosas que quieres ver ¿Entiendes ahora la importancia de tus pensamientos y de tu diálogo interno? En el chamanismo se dice que el momento justo antes de quedarte dormido y por la mañana al despertar son instantes de gran poder y que es vital saber en qué estamos enfocados. De la misma forma que cuando te levantas por la mañana ya preocupado por las facturas por pagar y las deudas, si vas a dormir pensando en el mismo problema, le estás dando también mucha energía.

Volviendo al diálogo matinal... Una vez vi un vídeo de una niña americana que me encantó, aparte de que te mueres de risa viéndolo. Esta niña estaba por la mañana en el baño, igual debía tener 5 o 6 años y gritando al espejo se decía: «Mi casa entera es hermosa», «Puedo hacer cualquier cosa bien», «Me gusta mi escuela, me gusta todo», «Me gusta mi papá, me gustan mis primos, me gustan mis tías, me gustan mis padres, me gusta mi mamá, me gusta mi hermana», «Me gusta mi pelo, me gusta mi corte de pelo», «Me gustan mis pijamas», «Me gustan mis cosas», «Me gusta mi cuarto», «ME-GUSTA-TODA-MI-CASA», «Mi casa es hermosa», «Puedo hacerlo todo bien», «Sí, sí, sí, sí, síí» «Puedo hacerlo todo bien, mejor que cualquiera».

Qué niña tan feliz y agradecida, imagina cómo deben ser sus días... sus días deben ser espectaculares, solo por el mero hecho de quererse, de aceptarse, de verse capaz para lo que sea, de saber que puede y de su profunda gratitud. Mirarte a los ojos y decirte cosas buenas es fantástico y si encima lo dices con alta intensidad y medio bailando, ya no te digo. Tenemos que aprender a cambiar nuestro diálogo interno, aprender a usar palabras de poder y gratitud en lugar de palabras negativas de queja y de desprecio hacia nosotros mismos.

¿Crees que permitirías a alguien que te hablara de la forma que tú mismo te hablas? Te voy a contestar: Rotundamente, NO. Cuando entramos en este modo, somos muy críticos con nosotros mismos y afloran todas las creencias, los miedos y los complejos que habitan dentro de nosotros.

Vamos con otra frase de poder...
«Doy gracias por ser quien soy, tengo el poder de crear».

Si no te amas a ti mismo, no vas a poder amar y ser amado correctamente. Tenemos que aprender a perdonarnos y a aceptarnos tal como somos. Los adolescentes de nuestra sociedad están sometidos a una gran presión por los estándares físicos que ven. He oído a chicas preciosas quejarse de muchas cosas de su cuerpo que no son de su agrado y cuando las oigo hablar, no muestran ninguna compasión, se convierten en sus peores enemigas. Piensa que el pasado ya no existe, perdónate por cualquier cosa que hiciste y con la que crees que actuaste mal.

Todos hacemos lo que sabemos o lo que creemos mejor en los momentos necesarios. Visto con distancia y el conocimiento que tienes ahora, igual hubieras actuado de una forma distinta, pero esto ahora ya no importa, ya pasó. El primer paso para amarte es aceptarte totalmente. Por la mañana, mírate a los ojos en el espejo del baño y no te quedes en lo superficial. **Mírate y date cuenta de que eres un ser extraordinario**. Ama cada curva de tu cuerpo, cada arruga de tu piel, cada peca en tu cara. Quiérete sin reservas. ENAMÓRATE DE LA IMAGEN QUE TE MUESTRA EL ESPEJO. Mírate a los ojos y dedícate palabras bonitas porque eres maravilloso, eres bello, eres inteligente, eres poderoso. Trata a tu cuerpo como un templo, dale las gracias, respétalo, ámalo.

Las palabras tienen un gran poder, son el pensamiento hablado. Solo oír el discurso de una persona puedes ver cómo está su vida y hacia dónde va encaminada. Fíjate en las personas que siempre van con el ceño fruncido, están enfadadas con el mundo y desgastan toda su valiosa energía quejándose y criticando constantemente. Son personas negativas que están bien instaladas en su papel de víctima. ¿Y cómo les van las cosas? Pues ya puedes imaginarte... cuantas más quejas, más problemas. Qué desperdicio de energía cuando está enfocada en mala dirección, cuando está enfocada en las cosas que no quieres. Empieza desde ya a utilizarla para mejorar tu vida; el cambio te va a sorprender.

¿Y por qué no utilizamos las palabras para crecer en lugar de usarlas para dañarnos y estancarnos? Cuando empecé a ver mis quejas y comencé mi camino para cambiar mis pensamientos, cuando un pensamiento negativo, una autocrítica o una auto-compasión aparecían en mi mente, automáticamente los cambiaba y muchas veces lo hacía en voz alta (si el lugar lo permitía). Me decía cosas como: «este pensamiento no es mío, yo soy una persona extraordinaria», «Gemma tu puedes... lo haré bien, puedo con esto y con todo lo que me proponga», «Estoy bien, me amo», etc.

Imagina lo que sería un diálogo interno positivo por la mañana: «¡Las siete! Qué bien he dormido, doy gracias por las comodidades de las que dispongo. Está empezando la primavera, miraré de terminar un poco antes el trabajo para ir a pasear un rato. Hoy tengo muchas cosas que hacer, me pongo manos a la obra…Qué gusto, una buena ducha por la mañana. ¡Voy a tener un día fantástico! Me siento agradecida por todo lo que soy y todo lo que tengo. Aunque no pare en todo el día estoy feliz con lo que hago, doy gracias. Tengo que ir a buscar el coche al taller. Hace tres días que no lo tengo pero que bien que ya está reparado. ¡Hoy tendré un día espectacular!

Cambia tu discurso, cambia tu vocabulario por uno que te dé fuerza y poder. Una sola palabra tiene muchísimo poder, en nosotros y en nuestra realidad. Cuántas veces nos decimos que estamos cansados, que no podemos, que estamos agobiados o que no tenemos tiempo. A medida de repetirlo, lo creamos en nosotros. **Empieza a decirte que a partir de hoy estás pletórico de energía, que a partir de hoy tienes tiempo de sobra y que sí puedes. ¡Verás cómo cambia!**

Al igual que nuestro lenguaje, nuestro cuerpo también es importante. Es importante movernos y sobre todo la forma en que nos movemos. Enseguida puedes ver cómo está una persona que no conoces viéndola caminar por la calle. Hay gente abatida, triste, sin propósitos y lo sabes por su lenguaje corporal. Normalmente camina mirando al suelo, despacio, con los hombros ligeramente hacia adelante, arrastrando los pies… Cuando tú tomas una postura concreta afecta a la forma en cómo te sientes de inmediato. Observa cómo caminas...Intenta ponerte recto, con la cabeza levantada, mirando al frente. Verás que la actitud cambia enseguida. Mira cómo te levantas de la silla. ¿Te cuesta ponerte en marcha o eres de los que da un brinco? Si eres de los que te pones de pie prácticamente dando un bote, esa será tu actitud en la vida. Estás activo y dispuesto a hacer lo que haga falta. **A las personas con proyectos, apasionadas y felices con lo que están haciendo, las reconocerás enseguida. Van rectas, rápidas y con una sonrisa en la cara.**

Cuando en algún momento no te encuentres bien, estés bajo a nivel anímico o preocupado, prueba sonreír. Verás que cambio. Nuestro cuerpo genera energía y por este motivo tenemos que movernos. Muchas personas se sienten eternamente cansadas, están sin energía, pero si empiezan a moverse la volverán a generar. Nuestro cuerpo es como una dinamo, así que vamos a cargarnos. Una de mis técnicas para recobrar energía si en algún momento noto que me falta es ponerme una canción que me encante y bailar y saltar. En tres minutos vuelvo a estar bien.

Así que a través de nuestra corporalidad podemos cambiar directamente y de forma rápida nuestro estado de ánimo. Observa tu postura, te revelará muchísimas cosas de tu actitud y de tu estado emocional. Si eres una persona tímida que va mirando al suelo y con los hombros inclinados hacia delante, intenta cambiar la postura. ¿Quieres ganar confianza? Vamos a modelar la corporalidad de alguien seguro. ¿Cómo será la corporalidad de alguien que se siente seguro de sí mismo? Espalda recta, mirada al frente, pecho fuera y cabeza erguida. Hazlo, verás lo que pasa. Yo era muy vergonzosa y podía caminar por una calle larga y no saber ni lo que pasaba alrededor. Cuando fui creciendo, mi postura cambió pero tenía la tendencia aún de inclinar la cabeza hacia abajo hasta que un día a nivel totalmente consciente decidí cambiarla.¿Sabes qué pasó? Me decía: «venga, cabeza hacia arriba, espalda recta y mirada al frente», pero al cabo de un minuto estaba agotada por la gran resistencia subconsciente a este cambio postural. Y la segunda cosa que pasó, cuando logré superar mi resistencia subconsciente, fue el cambio de actitud en mí, el sentirme más segura. Cuando vences esa primera resistencia y la costumbre de tu postura hasta el momento, empiezas a experimentar cambios profundos. Recuerda que mente y cuerpo van unidos.

Cada vez son más habituales las enfermedades psicosomáticas. Eduard Bach, homeópata y creador de las esencias florales vibracionales que llevan su nombre, decía que la enfermedad aparece cuando mente y alma no van unidas. Cuando tu alma te guía, te susurra hacia dónde debes ir y tu mente, en su afán de protegerte y mantenerte en tu zona cómoda y conocida, te da mil argumentos para que todo siga como siempre.

«La depresión es como una señora de negro. Si llega, no la expulses, más bien invítala como una comensal a la mesa y escucha lo que te tiene que decir».

Carl Jung

Cuántas personas intentan a diario evadirse de sus problemas, mirando la televisión o buscando cosas para estar constantemente ocupados y de esta forma no oír la vocecita dentro de ellos que les dice que las cosas no van bien. **Cuando hay esta diferencia entre lo que desearías hacer y lo que estás haciendo es donde aparecen los problemas**. Nuestra alma nos guía, nos indica, pero se buscan mil maneras para no oírla. Pero por la noche, cuando te dispones a dormir y te quedas solo contigo mismo, es inevitable oírla. ¿Cuantas personas hay en el mundo que sufren de insomnio? Cuando tienes estos momentos de lucidez y te das cuenta que estás viviendo una vida que no quieres, se crea un dilema interno.

Si hacemos caso a lo que nos dice nuestro corazón, aunque no sea fácil, por supuesto, estaremos tranquilos. Pero si hacemos caso a los argumentos que nos da nuestra mente para que todo siga de la misma forma, aunque sea la vía más fácil y cómoda, no estaremos bien, ya que sabemos que eso no es lo que internamente deseamos. ¿Me hago entender? ¿Cuántas personas se dan cuenta de que se están dedicando a una cosa que no desean, que han llegado hasta donde han llegado posiblemente para satisfacer los deseos de otros, para demostrar a otras personas que podían hacerlo? Lo mejor en esta vida es ser 100% auténtico y demostrarte a ti mismo hasta dónde puedes llegar.

¿Cuántas personas mantienen una relación que ya no funciona? Una relación que les crea malestar. Mucha gente siente que debe separarse y lo siente en su corazón, pero al día siguiente su mente le justifica el porqué no lo hace. Muchas veces oyes a personas que están con parejas a las que ya no aman y además se hacen daño constantemente. Su argumento es que no se separan por los hijos. Ponte en la piel de estos hijos. ¿Qué crees que preferirías, ver a tus padres felices y quizás más adelante compartiendo la vida con otra persona, o ver a tus padres discutiendo, amargados, resentidos, atacándose, lastimándose y aguantando por «tu bien»?

¿Cuántas personas se justifican constantemente por no dar un paso adelante? ¿Cuántas personas justifican la vida que tienen? Piensa que somos 100% responsables de todo lo que nos acontece. Siempre hay otras opciones y otras oportunidades. **Si no estás viviendo lo que te hace feliz, el único responsable eres tú**. Puede que pienses que soy muy directa, pero mi intención es ayudarte, cortar tu rama para que aprendas a volar. Cuando de verdad te haces responsable de tu vida, dejas de ver culpables y circunstancias negativas. Cuando de verdad esto cambia en tu interior, lo verás reflejado en tu exterior. Cuando digo que aprendamos a observarnos y a ser honestos, me refiero a poder observar qué es lo que ocurre y hacerlo desde el corazón, apartando por un momento nuestra mente racional y su habilidad para buscar respuestas y justificaciones.

A veces estamos tan mal interiormente que duele el solo hecho de observarlo y ganar consciencia, pero optamos por lo más cómodo porque de esta forma no tenemos que enfrentarnos a cambios, a miedos e incertidumbre.

Ahora imagínate que tu gran anhelo es llegar al mar...llevas andando tiempo por un camino ancho, llano y rodeado de una suave vegetación, oyes los pájaros cantar y te sientes seguro porque mirando la tierra que pisas puedes ver muchas huellas de todas las personas que también han pasado por allí. Llega un momento en este camino en que aparece una bifurcación: a la izquierda continúa el camino ancho y fácil que llevas tanto tiempo transitando y a la derecha empieza un sendero estrecho y de roca que a los pocos metros se pierde en medio de una espesa vegetación. Te paras y escuchas. Por primera vez en todo el camino puedes oír a lo lejos el sonido del mar. Percibes este sonido a tu derecha. Miras hacia la izquierda y puedes ver como el ancho camino sigue trazando pequeñas curvas. A tu derecha, el estrecho sendero desaparece en medio de las rocas y los arbustos. ¿Qué camino seguirás?

Llevas ya tiempo andando y hasta este momento no has oído el sonido de lo que anhelas, hasta esta bifurcación no habías tenido indicios de que el mar pudiera estar cerca. Esta bifurcación puede estar representada por cualquier obstáculo o desafío que estás experimentando actualmente y el sonido que percibes de las olas es esa voz que dentro de ti te guía hacia donde tienes que dirigirte. La mayoría de las personas seguirán el camino fácil, aunque su intuición les diga que no es el correcto, que puede ser que si siguen en él vayan alejándose de lo que realmente quieren. Seguirán este camino porque les da seguridad, porque observando las huellas verán que muchas personas han pasado por él. Pocos se decidirán a seguir el sendero de la derecha, porque intuyen que no será fácil, porque no pueden ver qué se encontrarán después de esos primeros arbustos, porque dudan de si podrán escalar algunos tramos de roca.

Voy a decirte una cosa, cuando tomas la decisión de ir detrás de lo que deseas, abandonas la ruta fácil y previsible y te encaminas hacia un lugar, cogiendo un camino en el que no sabes con qué te vas a encontrar. Puede ser que tengas que escalar, puede ser que te tengas que agachar para pasar por debajo de los frondosos arbustos, puede ser que tengas que pasar por sitios estrechos y desconocidos, pero cuanto más avances en él, aunque no sea fácil, cada vez oirás más cerca el sonido de lo que estás buscando.

Podríamos decir que hay dos personalidades a la hora de enfrentar una adversidad: encontramos a las personas que ante un obstáculo o problema, no se hacen responsables de la situación, buscan culpables, buscan formas de justificar esta situación y por tanto se quejan y adoptan la postura del pobre de mí. Buscan culpables fuera: es culpa del jefe, del marido, de la madre, del estado, del país, de la economía, de lo que sea. En cambio, encontramos a las personas que se hacen responsables de sus situaciones y que ante un obstáculo buscan y encuentran la manera para superarlo. Buscan soluciones en lugar de adoptar el rol de víctima y seguir enfocados en el problema sin pasar a la acción para solucionarlo. Recuerda que cuanto más te enfoques en una cosa que no quieres más fuerza le das. Ante una situación que no quieres, debes tomar acción porque normalmente las cosas no cambian si tú no pones intención en ellas. Recuerda la atención selectiva de la que hablaba hace un momento, cuando te enfocas en el problema, más situaciones de este tipo aparecerán, pero si te enfocas en las soluciones posibles a esos obstáculos de tu vida, cada vez verás que hay más formas para poder saltarlos.

«Aquello a lo que te resistes, persiste».
Carl Jung

Son todos estos sentimientos reprimidos e ignorados los que nos hacen enfermar. Todas esas situaciones que aunque intentes ignorarlas están presentes en esos momentos en que te encuentras contigo a solas. Mira a ver qué es lo que te está pasando, sé sincero contigo mismo, hazte responsable de tu vida e inicia acciones para cambiarla. ¿No es el momento adecuado? El momento perfecto es ahora, no esperes a que todo se complique aún más. Pueden darte miedo los cambios y tu mente siempre te dirá que esperes, que no es un buen momento, pero siempre es buen momento para cambiar el rumbo de tu vida si no es el adecuado para ti. Piensa que una pequeña variación en el rumbo puede llevarte a un lugar totalmente diferente.

¿Por qué no vas a por lo que quieres? ¿Es el miedo el que te paraliza, o te auto-engañas diciéndote que todo está bien? Es importante aprender a ser feliz con lo que tienes, con tu vida actual, pero esto no es incompatible con ir detrás de tu sueño. Déjame que te cuente una historia:

«Había una vez tres pequeñas semillas que fueron transportadas por el viento hasta una selva paradisíaca. Allí, las semillas se enterraron para germinar y para llegar a ser lo que tenían que ser, unos árboles grandes, bellos y fuertes. El claro de aquella selva parecía el lugar perfecto para crecer y ser. Después de meses de calor y lluvia, unos pequeños tallos empezaron a salir a la superficie, pero algo cayó sobre aquellos débiles y tiernos tallos... eran unos monos, que se divertían lanzándose frutas desde lo más alto de los árboles. Las tres semillas, sorprendidas, se miraron sin saber qué hacer.

La primera semilla, muy asustada, dijo que prefería esconderse bajo tierra y no salir a la superficie, quería estar siempre enterrada. La segunda semilla dijo que ella sería como las pequeñas hierbas del camino y esperaría hasta que los monos se marcharan. Esta semilla se engañaba a sí misma pretendiendo ser lo que no era. Pero la tercera semilla dijo que ella al menos quería intentarlo y que no iba a rendirse. Ella había nacido para ser un árbol y quería convertirse en un árbol.

Sin embargo, a cada nuevo intento de salir, un mono le lanzaba una enorme fruta encima. Las otras dos semillas le decían que no lo intentara, que se olvidara, que no era posible... pero la tercera semilla no se desanimaba. Cada vez que un mono le lanzaba una banana y una ramita se le quebraba, ella lo intentaba de nuevo, con más fuerza. Esta semilla no se rindió nunca. Y así pasaron días, semanas y meses sufriendo esos ataques externos que impe-

dían su libre crecimiento… Hasta que un día, la plantita ya no se rompió, aunque continuaban cayéndole cosas encima, se había doblado tantas veces que su cuerpo estaba lleno de nudos gruesos y fuertes que la hacían ser más resistente que el resto. Ya era tan fuerte que ni los monos conseguían arrancarla de la tierra. Y así continuó creciendo y creciendo…

La semilla asustada nunca salió del suelo, la semilla que se engañaba fue una hierba pequeña y débil. Ambas seguían esperando a que los monos se fueran. Solo la semilla de mente positiva, de actitud perseverante y con la fuerza para seguir adelante ante las adversidades, decidió que ella era un árbol y no se quería ni asustar, ni engañar. Todos los golpes que recibió la fortalecieron hasta convertirse en el árbol grande y fuerte que estaba llamada a ser».

FÍSICA CUÁNTICA

Hasta aquí has trabajado sobre la raíz, sobre la forma que tienes de pensar y cómo esta programación afecta a tu vida. Tu forma de pensar es la que determina las situaciones que vives una y otra vez, es la que atrae al tipo de personas con las que te relacionas y en definitiva, es la que acaba reflejando todos los resultados actuales en tu vida.

En este capítulo vas a conocer cómo funciona el universo, quiénes somos en realidad y el gran poder de nuestro cerebro. Nuestro cerebro es la «máquina» más perfecta que existe pero, ¿utilizamos todo su potencial? Verás la relación que se da entre lo que piensas y sientes y lo que experimentas en tu realidad.

Con el trabajo que has hecho hasta ahora, has abonado la tierra donde plantar la semilla del intento, de la intención que tengas. Has creado una brecha en la que plantar todos los conocimientos que ahora conocerás para poder conducir tu vida hacia donde tú decidas; para vivir lo que has venido a vivir y lo más importante, para poder ser quien realmente eres, borrando toda la información que te limita y que algún día fue plantada en ti sin ni siquiera poder cuestionarla.

Para poder vivir una vida diferente, tienes que ser una persona diferente, con otra mentalidad y por tanto, con otros sentimientos.

No hay libertad más grande que poder ser tú mismo y caminar hacia donde quieres dirigirte. No podemos crear la realidad que queremos si nuestra información subconsciente es contraria a este deseo.

Muchas personas conocen los principios que ahora te explicaré pero aun así, no llegan a los resultados esperados. Para poder conseguir lo que deseas, tienes que trabajar sobre tu programación, desechar los archivos mentales que te privan de avanzar y tener una forma de pensar y sentir coherente con lo que quieras lograr, atrayendo hacia tu vida todo aquello que anhelas. La palabra atracción significa atraer a través de la acción, por tanto, la segunda cosa importante es tomar acción. Muchas personas utilizan únicamente la visualización para llegar a sus objetivos y no es suficiente. Tienes que trabajar a ambos lados para ver aquello que esperas. Y ahora, vamos a adentrarnos en el fascinante mundo de la física cuántica. ¿Estás preparado?

Te has preguntado alguna vez... ¿Por qué no dejas de vivir y crear la misma realidad? ¿Por qué no dejas de tener las mismas relaciones? ¿Por qué no dejas de experimentar las mismas vivencias? ¿Por qué no dejas de hacer lo mismo una y otra vez? Tienes un mar infinito de posibilidades pero ¿por qué no dejas de recrear las mismas realidades? ¿No te parece increíble que existan a tu alrededor millones de posibilidades y que no seas consciente de ellas? Aquí entra en juego el mecanismo de la atención selectiva, ves en tu vida aquello a lo que prestas atención, aquello en lo que estás enfocado.

¿Puede ser que estés tan condicionado por tu vida que acabes aceptando la idea de que no tienes ningún control sobre ella? Estamos totalmente condicionados para creer que el mundo exterior es más real que el mundo interior, pero justamente la física cuántica dice todo lo contrario: «Lo qué nos pasa dentro crea todo lo que nos pasa fuera».

Nuestro mundo exterior es un reflejo de nuestro mundo interior.

Tu sistema de creencias crea tu realidad. Tu mente subconsciente es la que te hace repetir una y otra vez las mismas situaciones, porque estás programado para que así sea. Experimentos actuales han demostrado que si conectan a escáneres y otros medidores a una persona y le piden que coja un objeto, se iluminan unas zonas concretas del cerebro. Si después le piden a esa misma persona que cierre los ojos e imagine ese objeto, al hacerlo se iluminan las mismas áreas del cerebro que cuando lo tenía entre sus manos, como si en ese mismo instante estuviera observando el objeto. Los científicos se han preguntado desde entonces ¿Quién ve: el cerebro o los ojos? ¿Qué es la realidad? ¿Es lo que ve el cerebro o lo que vemos con los ojos? Pero la verdad es que **el cerebro no diferencia entre lo que ve en el entorno o lo que recuerda**, ya que se activan las mismas redes neuronales. El cerebro no puede saber si lo que estás experimentando es un hecho real, un recuerdo o si simplemente lo estás imaginando.

Recuerda que nuestro cerebro procesa 400.000 millones de bits de información por segundo pero solo somos conscientes de 2.000 y la consciencia sobre este valor es sobre el tiempo, el entorno y nuestro cuerpo. Por tanto, literalmente solo vemos la punta del iceberg. Si procesamos 400.000 millones de bits y solo tenemos consciencia de 2.000 esto significa que la realidad se crea todo el tiempo en nuestro cerebro. La única realidad que se proyecta en nuestro cerebro es la única que somos capaces de ver. **Estamos condicionados para ver únicamente las cosas que creemos posibles.**

Se dice que cuando los barcos de Cristóbal Colón se acercaban a las islas del Caribe, los indígenas americanos no los veían. Esos barcos eran tan diferentes de todo lo que hasta entonces habían visto que no tenían la capacidad para verlos. No podían ver los barcos aunque se encontraran en el horizonte; no tenían ninguna experiencia previa ni ningún conocimiento de las carabelas. El chamán del grupo apreciaba ondulaciones en el mar pero continuaba sin verlos. Miraba y miraba hasta que un día, al fin, divisó las naves. Como dentro del grupo era una figura importante y sabia, después de contar a los demás lo que había visto, ellos también los pudieron ver.

Habrá muchas resistencias mentales a los conocimientos que te estoy mostrando, simplemente por el hecho de que nuestra mente no lo cree posible. Imagínate que viajaras atrás en el tiempo y fueras al año 1900. ¿Cómo podrías explicar a esas personas todos los avances tecnológicos actuales? ¿Crees que te creerían? Difícilmente te creerían, simplemente porque su mente no podría concebir la idea de lo que les estás contando. Pero por suerte, en la historia de la humanidad, ha habido grandes visionarios que han llegado a crear a partir de la idea que tuvieron.

Nosotros creamos la realidad, somos CREADORES. Estamos todo el tiempo creando los efectos de la realidad. Nuestro cerebro no distingue entre lo que pasa en el interior o lo que ocurre en el exterior y aquí es donde radica el poder de la visualización. Puede que toda esta información te choque, puede que seas una persona muy racional o escéptica. Si es este tu caso, en las próximas páginas conocerás todos los experimentos científicos que se han realizado y que confirman esta información. Nuestra realidad no es independiente de lo que pasa en nuestro interior.

Nuestros pensamientos afectan a nuestro cuerpo y a nuestro entorno. Tenemos un gran poder pero no lo creemos realmente.

Basándome en esto, escogí el título del libro: «La magia que duerme en ti» porque absolutamente todos tenemos un gran potencial adormecido en nuestro interior y ya es hora de que empiece a despertar.

Muchas veces tenemos ideas, pero automáticamente nuestra mente racional las descarta porque le parecen descabelladas, aunque todos los grandes avances en la historia han empezado con ideas descabelladas, solo que esos inventores tuvieron la fe de que podrían llevar a cabo su hazaña y así sucedió. Tenemos la capacidad para afectar de forma positiva y negativa a nuestro entorno y a nosotros mismos. Nuestros pensamientos nos afectan, afectan a nuestro cuerpo y a nuestro entorno. Recuerda que nuestra mentalidad, nuestro sistema de creencias, es lo que hemos manifestado en nuestra vida una y otra vez. Nuestra mentalidad crea nuestra realidad.

Como explicaba al principio del libro, nuestras creencias generan una serie de sentimientos, tomamos nuestras decisiones partiendo de nuestra mentalidad y nuestros sentimientos. Las decisiones que tomemos y las acciones que realicemos nos llevarán a tener unos resultados finales u otros. Pero a nivel cuántico nuestra mentalidad tiene también un efecto directo sobre nuestra realidad. Nuestra forma particular de ver el mundo crea nuestra particular realidad.

«Si cambias el modo de mirar las cosas, las cosas que miras cambian».

Wayne Dyer

El pensamiento positivo está muy bien, pero el gran inconveniente es que puede ser una parte pequeña de pensamiento positivo sobre una gran parte de pensamiento negativo subconsciente. Este es el motivo por el que muchas personas dicen que no les funciona la ley de la atracción. Aunque te sientes a pensar lo que deseas, medites acerca de ello y pidas con fe, todas estas acciones se hacen a nivel consciente, pero lo que atrae las cosas y situaciones a nuestra vida es nuestra mente subconsciente, nuestra programación. Todo el día vamos en modo automático, aunque tengamos estos momentos de enfoque; nuestra programación está actuando durante todo el día.

El famoso «pide y se te dará», pero podemos pedir a nivel consciente: «Dios, universo, dame salud», «Dios, universo quiero un trabajo donde me sienta realizado»", «Dios, universo quiero conocer al hombre de mi vida»… aunque pidas a nivel consciente ¿Qué está pidiendo tu subconsciente? ¿está pidiendo salud?, ¿está pidiendo realización personal?, ¿está pidiendo libertad económica?, ¿está pidiendo vivir un gran amor?

Si vives situaciones contrarias a estas es que tu subconsciente está pidiendo justamente lo que experimentas y esto únicamente se puede cambiar desechando los archivos que te hacen pensar de esta forma concreta. Esto solo se puede cambiar pulsando la tecla de «eliminar», subiendo al desván de tu mente y tirando todo aquello que no quieres seguir experimentando en tu vida.

Cuando has incorporado nuevas pautas de pensamiento, cuando has cambiado tus viejos archivos mentales que te limitaban y los has sustituido por nuevos archivos que te dan poder para llegar donde decidas llegar, tu subconsciente empezará a «pedir» de forma coherente a tus nuevos archivos mentales. Cuando tus pensamientos conscientes y subconscientes vayan en la misma dirección, llegarás a lo que te has propuesto. Cuando alma y mente vayan cogidos de la mano, atraerás lo que quieres vivir a tu realidad.

Cuando puedas unir mente y alma en la misma dirección, lograrás lo que te propongas. Recuerda que el 90% de nuestros pensamientos son condicionados, el 90% de nuestro día responde a nuestra programación. Tienes que cambiar tu mentalidad para poder alcanzar lo que ahora te falta. Toda tu vida y tus resultados actuales son un reflejo de tu mentalidad. Es fácil saber qué mentalidad tienes, es fácil saber qué tipo de pensamientos posees, únicamente observando los resultados en tu vida. Si vives una vida de enfermedad, si vives una vida de escasez, si vives una vida de desamor…

Aunque no lo creas, todos tenemos muchos conflictos internos, tenemos conflictos en sentirnos merecedores, tenemos conflictos y prejuicios hacia muchas cosas que creemos que queremos manifestar en nuestra vida. Hasta que no eliminemos esos conflictos y resistencias, estaremos impidiendo que se manifieste lo que verdaderamente deseamos. Por este motivo doy tanta importancia a la primera parte del libro e insisto en que se trabaje. Trabajando tu mentalidad, tu manera de pensar aprendida, estás trabajando sobre los pilares que sostendrán todo lo demás.

El pensamiento positivo, las frases de poder, las declaraciones, no tienen fuerza si la capa inferior (nuestro sistema de creencias) dice lo contrario y no se trabaja sobre ella para cambiarlo. ¿Cómo quieres ser una persona de éxito si no te crees merecedor? ¿Cómo quieres tener una persona fantástica al lado que te quiera si tú no te quieres o te aceptas? ¿Cómo quieres ser rico si las imágenes mentales que tienes de las personas ricas son negativas? ¿Cómo quieres tener un cuerpo sano si crees que nunca vas a poder adelgazar porque es tu constitución? ¿Cómo quieres cambiar tu salud si has aceptado la etiqueta que te han puesto?

El problema esencial es que lo que quieres y lo que crees, muchas veces no van en la misma dirección, y es en esto en lo que estás trabajando, para lograr que lo que quieres y lo que crees acerca de ello, vayan cogidos de la mano.

Ponte la mano en el corazón...
«Estoy despertando la magia que duerme en mí».
«Me merezco lo mejor».
«Soy una persona maravillosa».

Cuando haces declaraciones de este tipo y no tienes un buen sentimiento, es una pista que te está diciendo que tu programación no está de acuerdo con tal afirmación. Busca de dónde viene y cambia este archivo. Cuando piensas en las cosas, conviertes la realidad en algo más concreto de lo que es y justamente es por este motivo que no se avanza, no avanzamos por la monotonía de la realidad. Cuando piensas que la realidad es concreta, piensas que eres insignificante y que no puedes cambiarla...pero si la realidad tiene posibilidad, la posibilidad de la misma consciencia, entonces de inmediato aparece la pregunta: ¿Cómo puedo cambiar la realidad? ¿Cómo puedo mejorarla?

Según la antigua forma de pensar, yo no puedo cambiar nada porque no tengo ningún papel en la realidad. Según la nueva forma de ver la realidad, y gracias a los grandes descubrimientos de la física cuántica, nosotros tenemos un rol en ella. **Aunque parezca increíble, nosotros escogemos nuestra experiencia y por tanto creamos nuestra propia realidad**. Esto puede parecer la frase de un loco, pero es lo que nos dice la física cuántica y como veréis en otro capítulo, las leyes herméticas.

Las personas que han logrado grandes éxitos trabajan a estos niveles, aunque muchos emplearán otras palabras para describirlo. El famoso Jim Rohn decía que la humanidad necesita tiempo para pensar, entendiendo el pensar como la búsqueda de momentos en los que uno puede enfocarse en sus objetivos. Todas las personas de éxito comentan la importancia de buscar momentos en el día en los que poder enfocarse en lo que se desea alcanzar y trabajar con el pensamiento y con la planificación, creando lo que se quiere experimentar.

Volviendo a la pregunta de si podemos influir en nuestra realidad con nuestros pensamientos... años atrás se realizaron cientos de experimentos con generadores de números aleatorios que solo producen secuencias de bits aleatorios de ceros y unos, como si se echara una moneda al aire. En el experimento, primero se pedía a alguien que pulsara un botón y el generador producía una secuencia de 200 bits. Después, le pedían a esa persona que intentase que la máquina generara más bits del uno que del cero. ¿Y qué crees que pasó?, ¿Crees que la intención de esas personas importó a la hora de que el generador produjera más unos o ceros? Según todos los resultados de estos estudios con generadores aleatorios, la respuesta a la pregunta es SÍ. Si se deseaban más unos, de alguna forma, el generador producía más unos. Por tanto, **la intención tiene una correlación sobre el resultado**. Y esto nos lleva a la pregunta de si las personas influimos en la realidad que vemos. La respuesta es que por supuesto que sí. Todos nosotros afectamos a la realidad.

La forma que tienes de observar la realidad es lo que vuelve a ti; como si de un espejo se tratara, te devuelve el reflejo. Cuando tienes una vida complicada, sin alegría y plenitud significa que tu enfoque tampoco tiene nada de eso. Cuando todo parece ir mal, tendrías que preguntarte si tienes una mentalidad de víctima. Si no haces más que tener problemas, accidentes o tragedias… quizás sea porque tu enfoque y tu mentalidad van en esa dirección y estás acostumbrado a pensar que la vida es así. Es lo que ocurre cuando estás programado para tener una vida difícil, sin alegría, prosperidad, amor o salud. Y eso sucede porque tu enfoque no es el correcto y porque debes cambiar tu programación, tus archivos mentales.

Cuando queremos enfocar la atención precisamos de una mente resolutiva, como un láser. Hay muchas filosofías con técnicas que te enseñan por ejemplo a enfocarte en la llama de una vela para aprender a concentrarte, a fijar la atención. Cuando aprendes a hacer esto estás fijando la atención en un punto muy concreto y la densidad energética es mucho mayor. Cuando tienes claro qué quieres cambiar en tu vida, tienes que enfocarte en ello como un láser.

Todos y cada uno de nosotros creamos nuestra realidad, y lo hacemos porque somos el observador de nuestra propia realidad. Es vital comprender que nuestra forma de observar crea un efecto en el mundo y es vital también cultivar esa habilidad de la observación. El mundo subatómico reacciona cuando lo observamos, pero el máximo tiempo de concentración que tiene una persona normal por minuto es de 6 a 10 segundos, lo cual no deja mucho margen.

¿Cómo puede la realidad reaccionar ante una persona que no puede concentrarse más tiempo en ella? ¿Quizás solo somos malos observadores o no llegamos a dominar la habilidad de la observación? **Somos tan adictos al mundo externo, al estímulo y la reacción que nuestro cerebro reacciona en lugar de crear. Estamos reaccionando a las circunstancias externas en lugar de trabajar nuestra habilidad de observación** y por tanto sobre nuestra habilidad de creación. Si se nos proporcionara la información adecuada veríamos que nuestra mente crea.

Si haces el esfuerzo de sentarte y diseñar cómo quieres que sea tu vida, te enfocas y lo conviertes en lo más importante para ti; dedicas tiempo a alimentar esa semilla cada día, como un jardinero que riega sus semillas. Eso producirá un fruto. Cuando puedes llevar toda tu energía como si se tratara de un láser hacia un objetivo concreto, verás los resultados. Cuando CONFÍES en que puedes CREAR y te enfoques en lo que quieres ver manifestado, llegará. Pero lo importante es que lo CREAS, porque si tu creencia es contraria no funcionará. Aprende a trabajar sobre la habilidad de observación y enfoque. Cada mañana crea tu día. Puedes levantarte por la mañana y seguir reaccionando a los estímulos externos habituales para ti o puedes levantarte y literalmente enfocar tu consciencia en crear tu día. Recuerda que tu realidad es un reflejo de tu interior, de tu mentalidad. Recuerda la importancia del diálogo interno; la palabra es el pensamiento hablado. Trabaja en tu mentalidad y aprende a enfocarte para vivir lo que quieres vivir.

No hago más que repetir la importancia de empezar el día con intención. Muchas personas se levantan temprano para meditar y visualizar y realmente la experiencia que viven es muy diferente a la de la mayoría.

El lóbulo frontal nos proporciona la característica de poder cambiar nuestra mente. Lo que nos distingue de las otras especies es lo que ocupa el lóbulo frontal frente al resto del cerebro. Esta parte de nuestro cerebro es la responsable de la intención firme, de la inspiración, de la regulación del comportamiento, de la toma de decisiones. Es donde guardamos la información del entorno, la procesamos y después la almacenamos para poder tomar decisiones.

El cerebro, como explicaba páginas atrás, no distingue entre lo que ve o lo que recuerda, porque se activan las mismas redes neuronales. Cuando repites conductas una y otra vez, creas una vía troncal en tu sistema nervioso, una autopista que te llevará a experimentar estos comportamientos de forma contundente. Si cada día te enfadas, si cada día te sientes frustrado, si sufres y das motivos a tu vida para entrar en un rol de víctima, todos los días estás reconectando la red neuronal. Cuanto más se conectan las neuronas más fuerte y duradera es su relación, pero cada vez que interrumpes un pensamiento, haces que esas células nerviosas que están conectadas empiecen a romper esa larga relación (recuerda el ejemplo del gimnasio). Con práctica y disciplina puedes interrumpir los pensamientos que te limitan en la vida y empezar a crear circuitos nerviosos o vías troncales con pensamientos poderosos que te den poder y que te capaciten.

«La realidad no es más que una ilusión, aunque persistente».
Albert Einstein

EL PODER DE LA MENTE SOBRE LA REALIDAD

Cleve Backster inició su carrera trabajando para la CIA como especialista en interrogatorios. A lo largo del ejercicio de su profesión, instruyó a miles de agentes en el uso del polígrafo, un aparato que mide y registra las respuestas fisiológicas de la persona, tales como la tensión arterial o la respiración durante el interrogatorio. Básicamente, el polígrafo registra las emociones de la persona sometida a una batería de preguntas, facilitando así la información para saber si miente o dice la verdad.

En 1966, la secretaria de Backster había comprado una plantas para adornar la oficina. Backster no era un amante de las plantas pero su curiosidad científica lo llevó a regar una. Su objetivo, con este gesto, era el de calcular cuánto tiempo era necesario para que la humedad de la tierra subiera a las hojas. Mientras tenía la planta debajo del chorro de agua, intuitivamente hizo la prueba de conectar el polígrafo a las hojas de la planta. De esta experiencia, Backster relata:

«He pensado que poniendo algo para medir la resistencia sobre las hojas habría podido efectuar registros interesantes, por ello le conecté el polígrafo sin pensármelo dos veces. Después noté algo en el gráfico, algo muy distinto a lo que esperaba. Advertí lo que parecía una respuesta humana en el polígrafo. El trazado de la aguja no era el que me esperaba a la hora de llegar el agua a las hojas de la planta, sino más bien aquello que te esperas de una persona cuando miente sometido al detector de mentiras».

El polígrafo funciona sobre el principio de que cuando las personas se sienten amenazadas, presentan una respuesta fisiológica previsible. Cuando una persona miente, los electrodos que están en contacto con la piel, registran variaciones en la presión sanguínea y otros parámetros corporales en respuesta al temor. Volvamos al interesante relato de Backster...

«Casi como si fuera un juego, pensé en cómo amenazar la vida de la planta. Primero probé a meter una hoja en una taza de café caliente. El gráfico del polígrafo registró lo que yo conozco como aburrimiento, una respuesta en disminución. A los 13 minutos y 55 segundos del gráfico, IMAGINÉ que quemaba la hoja con la que estaba experimentando. La planta enloqueció. La aguja del polígrafo saltaba de arriba a abajo. He de decir que no toqué a la planta ni el aparato. Lo único que pudo haber estimulado la reacción de la planta fue mi imagen mental. Entonces, fui al despacho de al lado y cogí una caja de fósforos de la mesa de mi secretaria, encendí una cerilla y di unos pasos acercándome a la planta. Me di cuenta de que no podía obtener una respuesta mayor a la ya mostrada, y por tanto pensé en proceder de manera distinta: me alejé y guardé los fósforos. La planta se calmó. Comprendí de inmediato que aquello que estaba viendo era algo muy importante. No existían explicaciones alternativas. No había nada más en la habitación, no había nadie más en el laboratorio y no estaba haciendo nada que facilitara una explicación mecanicista».

Había únicamente una explicación a este acontecimiento: los pensamientos de Backster, habían tenido influencia sobre la planta.

El poder de los pensamientos... Somos seres humanos física y químicamente emocionales; el problema viene cuando no hacemos nada más que acceder una y otra vez a las mismas emociones y actitudes a diario, sin la intención de cambiar. ¿Cómo podemos decir que vivimos plenamente si no hacemos más que reproducir y experimentar las emociones a las que tenemos adicción cada día? Haciendo esto estamos confirmando nuestra identidad; confirmamos quiénes somos. Tenemos que actuar de tal forma porque «yo soy así», tenemos que hacer tal cosa porque «yo siempre lo hago»... Empieza a cambiar deliberadamente una de esas emociones que vives a diario. Si eres una persona que se enfada con facilidad, frena y sonríe. Si eres una persona que se estresa fácilmente, frena y respira hondo. Si eres una persona que se preocupa por todo, frena y confía. Recuerda que a lo que te enfocas le das energía. Si eres capaz de frenar el sentimiento de estrés, los factores estresantes en tu vida disminuirán; si eres capaz de frenar el sentimiento de cólera, tu entorno cambiará. ¿Cuál es el sentimiento que más experimentas en tu día a día? ¿Cómo te sientes? Piénsalo un momento... ¿Te sientes frustrado? ¿enfadado? ¿triste? ¿solo? ¿preocupado? ¿confiado? ¿alegre? ¿optimista? Como te explicaré más adelante atraemos con el corazón. El pensamiento crea los sentimientos y esta forma específica de sentirnos es la que atrae a nuestra vida situaciones concretas para que continuemos sintiéndonos así.

¿Y si pudieras llegar a sentirte enormemente feliz sin un motivo aparente? Pruébalo. La risa es una herramienta muy poderosa, cuando nos reímos nuestra vibración aumenta muchísimo. ¿Puedes sentirte feliz sin un motivo aparente? Y digo un motivo aparente, pero en realidad todos tenemos muchísimos motivos para ser felices. Aunque estés pasando por una etapa dura en la vida, tienes motivos para ser feliz. Enfócate en ellos y cuando puedas sentirte feliz y agradecido, la vida te brindará más situaciones para que puedas continuar experimentando estas emociones. Si estás pasando una mala época, no te enfoques en los problemas sino en las soluciones que tienes. Da fuerza a las soluciones, no a los problemas.

«Aprende a ser feliz con lo que tienes, mientras persigues lo que quieres».

Jim Rohn

En el cerebro encontramos el hipotálamo, donde se concentran diferentes sustancias químicas que se corresponden con las emociones que vivimos. Estas sustancias se llaman neuropéptidos. Hay sustancias químicas para la alegría, para el enfado, para la envidia, para la tristeza, para el miedo, para la vergüenza y para la lujuria. **Hay una sustancia química para cada estado emocional que experimentamos**. El hipotálamo ensambla el neuropéptido secretándolo después al torrente sanguíneo y este sigue su camino hasta distintas partes de nuestro organismo. Cada una de nuestra células tiene receptores en su exterior (puede llegar a tener cientos). Cuando un neuropéptido atraca en una célula es como si fuera una llave que encaja en una cerradura y después manda una señal a la célula. El péptido se pega a la célula y mientras está allí transforma a la célula de muchas maneras.

Somos adictos a una serie de emociones y cuando digo adictos me refiero a que no se puede controlar la necesidad de sentirse de una manera en concreto. Inconscientemente provocamos situaciones que cubren las necesidades bioquímicas de las células, **inconscientemente provocamos situaciones para poder seguir sintiendo las mismas emociones una y otra vez**. De alguna forma nos volvemos adictos a esas emociones. Imagina una persona en el rol del pobrecito de mí...Como necesitará continuar en ese estado emocional inconscientemente estará enfocado en continuar creando situaciones con las que pueda compadecerse.

Si quieres cambiar tu química, tus emociones, tienes que cambiar tu red neuronal, tu mentalidad, tu actitud o la forma que tienes de relacionarte con el entorno. Si sigues siendo la misma persona y sigues experimentando las mismas actitudes, no haces más que reforzarte a ti mismo como identidad.

Si bombardeamos la célula con la misma actitud y con la misma sustancia química todos los días, cuando esta célula finalmente se divida, cuando produzca otra célula, la célula nueva tendrá más receptores para esos neuropéptidos emocionales concretos y menos receptores para las vitaminas, los minerales y los demás nutrientes. El envejecimiento es el resultado de una mala producción de proteínas; la piel pierde su elasticidad (la elastina es una proteína), no digerimos tan bien, los huesos se debilitan… Todo el envejecimiento es el resultado de una producción de proteínas incorrecta. ¿Es importante todo lo que podamos hacer a nivel físico si la célula no tiene los receptores para tomar los nutrientes necesarios? Imagina el poder del pensamiento, tanto en tu entorno y tus circunstancias como en tu cuerpo físico. La ciencia respalda lo que hacen nuestros pensamientos en el cuerpo físico y cómo lo debilitan.

¿Y por qué no nos volvemos adictos a emociones productivas? ¿Por qué no nos volvemos adictos a sentirnos dichosos? ¿Por qué no nos volvemos adictos a sentirnos felices? ¿Por qué no nos volvemos adictos a sentirnos agradecidos? Aquí está la importancia de poder cambiar tus adicciones emocionales a través de cambiar tu mentalidad y actitud. ¿Y sabes por qué no nos volvemos adictos a experimentar emociones positivas? Exactamente por nuestra programación.

El ser humano está programado para el miedo, para el sentimiento de culpabilidad, para la conformidad. Ya desde pequeños, los mayores nos enseñan a tocar de «pies en el suelo», a no brillar para no hacer sentir mal a otras personas; nos educan a través del miedo para protegernos. Nos dicen que no mostremos excesivamente nuestros dones innatos porque debemos ser humildes y sobre todo nos enseñan a encajar en el molde de la sociedad. Sin ninguna mala intención, nos programan para encajar, para hacer lo que hace la mayoría. Y digo sin ninguna mala intención, porque es lo mismo que ellos experimentaron y nos educan basándose en su programación.

Seguramente habrás oído, al igual que yo, a muchas madres decir: «Yo no le digo a mi hija que es bonita para que no se lo crea», «Yo no le digo a mis hijos que son inteligentes porque así aún se esforzarán más», «Yo no le digo a mis hijos que son listos para que no se comporten de forma superior a los demás»... Un día mi hija me comentaba:

- Mamá, ¿a que no pasa nada si eres presumida? Es que una niña en el cole me ha dicho que sus padres dicen que no puedes ser presumida.

- ¿Y por qué no? Tú puedes ser como quieras –le dije.

Estamos totalmente atados a los valores que la sociedad cree correctos e incorrectos. **Atrévete a ser tu mismo, atrévete a ser quien has venido a ser. Da igual lo que piensen los demás, lo importante es que tengas claro cuáles son tus valores en la vida y te guíes por el corazón, que seas consecuente con quien eres en realidad.**

Hay una programación cultural general para que todas las personas puedan permanecer en el molde. Atrévete a salir de este y a crear el tuyo propio. Cuando actúas de forma consecuente con quien eres en realidad y teniendo en cuenta tus valores, experimentas una gran libertad. **No hay libertad más grande que ser quien**

en realidad eres. Cambiar significa que debes abandonar tu vieja identidad, significa modificar tu comportamiento, tu forma de actuar de manera permanente. Es momento de empezar a conocerte en profundidad, es momento de interiorizar y no quedarte en la superficie, en lo que todos los demás ven de ti. **Es el pensamiento el que crea la realidad. Recuerda que tu mundo exterior es un reflejo de tu mundo interior.**

Ahora ya sabes que lo que pensamos nos lleva a vivir situaciones afines a ello. Ya conoces la relación pensamiento-sentimientos-decisiones-acciones-resultados. Aparte de reforzar la atención selectiva, **nuestros pensamientos crean en nosotros un cambio electromagnético que activa una determinada frecuencia y esto no es filosofía sino un saber científico aceptado como tal. Esa frecuencia que emitimos es la responsable de atraer unas situaciones u otras a nuestras vidas. Esa frecuencia es la que te lleva a vivir la vida que vives ahora.**

Somos como un gran imán que atrae situaciones, vivencias, cosas y personas hacía sí. Atraemos una serie de cosas dentro del mar infinito de posibilidades existentes. **Lo atraemos a través de nuestra vibración, no de nuestro pensamiento. El pensamiento positivo por sí solo no va a atraer lo que quieres experimentar. Tienes que pensarlo y sentirlo.** Si piensas unas cosas pero tu programación es otra, se crea en ti un sentimiento de incoherencia y este sentimiento solo desaparecerá cuando puedas localizar el archivo que lo crea y lo elimines.

Cuando mente y corazón van juntos, simplemente los milagros suceden. Cuando puedas eliminar el sentimiento de incoherencia y lo sustituyas por el de certidumbre simplemente irás atrayendo esas posibilidades hacia ti. Como verás en el principio de vibración, atraemos posibilidades afines a nuestra vibración. Si quieres una vida superior, en todos los aspectos, aunque pienses y medites acerca de ello, si en ti aún está el sentimiento de escasez, el sentimiento de no ser merecedor que te puede crear la situación actual, no lograrás cambiar la situación.

Normalmente estamos acostumbrados a tener unas circunstancias y a sentirnos de una forma u otra dependiendo de estas. Pero para lograr el cambio es como jugar al juego del revés: primero siente y después vívelo. Recuerdas cuando dije ¿serías capaz de ser enormemente feliz sin ningún motivo aparente? Cuando tú eres capaz de vibrar en la alegría y en la gratitud, aunque la situación actual sea complicada, simplemente al cambiar tu vibración las cosas irán cambiando. Te conviertes en un imán que atrae situaciones que crean felicidad, pero recuerda que al mismo tiempo debes tomar acción para buscar soluciones en tu vida si esta te crea malestar. Vibración y acción.

Otros hechos que confirman esta teoría son los experimentos realizados por el premio Nobel de Medicina de 2008, Luc Montagnier. Este investigador, junto a otros colegas franceses, italianos y alemanes aislaron y protegieron del campo magnético dos probetas, una contenía agua y la otra ADN. La probeta que contenía ADN fue irradiada de tal forma que las radiaciones que emitían alcanzaran a la probeta que contenía agua. Al cabo de 24 horas aparecieron en la probeta que contenía agua, muestras de ADN presentes en la otra probeta. Según los investigadores, el ADN emite ondas electromagnéticas de baja frecuencia que se fusionan con la estructura molecular del agua. El premio Nobel demostró que el ADN se puede crear de la nada, únicamente utilizando formas de energía. La conclusión a la que llegamos con este experimento es que los pensamientos son formas de energía. Pero, ¿qué irradian tus pensamientos? ¿Cuál es tu vibración?

SOMOS UNO

Nosotros también somos nuestras células, nuestros átomos y nuestra fisiología macroscópica. La verdad más fundamental que descubrió la ciencia y la filosofía es **la verdad fundamental de la unidad**. En el nivel más profundo de nuestra realidad somos uno. Todo está interconectado a través de una red energética, una red cuántica o matriz.

Si se crean dos electrones a la vez y uno se manda al otro extremo del planeta, cuando se estimula uno, el otro reacciona al instante, ya que ambos siguen conectados, están entrelazados. Esto es lo que la física cuántica llama entrelazamiento y este fue el principio que llevó de cabeza a Albert Einstein. Todo en el universo está conectado, absolutamente todo. ¿No te ha pasado alguna vez que estás pensando alguna cosa y alguien que está a tu lado te dice la frase exactamente que tú habías pensado?; ¿No te ha pasado alguna vez tener una canción en tu mente y después de pasar un rato con alguien, este empieza a cantarla? ¿Te ha pasado alguna vez hablar justo al mismo momento con otra persona y decir exactamente lo mismo? Estos son ejemplos de entrelazamiento.

Siempre se ha dicho que los niños son puros, que no están aún condicionados y por tanto tienen mucha más facilidad de acceder a estos niveles cuánticos, simplemente porque su mente no les dice que no pueden hacerlo. Con mi hija he experimento a menudo el entrelazamiento. Muchas veces estoy pensando cosas que nada tienen que ver con su realidad y automáticamente me lo dice; muchas veces estoy con una canción que justo antes de llegar a casa ha venido a mi mente o he oído en la radio y poco después la está cantando.

¿Te ha pasado alguna vez que has pensado en alguien de quien no tienes noticias desde hace mucho tiempo y al día siguiente te llama por teléfono?, ¿Te ha pasado alguna vez que has pensado en alguien que hace años que no ves y al cabo de unos días paseando por alguna ciudad te lo encuentras?, ¿Te ha pasado alguna vez que te ha interesado algo en concreto y al cabo de unos días aparece una persona que te da la información justa que necesitabas? Todo esto no son casualidades, son CAUSAlidades y suceden gracias al entrelazamiento. Cuando estás «despierto», enfocado y observas, verás muchas sincronicidades en tu vida. **Cuando tienes claro adónde vas y esta idea está en tu mente, dándole la proyección de un láser verás aparecer situaciones y personas que te traerán aquello que necesitas.**

Nuestro cerebro puede acceder a los estados llamados extrasensoriales, y no es ninguna locura ya que esta información es conocida desde hace muchos años en determinados ambientes. En los años setenta la CIA ya utilizaba esta capacidad de nuestro cerebro. Está documentado que en aquellos años la CIA creó un cuerpo especial al que denominó Spie psichiche. Los militares que formaban parte de este grupo fueron entrenados en la visión remota o a distancia. Se les enseñaba a acceder a esta red energética para obtener información importante sobre objetivos estratégicos. Estas personas realizaban dibujos de objetivos utilizando la visión mental, concentrándose en el objetivo y creando una imagen mental. Parece ser que este cuerpo especial pudo revelar importante información estratégica e incluso localizar a personas secuestradas.

Nuestra mente puede hacer cosas extraordinarias. ¿Y por qué no utilizarla a nuestro favor? La vida puede ser mágica y estar llena de «milagros». Cuando decidí irme de Barcelona y tuve clarísimo adónde quería ir, estaba totalmente enfocada en lograr mi propósito. Había visualizado un piso antiguo justo delante del mar. Estuve unos meses buscando y aunque no llegaba, yo me mantenía firme en mi deseo. Me fui de viaje con mi madre a Egipto y durante el viaje conocimos a una pareja maravillosa que me dio el contacto para alquilar el piso que siempre había soñado. Una vez, mientras buscaba mi anhelado piso, tuve un sueño lúcido. En él soñaba que estaba sentada en una zona de mar con otra persona. Estaba sentada en el muro de delante de la playa, justo en un sitio donde este muro hacía un cambio brusco en su recorrido, lo que le hacía tener un ángulo un tanto peculiar. La persona que estaba a mi lado me preguntaba dónde vivía y yo le hacía un gesto con la mano, señalando hacia atrás con mi pulgar. ¡Imagínate la sorpresa que tuve, unos meses después de estar viviendo en ese magnífico piso, cuando un día me senté en el paseo marítimo, justo delante de mi casa y vi el ángulo raro que hacía el muro! Caminé por todo el paseo y ese era el único sitio donde había esa irregularidad.

Cuando te enfocas y te mantienes ahí estás mandando una señal al universo y este de una forma u otra te hará llegar la respuesta. El problema de muchas personas es que se rinden cuando llevan un tiempo y no ven acercarse aquello que quieren. Como verás con las leyes herméticas, las leyes que rigen el universo, todo tiene un tiempo de gestación y es por ello que tienes que mantenerte firme en lo que te has propuesto, debes tener fe de que llegará y acabará ocurriendo

El entrelazamiento tiene una explicación científica; vamos al inicio de todo... Todo estaba entrelazado cuando se produjo el Big Bang y la conclusión a la que se llega es que todo sigue conectado, entrelazado. Según la física cuántica, existe una red energética que lo conecta absolutamente todo.

Volvamos a Cleve Backster que aunque era un hombre de mentalidad científica, tuvo claro que sus pensamientos habían influido en la reacción de la planta conectada al polígrafo. Después de las primeras observaciones, se propuso descubrir qué era lo que estaba ocurriendo y empezó a experimentar con todo lo que podía: alimentos, animales, personas... De esta forma descubrió que introduciendo células extraídas de la boca de una persona en un tubo de ensayo (células de la saliva), estas respondían electroquímicamente a los estados emocionales del donante, incluso cuando la persona se encontraba fuera del laboratorio, fuera del edificio o fuera del estado. Con este experimento, una vez más resulta evidente la existencia de una conexión, una fuerza invisible que lo mantiene todo interconectado y en este caso que mantenía las células conectadas con el donante.

Durante este experimento observaron que si el donante pensaba en hacerse una herida, sus células respondían a este pensamiento de forma clara y reconocible para los científicos. Durante las sucesivas investigaciones, se confirmó que ante el solo pensamiento del donante de hacerse un corte, las células de la probeta reaccionaban justo en el mismo instante en que la persona lo pensaba.

Backster contaba:

«Tomábamos una muestra de glóbulos blancos y después mandábamos al sujeto a su casa a ver la tele. Había seleccionado un programa que lo estimulaba emotivamente, por ejemplo, haciéndole ver un documental sobre el ataque de Pearl Harbor y observábamos tanto el programa como las respuestas de sus células. Lo que descubrimos fue que las células fuera del cuerpo reaccionaban a las emociones experimentadas aun a muchas millas de distancia. La distancia mayor que constatamos fue de 300 millas (482,7 Km).

Un donante dejó su muestra de células en San Diego y viajó hasta Phoenix y cada vez que tenía un contratiempo que le provocaba cierta agitación, anotaba la hora. En ese mismo momento, a cientos de kilómetros de donde se encontraba, el polígrafo conectado a la probeta que contenía sus células señalaba la reacción, justo en el preciso momento en el que él probaba la emoción. Su agenda y el gráfico del polígrafo a 480 kilómetros de distancia coincidían exactamente».

Aunque a las personas más escépticas esto les puede parecer una escena de una película de ciencia ficción, no es así. Volviendo al ejemplo de las células, a pequeña escala, seguramente habrás oído historias o puede que tengas a algún conocido que haya recibido un órgano de un donante y haya experimentado cambios evidentes en su actitud. He leído casos de personas que antes no soportaban un tipo de música y después de la operación no dejaban de oírla. Tiempo después se sabía que el donante era músico o un apasionado de aquel género musical; personas tímidas que despertaban su lado más extrovertido, personas que empezaban a comer alimentos concretos que antes detestaban; personas que se volvían apasionadas del mismo hobby que tenía el donante e incluso hay quienes tenían recuerdos de la vida de la otra persona.

Por lo tanto, todo y todos estamos interconectados a través de esta red energética y a través de nuestra vibración vamos atrayendo a personas y situaciones afines a nuestra vida. La física cuántica toma la idea de un universo entrelazado y lo aplica a la experiencia humana. ¿Cómo se manifiesta? Si nuestra mente está conectada a otra le llaman telepatía, si está conectada a un objeto lejano, le llaman clarividencia. Si la conexión trasciende el tiempo, precognición, si la intención se refleja en el mundo exterior, se le llama psi-cocinética. Se puede hacer referencia a una lista de al menos doce experiencias psíquicas, pero eso no es más que la punta del iceberg de esta interconexión.

LA MENTE HUMANA ES EXTRAORDINARIAMENTE PODEROSA

Ahora bien, ¿Quiénes somos? ¿De dónde venimos? Si vamos atrás en el tiempo, hasta el momento de nuestra aparición en el mundo material, hasta el momento de nuestra concepción, sabemos que éramos un punto microscópico. Este punto microscópico contenía todo lo que necesitábamos para este viaje físico. TODO está en este pequeño punto: la forma de tus ojos, tu estatura, tu color de pelo o de piel, tus pecas, todas tus características se encuentran ya en ese diminuto punto.

Vamos a ver de manera científica, de dónde venimos y qué somos realmente:

¿Qué pasa si cogemos este diminuto punto y buscamos su origen? Cogemos ese diminuto punto y lo ponemos en el microscopio, ampliamos la imagen y lo que vemos son moléculas. Dentro de las moléculas hay partículas que revolotean y sobre todo hay espacios vacíos. Cogemos una de estas partículas que llamamos átomo y lo colocamos en otro microscopio. Ampliamos la imagen aún más y descubrimos que lo que hay son más espacios vacíos y más partículas con otros nombres: electrones, protones, neutrones, etc. Cogemos uno de esos electrones, siguiendo con el afán de conocer nuestra fuente, y volvemos a ampliar la imagen en el microscopio. ¿Qué vemos? Más espacios vacíos y más partículas revoloteando como si de una gran danza se tratara.

Estas últimas partículas son los quarks y ya estamos hablamos de física cuántica. (El estudio del comportamiento de la materia en sus niveles más minúsculos). Finalmente vamos a mirar uno de los quarks. Si coges esta partícula subatómica y la observas, resulta que **la naturaleza de tu observación altera lo observado. Si lo miras,**

de cierto modo se convierte en una cosa y si apartas la vista, en otra diferente. Es un hecho científico: el mero hecho de mirarla o no, o la forma de observarla, la cambia. Por tanto podemos decir que : **«Cuando cambias la manera de mirar las cosas, las cosas que miras cambian»** y aquí está la explicación:

Hace unos años se divulgó una película de física cuántica excepcional. Esta película me fascinó porque, de alguna manera, afianzó todas mis ideas y pude comprobar, a nivel científico, todos mis conocimientos metafísicos. Ahí pude ver el experimento de la doble ranura: Primero, para entender este experimento, tenemos que ver como actúan las partículas. En el experimento se disparaban al azar algunos objetos pequeños, como por ejemplo canicas, hacia una superficie con una ranura central, viendo dibujado en la pantalla que se encuentra detrás, un patrón dónde habían rebotado las canicas al pasar por la ranura. Disparaban canicas por una ranura y en el fondo se creaba un dibujo (una línea). Hasta aquí todo correcto... Después añadieron una segunda ranura a la primera pantalla, y lo lógico fue ver una segunda franja en la pantalla de detrás. Por tanto; una ranura, una línea. Dos ranuras, dos líneas.

Después probaron con ondas. Las ondas alcanzaban la ranura, se propagaban y llegaban a la pared de detrás donde tenían mayor intensidad justo enfrente de la ranura. El punto en el que la onda llegaba a la pared creaba una franja central del mismo modo que pasaba con las canicas. Pero, ¿que pasó cuando añadieron la segunda ranura? Ocurrió algo distinto... Cuando la parte superior de una onda chocaba con la parte inferior de otra, se eliminaban entre ellas y en la pared se obtenía un patrón de interferencias. Así pues, cuando lanzaban materia a través de dos ranuras se obtenían dos franjas de los golpes que dejaban al rebotar, pero con ondas el resultado era un patrón de interferencia con muchas franjas reflejadas en la pared posterior y con una franja central más intensa.

Vamos a verlo de forma cuántica: un electrón es un pedacito de materia (como una canica diminuta). Cuando lanzaban una ráfaga a través de la ranura, se comportaba como las canicas, creando únicamente una franja en la pared posterior. Si la lanzaban a través de dos ranuras tendrían que dibujarse, al igual que con las canicas, dos franjas, PERO se dibujaba un patrón de interferencias. Habían lanzado electrones, pequeños trozos de materia pero aparecía un patrón como el de las ondas en lugar de un patrón como el de las canicas.

¿Como podían trocitos de materia generar un patrón como el de ondas? Los físicos pensaron que podía ser que los pequeños trozos de materia rebotaran entre ellos y de esa forma se creara el patrón de interferencia, así que decidieron lanzar los electrones de uno en uno para que no pudieran afectarse los unos a los otros, pero después de mucho rato continuaba apareciendo el patrón de interferencia en la pared como si se tratara de ondas.

La conclusión a la que llegaron en este momento es que cada electrón sale como partícula, se convierte en una onda de posibilidades, pasa por las dos ranuras, interfiere consigo mismo hasta que golpea la pared como partícula, pero matemáticamente es aún más curioso; pasa por las dos ranuras o por ninguna, pasa por una o por la otra, todas estas posibilidades están superpuestas las unas a las otras.

El experimento desconcertó muchísimo a los físicos hasta que decidieron mirar con atención para ver por qué ranura pasaba en realidad el electrón. Pusieron un dispositivo de medición junto a las dos ranuras para ver por cuál pasaba y lanzaron el electrón. Pero el mundo cuántico es realmente más misterioso de lo que imaginaban... Cuando miraron el electrón volvió a comportarse como una canica pequeña, dibujó un patrón de dos franjas en lugar de un patrón de interferencias. La misma acción de observar por qué ranura pasaba conllevó que solo pasara por una, no por las dos. El electrón decidió actuar de manera distinta, como si fuera consciente de que lo observaban y en ese momento los físicos se adentraban en el mundo de los acontecimientos cuánticos. ¿Qué es la materia? y ¿Qué tiene que ver el observador en todo esto? ¡El dispositivo medidor (el observador) destruyó la función de onda con solo mirar! El dispositivo hizo que el electrón cambiara su forma de actuar solo por el mero hecho de observarlo.

Nosotros somos siempre el observador, pero nos identificamos tanto con los acontecimientos que incluso perdemos el aspecto del observador. Los datos físicos demuestran que un objeto es una simplificación de lo que llamamos el entorno. Cuando nos fijamos en las partículas atómicas y subatómicas descubrimos que **nuestra manera de observar y la elección de lo que queremos examinar cambia las propiedades de lo que vemos en el electrón.**

Y ahora, si sabemos que todo es energía y que esta energía varía su forma o manera de comportarse según su observación, sabremos también que nuestra manera particular de ver el mundo, crea un mundo diferente para nosotros.

Puedes elegir de forma consciente la manera de mirar las cosas.

Cuando cambias tu forma de mirar las cosas, las cosas que miras cambian. Cuando cambias la forma de ver tu mundo, tu mundo cambia. Nunca falla, es física.

Y ahora, continuemos con nuestro experimento de observación...estábamos con los quarks...Ahora cogemos esta diminuta partícula subatómica y la ponemos dentro de un acelerador de partículas. Aumentamos su velocidad y la hacemos chocar a 400.000km/h. Abrimos el acelerador de partículas buscando nuestra fuente, nuestro origen y ¿qué encontramos? ¡NADA EN ABSOLUTO!

La conclusión a la que llegamos es que el punto del que procedemos se originó en un campo de energía que no tiene límites, ni principios ni finales, es infinito. Un potencial infinito. Y ahora bien, ¿podemos asimilar que nuestro origen no está en esta partícula?

San Pablo decía en el nuevo testamento:

«Lo que se ve fue hecho de lo que no se veía».

Todo lo que vemos en el mundo material no se origina en el mundo material, es el espíritu, Dios, el universo (ponle el nombre que quieras), es ese campo de energía lo que le da vida. La fuente en la que todo se origina. Todo es creado en ese mundo de posibilidades y materializado en nuestra realidad. Todo se crea en ese mundo metafísico o cuántico y se materializa en nuestro mundo físico. Todo nuestro mundo físico no es nada más que el reflejo en el espejo del mundo metafísico o cuántico.

Todo lo que manifestamos en nuestro mundo exterior, es originado en nuestro interior. A través de nuestros pensamientos y creencias creamos nuestro mundo particular y juntos somos cocreadores de nuestra realidad. Nosotros escogemos, a nivel subconsciente, lo que queremos vivir. Nosotros escogemos si queremos vivir en un mundo hostil o amistoso. Todo se origina a nivel interno, por eso es tan importante aprender a cambiar la forma de ver las cosas, porque estas cambiarán. Por este motivo es tan importante cambiar nuestra programación subconsciente porque ella es la que crea nuestra realidad, ella es la que está en constante creación.

Esta fuente de energía, no juzga ni hace distinciones. Esta fuente obedece a tus vibraciones y estas están ligadas a tus pensamientos, creencias y emociones. **Lo que tú piensas y sientes es lo que atraerá unas situaciones u otras a tu vida. Todo es energía y vivimos como imanes, atrayendo a nuestras vidas aquello acorde a nuestras vibraciones.**

«En el universo hay una fuerza inconmensurable e indescriptible que aquellos que viven de la fuente llaman intención y absolutamente todo lo que existe en el cosmos está ligado a la intención por medio de un vínculo. A los brujos no solo les interesa ver, comprender y usar este vínculo, sino sobre todo, limpiarlo del aturdimiento que ocasionan todas las preocupaciones que conlleva el vivir en niveles de consciencia corrientes».

Carlos Castaneda

Lo que llamamos «La Fuente» es la fuerza universal de la que todo y todos provenimos y por consiguiente somos lo mismo. Le podemos llamar fuente, energía, universo o Dios. Estamos permanentemente conectados a esta energía creadora.

SOMOS ENERGÍA

Castaneda habla del intento, que es la fuerza para crear, y de la impecabilidad para limpiar este vínculo entre las personas y la fuente. La intención es la acción deliberada de creación. Todo en el universo es energía, absolutamente todo. Esto es lo que dijo Max Planck (Premio Nobel de Física) al recoger el premio por su trabajo en las investigaciones sobre el átomo. Max Planck es considerado, junto a Albert Einstein, una de las mentes científicas más brillantes del planeta, por tanto, una persona que no cree en las cosas que no puedan ser contrastadas.

«Como un hombre que ha dedicado toda su vida a la ciencia más lúcida para el estudio, puedo decirles del resultado de mis investigaciones sobre el átomo lo siguiente: No existe la materia como tal, toda la materia se origina y se mantiene en virtud de la fuerza que producen las vibraciones de las partículas del átomo y mantiene unidas las partes de este minúsculo sistema solar» .
«Debemos suponer que tras esta fuerza existe una mente consciente e inteligente, una mente que es el origen de toda la materia».

Nosotros escogemos la realidad que queremos vivir, está en nuestras manos vivir una vida próspera o una vida resignada. Todo se origina a nivel interno, por este motivo es tan importante aprender a cambiar nuestra percepción de las cosas.

Este es el propósito de este libro, mi propósito; ayudar a despertar a cuantas más personas mejor, ganar consciencia, conocer esta gran verdad y gracias a tu IMPECABILIDAD, poder cambiar la realidad en la que vives. Para poder abandonar tus viejos patrones de pensamiento, tus creencias y poder empezar a ser libre, a volar y a convertirte en el creador de tu propia historia. Nosotros somos la fuente, todos y cada uno de nosotros. Todo lo que existe.

Cuando nos preguntamos: ¿Quién soy? Somos una pieza de esta energía que ha venido a cumplir una tarea en el mundo, la tarea de su vida. Y partiendo de nuestra impecabilidad, venimos a triunfar. A triunfar en la vida, en todos los aspectos. Procedemos de un campo de energía que no tiene límites, todos tenemos una intención, todos y cada uno de nosotros hemos venido al plano físico para realizar nuestra tarea en la vida. Todos venimos con un propósito que cumplir, así lo escogimos. Cumplir con nuestra tarea será lo que nos hará ser libres.

Podemos atraer el poder de la fuente o podemos resistirnos a él. Cuando estás conectado a ella y tienes claro tu propósito en la vida, ya nada ni nadie te puede parar. Solo tú tienes este poder sobre ti mismo. Recuerda que el universo responde a tus peticiones, a través de la frecuencia que emites. En este libro vas a conocer las antiguas leyes herméticas y cómo usarlas para vivir la vida que viniste a vivir.

No pienses acerca de las cosas que quieres conseguir, piensa acerca de la persona en la que te quieres convertir.

Cuando te conviertas en esa persona y vibres como tal, todas las cosas vendrán hacia ti. Aunque desees tener una pareja espectacular al lado, si eres una persona que no se siente merecedora, que no se siente amada, difícilmente podrás atraer ese amor a tu vida. Cuando tú te sientes merecedor, te sientes valioso, te sientes amado, estás emitiendo esa frecuencia vibratoria y como si fueras un imán atraerás eso a tu vida. Si tú quieres tener una vida exitosa, con un trabajo con propósito pero actualmente te sientes fracasado, empieza a sentirte como la persona que tiene éxito, empieza a sentirte como la persona que ya lo logró e inevitablemente llegará a tu vida. ¿Quieres tener salud y vitalidad? Empieza a sentirte sano, siéntete repleto de energía y así sucederá.

Recuerda que el 90% de tu día funcionas en piloto automático, funcionas guiado por tus aprendizajes y estos aprendizajes crean en ti una vibración específica acorde a esas creencias. Si solo un 5 o 10% de tu día te enfocas en lo que quieres ser, en lo que quieres lograr, difícilmente llegará si el otro 90% es contrario a ese enfoque. Ya has empezado a cambiar tu programación y este cambio también se observa en tu vibración. Cambia tus archivos, tus valores y concéntrate en ser la persona que quieres ser, enfócate en sentirte como la persona que quieres llegar a ser.

«Yo no soy lo que me sucedió. Yo soy quien elegí ser».
Carl Jung

Cuando tomas una decisión y te enfocas hacia donde quieres encaminarte, ya nada te hará abandonar. La persona que eres hoy es fruto de tus decisiones pasadas. Ahora piensa en algún momento de tu vida en que tuviste que tomar una decisión importante. ¿Que hubiera sucedido si en lugar de escoger esa posibilidad hubieras escogido otra? Pues que seguramente no tendrías la vida que vives ahora, podría ser que te dedicaras a otra cosa, que vivieras en otro lugar, que estuvieras con unas personas diferentes a las que te rodean actualmente, etc.

«La decisión es el despegue de tu vuelo»

La decisión es la gran fuerza que te empujará a tomar acción. Cuando dices ¡basta! y decides qué camino vas a seguir desde ahora, empieza el movimiento que te llevará hacia lo que deseas. Si no cambias, si no te comprometes con un cambio, si no tomas decisiones diferentes, seguramente en cinco años estarás en el mismo lugar de hoy, viviendo la vida que vives ahora o peor.

Cuando hablo de decisión, hablo de tomar una decisión interna, inamovible. Muchas personas dicen: « estaría bien poder trabajar en tal sitio», «me gustaría disponer de más tiempo para estar con mi familia», «me encantaría poder tener una casa más grande», «sería feliz ganando más dinero»....

Cuando hablo de decisión debe haber un compromiso. Cuando te comprometes a llevar a cabo lo que has decidido, por muchos obstáculos que aparezcan en tu vida, seguirás adelante. Porque es lo que has decidido, con lo que te has comprometido. Muchos grandes inventores tuvieron que pasar por muchas cosas fallidas, pero nunca se rindieron y siguieron hasta lograr lo que habían decidido que lograrían.

Empieza a sentirte como la persona que anhelas ser, ten claridad y decide qué es lo que quieres. Enfócate en esa decisión y no la sueltes. Mira cómo cambian las expresiones anteriores cuando son verdaderas decisiones: « Voy a trabajar en tal sitio», «Voy a tener más tiempo para estar con mi familia», « Tendré una casa más grande», «Ganaré más dinero». De esta forma ya lo estás afirmando. Aunque aún no sepas como lo vas a lograr, ya te has comprometido a lograrlo. El cómo aparecerá, lo importante en este momento es el qué.

Cuando realmente tienes claridad y certeza para decidir hacia dónde vas, las otras opciones dejan de existir. Cuando tienes claro lo que quieres y estas totalmente enfocado en ello, las opciones que aparecen por el camino son automáticamente descartadas. Te comprometes a lograr aquello sí o sí.

¿Qué quieres lograr en tu vida? ¿qué quieres cambiar? ¿Quién quieres ser? La decisión te enfoca hacia lo que quieres lograr. Cuando decides y tienes claro tu propósito, el universo conspira a tu favor. Cuando te comprometes y empiezas a moverte, las cosas que te rodean empiezan a cambiar y aparecerán ante ti posibilidades que te irán acercando a tu meta.

Hay muchos ejemplos de personas que fueron muy desafiadas y aun así llegaron a cumplir sus sueños. PERSEVERANCIA (no rendirse) e IMPECABILIDAD son los adjetivos que los definen. Los psicólogos dicen con acierto que: «cuando uno está realmente preparado para una cosa, hace que aparezca».

Edwin C. Barnes tenía un propósito en la vida, el deseo de ser socio de Edison. Tenía su propósito claramente definido: quería trabajar con Edison, no para él. Cuando Barnes tuvo por primera vez ese deseo, dos obstáculos se interponían en su camino. Estos impedimentos habrían sido suficientes para desalentar a mucha gente. El primero era que no conocía a Edison y el segundo, que no tenía dinero para poder pagar el billete de ferrocarril hasta Orange, Nueva Jersey. El deseo de Barnes no se trataba de un deseo cualquiera, era su gran propósito y estaba tan decidido a encontrar la forma que se arriesgó a viajar de forma ilegal en un tren de mercancías.

Cuando llegó a Orange se dirigió al laboratorio de Edison y anunció que venía para hacer negocios con él. Edison comentó una vez sobre cuando conoció a Barnes: «Estaba allí, frente a mí, con el aspecto de un vagabundo, pero había algo en la expresión de su mirada que transmitía la impresión de que estaba dispuesto a conseguir lo que se había propuesto». Edison había aprendido tras años de experiencia y por la suya propia, que cuando alguien DESEA tan profundamente algo que está dispuesto a jugarse todo su futuro por ello, tiene todas las de ganar. Edison argumentó: «Le di la oportunidad que me pidió porque vi que estaba decidido a no ceder hasta alcanzar el éxito. Lo que ocurrió después me confirmó que no me había equivocado».

Lo que Barnes le dijo a Edison en ese primer encuentro fue menos importante que lo que pensaba y lo que transmitía. El aspecto del joven Barnes no le había facilitado un puesto en la oficina de Edison, más bien le jugaba en contra; lo importante era lo que pensaba y lo que transmitía. Barnes consiguió un trabajo en aquellas oficinas por un salario bajo y realizando tareas poco importantes para Edison, pero sí para él. Pasaron meses sin que ocurriera nada destacable pero sí había algo importante que estaba sucediendo en la mente de Barnes y era que su deseo de formar una asociación con Edison iba cobrando cada vez más fuerza.

Barnes no claudicó ni se rindió pensando que sería un vendedor más. Él tenía su propósito bien definido y no pararía hasta lograr ser socio de Edison. En lugar de hablarse con palabras de derrota, se hablaba con palabras de fe: «Vine aquí para hacer negocios con Edison y lo lograré, cueste lo que cueste». Puede que el joven Barnes no lo supiera, pero su deseo inamovible y su decisión de permanecer firme en su propósito estaban destinadas a acabar con todos los obstáculos y a traerle la oportunidad que estaba esperando. Una de las características de las oportunidades es que muchas veces llegan disfrazadas de fracaso temporal y es por este motivo que muchas personas no las reconocen y las dejan pasar.

En aquellos tiempos, Edison acababa de perfeccionar un nuevo invento: la máquina de dictar. Los comerciales encargados de venderlas no estaban muy entusiasmados y creían que sería difícil. Y esta fue la ocasión que Barnes esperaba; él sabía que podía venderla y se lo comunicó a Edison. Y por supuesto vendió la máquina y con tanto éxito que Edison le dio un contrato para venderla y distribuirla por todo el país. Gracias a esto apareció el eslogan: *«Fabricado por Edison e instalado por Barnes»*. Su alianza comercial fue un gran éxito y Barnes se hizo rico y logró ser socio de Edison. Barnes comenzó sin dinero, sin influencias y con poca educación, pero su FE y SU DESEO DE TRIUNFAR hicieron que se convirtiera en el socio del inventor más grande de todos los tiempos. Empezó sin nada; solo sabiendo lo que quería lograr y su decisión de permanecer fiel a su deseo hasta el final.

La fuente universal va a manifestar a nivel físico lo que tú desees, después de haberte comprometido a nivel interno a conseguirlo. El universo no hace distinciones, no entiende de cantidades o de si una cosa es buena o mala. A través de esta energía materializamos lo que deseamos o pedimos, sea de manera consciente o inconsciente, sea bueno o malo para nosotros.

Con este libro aprenderás a tomar consciencia de tus pensamientos, a definir tus metas, a comprometerte con ellas y a crear lo que deseas vivir. Todo y todos emanamos de esta fuente de energía. A través del amor, desde el corazón o mejor dicho, desde nuestra alma, debemos encontrar la forma de reconectarnos con esta energía universal. Nuestra mente es la que nos impide tener una buena conexión. Nuestra mente siempre va a querer protegernos, es el instinto de supervivencia.

Todo lo que es nuevo o implica cambios desconocidos para nuestra mente, va a ser una amenaza. Por tanto, nuestra mente siempre va encontrar razones para hacernos desistir.

Crea un compromiso con tu cambio, establece un compromiso con tu meta, apunta todo lo que quieres lograr, apunta todo lo que estás viviendo que te hace sufrir a ti y a tus seres queridos. Apúntalo en un papel y tenlo a mano y cada vez que tu mente intente frenarte, léelo. Coge un papel y describe con todo lujo de detalles cuál es tu situación actual, qué está pasando en tu vida, qué te quita el sueño y cómo te hace sentir. De esta forma podrás asociar dolor a tu situación actual y placer a tus posibilidades futuras. Cuando empieces a dudar o a flaquear, lee lo que has escrito.

Lo primero que hay que hacer para reconectarnos es acabar con la idea de que lo que «Yo soy» está separado de la fuente. Cuando estamos conectados y en armonía con este campo energético del que emanan todas las cosas, podemos cambiar nuestro mundo. Porque nosotros somos él y él es nosotros. Porque todos, absolutamente todos, tenemos el poder de crear nuestra vida. Habrá personas que nazcan con más facilidades, pero TODOS podemos lograr lo que nos propongamos.

Fíjate que muchos de los grandes personajes que han amasado fortunas en la vida provenían de familias pobres y con muchas dificultades a todos los niveles. En su día a día estas personas decidieron romper con el patrón familiar y conseguir todo lo que les había faltado. No importa en qué familia has nacido, los privilegios o dificultades que hayas vivido, no importa ya el pasado. Hoy mismo puedes decidir cambiar tu vida.

Después de haber realizado los primeros ejercicios del libro tendrás más claridad de hacia dónde quieres dirigirte, ya que aprenderás a acallar la voz de tu mente que quiere mantenerte en tu zona conocida y empezarás a saber escuchar lo que realmente quieres hacer.

No para todo el mundo es igual la idea de vida perfecta. Hay personas que desearían dejar todo e irse a vivir a una casa en el campo con su familia y vender productos ecológicos de sus huertos. Una vez conocí a un joven abogado inglés que dejó todo atrás para dedicarse a su pasión, la música. Tiene un gran don, su música acaricia el alma. Dejó todo lo conocido, empezó a caminar hacia su sueño y lo logró.

Nuestros problemas aparecen cuando pensamos que somos lo que hacemos, que somos lo que tenemos, que somos seres separados de los demás y por lo tanto, separados de la fuente. Este campo energético que está en todo, también está en ti y por tanto también está en todas aquellas cosas que crees que necesitas. Estás ya conectado con todo lo que deseas incorporar a tu vida; estás conectado a un cantidad infinita de posibilidades. El problema es creer que estás separado de esta energía universal. Esta fuente no sabe nada del malestar, del miedo, de la preocupación; se encuentra en un estado permanente de creación, de bienestar. Somos seres divinos viviendo una vida humana. Todos somos lo mismo. Cuando tu alma recuerda esto, ya nada puede salir mal, entramos en un estado de confianza total y de fe.

Intenta rodearte de las condiciones que quieres crear en tu vida. Verás que cuando cambias tu mente y tu paradigma, tu vibración aumenta y tu entorno también cambia. Atraerás a tu vida a personas y situaciones acordes a tu vibración. De la misma forma, dirás adiós a muchas cosas y personas que pasarán a ser parte de tu pasado. Vibraciones similares vibran juntas. Verás que poco a poco irás dejando muchas cosas atrás y aunque a veces «pienses» que no es bueno, vas a «sentir» que estás en el camino correcto.

Seguramente te preguntarás cómo puedes sentirte bien con todas las cosas que están sucediendo a tu alrededor y en el mundo. Por muy mal que te sientas (y perdiendo tu conexión con la energía universal) no vas a solucionar nada. Desde un estado de conexión y sintiéndote bien, sí puedes ayudar a otras personas a sentirse bien también. Debemos enfocarnos en las cosas buenas para atraer más de estas y no a la inversa.

La Madre Teresa de Calcuta decía que iría a una manifestación por la paz, no en contra de la guerra. Para poder conectarte a esta energía universal tendrás que vencer tus resistencias, como son el miedo, los resentimientos, el no sentirte merecedor, etc. Estos sentimientos hacen que no te sientas bien. Si estos son tus pensamientos, crearán en ti malestar y acabarán atrayendo más situaciones para continuar en el mismo estado o incluso peor. No pienses en cosas que no te gustaría tener en tu vida, las estás utilizando (resistencia) para no sentirte bien. Una de tus frases debería ser: «Me siento bien».

Si queremos sentirnos así evitaremos estar en lugares o mirar ciertas cosas que nos creen malestar. Por ejemplo, las noticias están llenas de motivos para sentirse mal. Yo ya hace unos quince años que no veo la televisión. Recuerdo que cuando estaba estudiando en Barcelona murió el Papa y no me enteré hasta un mes más tarde. ¿Verdad que parece imposible? La persona que me lo contó pensaba que le estaba tomando el pelo, cuando le dije que no lo sabía. Ya desde entonces, yo escojo a qué información quiero acceder y evito todo este tipo de noticias que crean malestar.

Por lo tanto, ¿qué debes hacer para reencaminar tu vida hacia la vida que quieres? Primero trabajar con tu sistema de creencias, reconectar con la fuente, ahorrar energía y después, darle rumbo (decidir) y acción, como te explicaré más adelante.

«Todo es energía y esto es todo lo que hay. Iguala tu frecuencia a la de la realidad que quieres y no podrás evitar tener esa realidad. No puede ser de otra manera. Esto no es filosofía, esto es ciencia».
Albert Einstein

Por este motivo es tan importante ganar consciencia y cambiar nuestra vibración. Este es el gran secreto: la vibración que emites es sumamente importante, ya que dependiendo de cómo vibres, atraerás unas cosas u otras a tu vida. Nuestra vibración viene dada por nuestros pensamientos y emociones. Nuestros pensamientos están condicionados por nuestras CREENCIAS y nuestras PROMESAS INTERNAS. Cuando cambias tu mentalidad y empiezas a sentirte como la persona que deseas ser, tu vibración es acorde a este sentimiento. **Cuando empiezas a sentirte como la persona que ya ha logrado lo que quería lograr, es inevitable que eso acabe ocurriendo.**

CHAMANISMO

EL PODER PERSONAL

Como ves, toda mi intención es que logres un cambio interno que te permita llegar a lo que realmente quieres conseguir en la vida. Este cambio implica la reprogramación a nivel de creencias, el ganar poder personal y el aprender a actuar para llegar a la meta que te has propuesto. Cuando hablemos de las leyes universales, conocerás la ley de la vibración al detalle. Sabemos que una vibración alta atrae cosas superiores a nuestras vidas y el hecho de que esta vibración sea alta o baja depende de varias cosas:

1. Nuestra programación, nuestro sistema de creencias y promesas internas. Si quieres tener y mantener una vibración alta, acorde con lo que deseas atraer hacia tu vida, tienes que trabajar a nivel subconsciente cuestionando y cambiando las creencias que te limitan en la vida como ya has hecho. Unas creencias contrarias a lo que deseas son las responsables de bloquear tu camino hacia ello. Si empiezas a pensar, a dar foco a lo que quieres lograr sin haber cambiado tus creencias, habrá un sentimiento interno de incoherencia que interferirá en tus éxitos.

2. La energía que tenemos (Poder personal). A continuación, conocerás varias técnicas para ahorrar, generar y recuperar ener-

gía para poder tener un buen poder personal. Este poder personal (energía propia) es vital para poder enfocarte en lo que quieres y también es necesario para mantener la vibración para atraerlo hacia ti.

En el chamanismo y en otras corrientes se conoce la importancia de tener energía para llevar a cabo tus intenciones. Para todo aprendiz de chamán, el ahorro de energía pasa a ser un punto clave para el éxito. El primer paso para tener poder personal es ahorrando energía.

«Para lograr lo que quieres en tu vida debes cuestionar tus creencias limitantes, definir tu camino (definir cuál es tu foco, hacia qué te enfocas), tener una vibración acorde con lo que deseas atraer a tu vida y ahorrar energía para llevarlo a cabo».

PRINCIPIOS PARA EL AHORRO DE ENERGÍA

1. La no queja

Vivir una vida sin quejas es fantástico; la queja es una de nuestras principales fugas de energía. ¿Verdad que cuando llevas unos días sin quejarte te sientes mejor? Te invito a que lo hagas. Esta es una práctica de vital importancia para poder llevar nuestra vida a un nivel superior. Mientras sigas con la autocompasión no vas a crear el futuro que mereces, la vida que viniste a vivir.

Empieza ya a cambiar tu estado de ánimo y por ende tu vibración, dejando la crítica y la queja. Hacer esto es un paso de gigante. Cuando aparezca la queja o la crítica solo observa. Observa cuál es la naturaleza de esa crítica o queja y te dará mucha información sobre cuáles son las promesas internas que aún tienes que trabajar y sobre las cosas a las que te resistes. No les des importancia, solo observa y déjalas pasar.

Cuando te digo que «te animo a que lo hagas», no pienses que en un día dejarás de quejarte, criticar y tener discusiones telepáticas. Piensa que todos estamos programados, tenemos nuestras formas de pensar y actuar muy arraigadas.

El aprender a no quejarse y criticar es un entrenamiento, es una desprogramación.

Al principio te puede parecer difícil, pero poco a poco te darás cuenta de que las críticas y las quejas disminuyen y prácticamente desaparecen de tu vida. El primer paso es ser consciente, observarte y cada vez que una de ellas empiece a asomar, frenarla. Muchas personas creen que no se quejan, que no critican pero cuando de verdad prestan atención a sus pensamientos y a su lenguaje, se dan cuenta de que no es así. La muestra la tienes siempre delante de tus ojos. Ve a cualquier sitio y seguro que podrás oír a una persona quejarse o criticar. Y es que hay personas que están enfadadas con el mundo, están frustradas y se quejan absolutamente de todo (del tiempo, del perro que acaba de pasar por la calle, de si hace frío o calor, de la economía, del marido y del presidente de no sé que país). Cuando nos quejamos entramos directamente en un rol de víctima de las circunstancias.

Una de las mayores causas de no tener una vida feliz es la queja. Cuando te quejas estás en un rol de víctima, como decía, echando la culpa al entorno, a las circunstancias, a las otras personas...Recuerda que eres 100% responsable de ti mismo y de los acontecimientos que te rodean.

Si observamos, abunda la gente que pasa los días quejándose verbal o mentalmente y ambas formas son muy perjudiciales. Con esta práctica se pierde energía infinitamente valiosa que necesitamos para fines constructivos. Muchas personas llegan a casa tras la jornada laboral cansadas y frustradas, enfocándose en lo que no les gusta, dándole fuerza y atrayendo más de lo mismo a sus vidas. Aparte, se encuentran agotadas por su gasto energético mal enfocado.

En la mayoría de estos casos, la persona vive totalmente inmersa en su día a día y no encuentra un tiempo para sí misma hasta la noche y cuando encuentra ese tiempo desconecta viendo la televisión o Internet. Al buscar vías de escape para no prestar atención a sus problemas, estos persistirán.

Si no nos sentamos y valoramos conscientemente cómo está nuestra vida, meditamos sobre si hacemos lo que queremos hacer, si somos felices y qué cambios podemos hacer para encaminarnos hacia una vida más plena, siempre estaremos en la misma situación y con el mismo estado de ánimo. La falta de atención, planificación y acción es un gran problema.

Otro mal hábito es el de ir a dormir pensando en todas las cosas que no han salido como tú esperabas, pensando en los problemas que tienes en cualquier ámbito de tu vida, en lo mal que estás y en el gran enfado que te ha «creado» tal persona. Como verás más adelante, el momento justo antes de dormirnos es un momento de mucho poder, un instante de gran conexión con la fuente y como ya sabes, esta energía no tiene capacidad para discernir lo bueno de lo malo. Cuando al ir a dormir te mantienes enfocado en los problemas y las cosas que realmente no quieres en tu vida, lo que estás haciendo es crear más, darles más fuerza y por este motivo tendrás una y otra vez los mismos problemas. Si te enfocas en el problema en lugar de enfocarte en la solución, estás dando toda tu atención al primero y a lo que prestas atención tiende a expandirse.

Debes aprovechar este momento previo al sueño para crear lo que quieres. No importa en qué situación te encuentres ahora, no importa la vida que hayas tenido hasta este momento; ahora mismo te encuentras en un punto de inflexión. AHORA tienes el poder de cambiar la dirección de tu vida. El pasado ya no existe. Solo el presente tiene poder y es en este momento en el que creas tu futuro.

Muchas situaciones crean dolor y para evitarlo se buscan formas para no pensar en el problema o situación que lo está causando. Una gran parte de la sociedad está adormecida, entretenida por factores externos a ella, mientras su situación se va haciendo más y más insostenible e insoportable. Tienes que hacerte cargo de estas situaciones aunque sean dolorosas. El ser humano siempre va a querer evitar el dolor, pero llega un momento en que no se puede seguir adelante sin mirar qué es lo que está sucediendo. Cuando no trabajas sobre la causa del malestar y la ignoras, tu cuerpo va a hacerse cargo de manifestarlo a través de lo que llaman enfermedades psicosomáticas. Es importante que observes qué es lo que debes cambiar en tu vida y empieces a enfocarte en ese cambio. Piensa que aunque empieces con un pequeño cambio, esa pequeña desviación va a marcar una gran diferencia.

Siéntate en el ojo del huracán, siéntate en medio de eso que te crea tanto dolor. Cuando eres capaz de meterte dentro y experimentar intensamente ese dolor, solo querrás salir de ahí. Y solo podrás salir de allí buscando soluciones, haciendo cambios, no ignorándolo. Úsalo como una catapulta para salir disparado en otra dirección.

Aprovecha los momentos previos al sueño para enfocarte en lo que deseas, en lo que quieres soltar, en lo que deseas cambiar. Aprovecha también estos momentos para dar las gracias por todo lo que la vida te da, por todo lo que posees ahora mismo, por el mero hecho de estar vivo y disfrutar de todos los seres a los que amas. La gratitud y el amor son los sentimientos más poderosos de los que disponemos. Así que busca algún momento del día en que te hayas sentido bendecido, un momento de profunda gratitud y evócalo en tu mente. De la misma forma, el universo conspirará a tu favor para darte más momentos de plenitud, bienestar, amor y gratitud. Cambia el enfoque negativo de la queja por el de la gratitud. Convierte este momento mágico en un momento de bienestar que te saque una sonrisa, en lugar de dormirte con la cabeza llena de problemas y el ceño fruncido.

Pon atención en no quejarte por estos dos motivos: el primero es que cuando te quejas te cansas, desperdicias tu increíble energía y te sientes mal, y el segundo es que todas estas quejas crean una baja frecuencia vibratoria en ti que traerá a tu vida más motivos de queja. Te estás enfocando en algo que no quieres, y la mayoría de veces lo haces enfadado, en un estado emocional fuerte que abona el terreno para crear una nueva promesa. Como ademas verás su manifestación una y otra vez, esta será reforzada, desgraciadamente.

Seguramente te has fijado que después de pasar un rato con una persona que se queja, empiezas a sentirte mal, estás de mal humor y agotado. Sin darte cuenta, la otra persona te ha llevado a su campo, a su vibración. Recuerda la frase: «¡Me siento bien!» o «¡Todo está bien!» Aquí reside la importancia de las personas que nos rodean. Ten a mano la lista que has elaborado de tu círculo de relación porque en el punto 3 verás qué hacer en cada caso. Vas a utilizar esta valiosa energía para encaminar tu vida y crear aquello que desees, en lugar de desperdiciarla alimentando situaciones que te hacen sentir mal.

No somos víctimas de los acontecimientos, somos creadores. En el momento que recuerdes (porque tu alma ya lo sabe) que eres un ser divino viviendo una experiencia humana y no a la inversa; que eres una extensión de la fuente universal de energía y que en ti están todas las posibilidades imaginables, en este momento despertarás y empezará tu cambio.

«Quien mira hacia fuera, sueña. Quien mira hacia dentro, despierta».

Carl Jung

Para la mayoría de personas, cuando se tiene algún problema, lo normal es enfocarse en él. Sabemos que este existe, pero debemos mantener la atención en darle la vuelta a la situación. Cuando nos enfocamos únicamente en el problema, este, por naturaleza, se hace más grande y todo lo demás empieza también a ir mal. Estos problemas crearán en nosotros malestar y harán que nos sintamos víctimas de las circunstancias.

Cuando seas capaz de ver un obstáculo de tu vida como una prueba a pasar o algo de lo que aprender, tendrás la capacidad de darle la vuelta. Imagina a una persona a la que todo parece irle mal; imagina que se pasa el día quejándose y lamentándose de cómo le van las cosas, explicando su vida a mucha gente. Recreándose tanto en las cosas que no funcionan en su vida que el universo le envía más de lo mismo para reforzar aún más esa idea.

Ahora imagina que le decimos a esta persona que esté 21 días sin quejarse.

Al principio le costará no expresar a nivel verbal sus malestares. Cuando vaya por la calle y se encuentre a un conocido ya no podrá desahogarse con sus penas, responderá un: «Estoy muy bien…» y seguramente el amigo insistirá… «¿pero no te encontrabas tan mal?» Y ella responderá: «Cada día estoy mejor».

¿Qué crees que pasará? Primeramente que poco a poco, primero a nivel verbal y después a nivel mental, esta persona reducirá de manera importante el nivel de quejas. Se sentirá mejor y con menos necesidad de contar sus malestares a las personas. Poco a poco su entorno cambiará. Tendrá más energía y verá que es mejor sentirse bien. No tendrá necesidad de quejarse ni de buscar culpables. Quejarse no es nada más que un hábito y una adicción. Cuando te quejas tu cerebro libera neuropéptidos que te hacen sentir víctima y desafortunado, volviéndote adicto a vivir esa sensación. ¿Porqué no volverte adicto a sentirte una persona capaz y responsable de tu vida?

Hay personas que han pasado grandes pruebas en su vida y que nunca hablan de ello, en cambio hay otras personas que tienen una gran necesidad de explicar todo lo negativo que viven o han vivido. Solo hay que ir al mercado, a la farmacia o a la peluquería para ver a alguien contando con todo detalle lo mal que lo está pasando.

No debemos dar ni tres segundos de atención a estos pensamientos, debemos de aprender a dejarlos pasar, a no prestarles atención. Cuando algo en tu vida no va como crees que debería ir: observa, aprende y cámbialo. Dejar de quejarse es un cambio extraordinario, es mágico y tú también lo experimentarás. Cuando hablas de tus problemas con la gente, sucede una cosa: Tú te estás enfocando en ellos y por tanto se expanden. Pero las otras personas hacen lo mismo, le dan más fuerza a lo que tú les cuentas. Pueden contar tu situación a otras personas y así sucesivamente. Recuerda el efecto Golem.

En una de las épocas más bonitas y a la vez más duras para las mujeres, la de la maternidad, me di cuenta de esto que estoy contando:

Mi primera hija ya desde pequeña era muy «despierta» (en todos los sentidos) y tenía un gran interés por todo lo que la rodeaba, tanto que tenía un sueño bastante especial. La mayoría de las madres con bebés tendemos a entrar en estados de agotamiento y más cuando no puedes dormir lo que tu creías óptimo. A partir del medio año, cuando el agotamiento era evidente en mí, empecé a ver que en casa solo se hablaba de ese tema. Dormir, dormir, dormir. Mi familia y amigos cuando me veían era lo primero que me preguntaban. Me fijé que iba por la calle y muchas vecinas me preguntaban. Mis seres cercanos, sin ninguna mala fe, habían contado que yo estaba muy cansada porque no podía descansar por la noche. ¡En ese momento me di cuenta y decidí cambiarlo! Un día, cuando mi vecina me preguntó sobre el tema, yo le respondí que cada día era mejor. Al cabo de unos días me volvió a preguntar y le contesté qué bien. Hasta que dejó de preguntarme. Venía mi madre y me veía con ojeras y me preguntaba. Y yo le decía que creía que las cosas estaban cambiando y que cada día mejor. Y sabes lo que pasó ¿verdad?

Aparte de la energía que mandamos nosotros, no debemos olvidar la energía que mandan otras personas en la misma dirección. Recuerda también la expectativa que tienen las personas que te rodean sobre ti. Por lo tanto, evita los chismes, las críticas, las quejas… Deja de quejarte hoy mismo y solo eliminando este mal hábito, tu vida experimentará un gran cambio. No lo creas, ¡compruébalo!

Cuando abandones la queja verás que todo tiene una parte buena, todo son aprendizajes y vivirás con gratitud y felicidad. Cuando empieces a enfocar esta energía en lo que deseas, empezarás a crear una vida maravillosa. Abandona el rol de víctima y hazte responsable. No lo retrases. Este libro es un manual para ir siguiendo, no lo dejes para mañana. El cambio empieza ahora. Al principio te puede parecer difícil pero después de unos días verás que lo puedes lograr. Verás que bien te vas a sentir.

Una vez puedas redirigir tus pensamientos y olvidarte de la queja y la crítica, empezará tu ahorro de energía, incrementando tu poder personal y haciéndote sentir más conectado a la fuente. Cuando puedas acallar tu mente, oirás qué te susurra tu alma. Resumiendo: para poder enfocarnos correctamente en la vida que queremos, necesitamos vibrar en la frecuencia adecuada y tener energía, poder personal.

2. La no crítica

Al igual que la queja, la crítica también es negativa. Es otra forma diferente de quejarse. Fíjate en quién o qué criticas. Muchas veces se critican cosas que en el fondo quieres o deseas hacer. La envidia es un sentimiento de muy baja vibración.

Cuando una persona despierta en ti la necesidad de criticarla, normalmente es por algún aspecto que refleja de ti y tú no aceptas. Usa esa persona que despierta la crítica en ti como un maestro que te ayudará a poder trabajar sobre ese aspecto tuyo que no quieres o sobre esa actitud interna que tienes y no muestras. A veces se critican las virtudes visibles en otras personas porque tú también las tienes y no te atreves a mostrarlas. Piensa en ello...

Observa qué cosas son objeto de crítica. La crítica también viene dada por el ego, por nuestra importancia personal. Cuando realmente las cosas externas a ti dejen de afectarte, no tendrás ninguna necesidad de criticar.

Aparte de dejar mucha energía en ello, de alguna forma mandas el mensaje de que no quieres en tu vida lo que estás criticando. Si por ejemplo, criticas el éxito de alguna persona, estás cerrando las puertas a esa misma manifestación en tu vida. Si criticas a una persona que goza de una relación de pareja espectacular, te estás limitando a experimentar lo mismo.

Únicamente observa, sé honesto contigo mismo. Cuando empieces y te sorprendas criticando alguna cosa, mira de qué se trata e intenta identificar el sentimiento que está detrás. Mira que creencias hay en ti para que tengas la necesidad de criticar.

Se critica por la programación que tienes. Normalmente se critica a personas que han llegado donde tú internamente también querrías llegar, pero tus archivos mentales te lo han impedido. Se critica fuera, tu propio reflejo. Estos archivos mentales seguramente te han limitado porque son contrarios a este fin. Cuando ves a alguien que ha llegado donde tú podrías haber llegado, tu programación lo critica, reafirmándose.

Tenemos creencias limitantes en todas las áreas de nuestras vidas, pero en general, el área económica es la más afectada. Si preguntamos a varias personas si les gustaría ser ricos, prácticamente todos nos dirían que sí. A todos nos gusta la idea de tener libertad económica, de poder hacer lo que deseemos, cuándo, cómo y con quién queramos, tener tranquilidad, poder disfrutar libremente de la vida y no tener que preocuparnos por tu cuenta corriente. Esta parte la tenemos clara, pero vamos a la que nos interesa. Vamos a ver todas las creencias que están o han estado en ti.

Si tuvieras que describirme la idea que tienes de persona rica y poderosa, ¿qué tres adjetivos son los primeros que te vienen a la mente?, cuándo ves a alguien conducir un coche descapotable de alta gama ¿qué es lo primero que te viene a la cabeza? ¿Crees que la riqueza es limitada?, ¿Crees que para tener dinero se debe trabajar muy duro?, ¿crees que si tú generas riqueza se la quitas a otros? ¿crees que las personas ricas son generosas? ¿o son avariciosas?

Las respuestas a estas preguntas ya nos dan todas las pistas de nuestras creencias relacionadas con el área económica. La mayoría de nosotros hemos crecido con estas creencias, con la idea de que si alguien llega a generar una gran riqueza es porque ha estafado a muchas personas o no ha actuado de manera clara. Tenemos toda esta programación negativa en torno al dinero y también hacia las personas que lo tienen.

Cuando sientes un rechazo hacia una persona rica y la criticas, es tu programación la responsable de tu actitud y de tu respuesta. Si quieres cambiar tu economía empieza a investigar tu programación y cámbiala. Que tal si en lugar de criticar, empiezas a observar qué hacen estas personas diferente a ti. Ellos no tienen conflictos con el dinero, ¿y tú?

Un día leía una anécdota de un escritor famoso. Este hombre pasó de tener grandes problemas económicos a lograr el éxito y la prosperidad. Explicaba que cuando tenía grandes limitaciones económicas conducía un coche destartalado y normalmente los otros conductores le cedían el paso y eran considerados con él. Cuando su vida cambió y tuvo grandes ganancias conducía un coche descapotable. Explicaba que nunca lo dejaban pasar, no le daban preferencia e incluso le pitaban más de lo habitual.

En este ejemplo, se ve la creencia general. Este hombre da grandes ayudas económicas a barrios pobres de Estados Unidos. También comentaba que una vez pasaba con su coche camino de un comedor social y unos chicos empezaron a lanzarle latas vacías de refresco, como si se tratara de una canasta de baloncesto sobre ruedas.

Todo el mundo quiere tener una vida de persona rica pero cuando ves a alguien que tiene esa vida, de forma automática (guiados por la programación subconsciente) se rechazan, se critican o incluso se atacan. Y todo esto es por el sentimiento de dolor que se ha generado hacia el dinero, pero fíjate bien que el sentimiento de dolor no es generado por tener dinero, sino por no tenerlo. La mayoría de personas experimentan un rechazo hacia los ricos por el aprendizaje subconsciente de que las personas ricas son malas, avariciosas y sin escrúpulos.

Cuando estaba cursando el segundo año de medicina tradicional china, tuve la gran oportunidad de ser la acompañante de un chico de mi clase. Era una cena en la Torres Mapfre de Barcelona organizada para fortalecer vínculos con Austria. Era un evento de lujo donde tenías que ir vestido de etiqueta. Incluso fuimos a varias clases con un profesor particular para aprender a bailar el vals vienés. Yo en aquel entonces estaba compartiendo piso en Barcelona y vivía en un ambiente bastante bohemio, pero no quise desaprovechar la oportunidad de aprender, de ver y conocer, sin juzgar. Cuando se me ofreció la oportunidad de estar allí, mi primer impulso fue decir que no por todos lo conceptos negativos albergados en mi mente, pero después pensé en que era una experiencia para aprender. La verdad es que cuando llegué con mi compañero me sentí bastante incómoda y esta incomodidad estaba creada por mi programación. Solo salir del ascensor había toda una exposición de coches de las mejores marcas y el lugar donde se celebraba la cena era espectacular. Ir a esta cena hizo que saliera de mi zona de confort, y ya sabes que la incomodidad significa avance. Cuando sales de tu zona conocida, te estás expandiendo. Finalmente, acepté el reto y disfruté de una gran velada.

Si tienes un conflicto con la riqueza, te recomiendo que te pongas incómodo. Ve a los sitios donde van las personas ricas de tu ciudad: a comer, a tomar un café, a ver un espectáculo o a pasear.

Yo me considero una persona muy espiritual, pero llegó un momento en que comprendí que puedes ser espiritual y vivir una vida abundante al mismo tiempo. Una cosa no excluye a la otra. Durante mi época de estudiante fue cuando tuve más contacto con personas muy espirituales y todas tenían problemas económicos. De alguna manera, «aprendes» a estar feliz y agradecido con lo que tienes, pero ¿hay algo malo en querer avanzar en la vida? Como dice Jim Rohn: «Aprende a ser feliz con lo que tienes, mientras persigues lo que quieres».

3. La importancia personal

¿Qué obstáculos o resistencias tienes para no conseguir lo que quieres por no estar conectado y en armonía con la fuente? El primer obstáculo es el ego o lo que yo llamo, igual que en el chamanismo, la Importancia Personal.

Nos ofendemos fácilmente y continuamos buscando motivos para sentirnos ofendidos y rara vez no los encontramos. Nos ponemos en una posición de víctima y de queja, dejando nuestra felicidad y bienestar en manos ajenas. Tu felicidad yace en tu interior y lo que pase en el mundo no tiene que robarte energía. Muchas personas buscan cualquier pequeño detalle para sentirse enfadados, para poder ponerse otra vez en el rol de víctima y «disculparse» así por todo lo que hacen o no hacen.

Si no nos gusta la forma de hablar de una persona, la forma de vestir o lo que puedan decirnos, es una forma de ofenderse. Cuando buscamos motivos para ofendernos, cualquier cosa puede ser una ofensa. Recuerda la atención selectiva; cuando buscas, encuentras. Si buscas motivos para ofenderte, los vas a encontrar. Si buscas motivos para ser feliz, también los vas a encontrar.

«Mientras te sientas lo más importante del mundo,
no puedes apreciar en verdad el mundo que te rodea.
Eres como un caballo con anteojeras; solo te
ves a ti mismo, ajeno a todo lo demás.
El mayor enemigo del hombre es la importancia personal.
Lo que lo debilita es sentirse ofendido por lo que hacen o
dejan de hacer sus semejantes.
La importancia personal requiere que uno pase la mayor
parte de su vida ofendido por algo o por alguien».

Carlos Castaneda

La importancia personal rompe el flujo de energía y dificulta nuestra conexión con la fuente. El antropólogo y nagual Carlos Castaneda, autor del libro Las enseñanzas de Don Juan, entre diversas obras de conocimiento sobre chamanismo, dice que cuando un guerrero aprende a echarla a un lado, su espíritu se despliega, jubiloso, como un animal salvaje que es liberado de su jaula y puesto en libertad. La importancia personal se puede combatir de distintas formas, pero lo primero que hay que ver es que está ahí, tienes que aceptarla y reconocerla.

La importancia personal se alimenta de nuestros sentimientos, que pueden ir desde el deseo de caer bien y ser aceptados por los demás, hasta la petulancia y la necesidad de sentirse ofendido por todo. Pero su predilección es la lástima por uno mismo (la auto-compasión). Por suerte, no es imbatible, depende del reconocimiento para subsistir. Si no le prestas atención, desaparece.

Según Castaneda somos unos pájaros atrofiados; nacemos con todo lo necesario para volar, pero estamos permanentemente obligados a dar vueltas en torno a nuestro ego. La cadena que nos aprisiona es la importancia personal.

Ahora piensa por un momento en la energía que dejamos en un día solo por el mero hecho de querer agradar a los demás. Piensa en las cosas que harías y no haces por el que dirán de ti. La mayoría de las personas pierden su AUTENTICIDAD para pasar a encajar en el molde ya creado. Todos nosotros somos únicos, venimos equipados con unas capacidades diferentes y la mayor libertad la obtenemos cuando nos permitimos ser nosotros mismos. La importancia personal es la responsable de que te molestes por trivialidades y que malbarates tu valiosa energía en cosas que realmente no son importantes.

Todos tenemos la vida que disfrutamos ahora y estamos dotados de un poder infinito para poder lograr grandes cosas, si usamos nuestra energía y tiempo de manera inteligente. Imagina un frasco de cristal que llenamos hasta arriba de pelotas de golf; si te preguntara si está lleno, la respuesta sería que sí. Pero no es así, aún podemos ponerle todo un vaso de piedras pequeñas... Y si te pregunto: ¿Está lleno ahora? Seguramente me dirías que sí, pero aún cabe todo un bote de arena fina. Todos estos elementos, representan las cosas de nuestra vida. Las pelotas de golf representan las cosas que de verdad son importantes para nosotros (la familia, los amigos, nuestro propósito de vida); las piedras representan la casa, el trabajo, etc y la arena todo lo demás.

Si te ocupas en primer lugar de las cosas importantes de tu vida (las pelotas de golf) e inviertes tu energía en este orden de tamaño, es correcto, pero si malbaratas tu energía y enfoque en la arena (cosas triviales) ya no quedará espacio para lo importante. Si empezamos a llenar el bote de cristal con arena, solamente van a caber unas cuantas piedras y ninguna pelota de golf. Así que deja de preocuparte por las pequeñas cosas que no son ni problemas y usa de manera inteligente el poder que tienes para enfocarte en las cosas realmente importantes. Cuando dejes de quejarte, de criticar y de enojarte por todo, vas a poseer una gran cantidad de energía para usar de manera correcta.

Imagina cómo va por la vida una persona que está repleta de energía...Cuando un obstáculo aparezca en su camino, de un empujón lo hará desaparecer. En cambio, si vas por la vida vacío, sin toda esa energía tan necesaria para tu avance, cuando un pequeño obstáculo aparezca te detendrá. La generación y ahorro de energía es vital para el cambio, para avanzar.

Como estamos viendo, todo en el universo es energía. Cada pensamiento-sentimiento que tienes es energía, y puede debilitarte o darte más poder. Los lugares donde estás, la gente de la que te rodeas, tu importancia personal, las cosas que ves por televisión, la música que escuchas... todo tiene un efecto sobre ti. Pero también sabemos que podemos controlar nuestros pensamientos y a través de estos, nuestros estados emocionales.

Mensajes del agua

Hace unos años, el japonés Masaru Emoto publicó un libro, Mensajes del Agua, que me fascinó. Este libro es el resultado de sus investigaciones procedentes del análisis de agua de diferentes partes del mundo mediante la resonancia magnética, permitiendo la observación del HADO (energías sutiles relacionadas con la consciencia). Emoto muestra con espectaculares imágenes de agua cristalizada, como esta se ve influenciada por diferentes factores como la música o la consciencia de las personas.

Este trabajo evidencia que las emociones o pensamientos pueden modificar la estructura molecular del agua y nos hace comprender la forma tan íntima de conexión entre los seres humanos y el universo. Si pensamos que el ser humano presenta en su cuerpo aproximadamente un 70% de agua y cómo los factores externos afectan a las moléculas de agua, vemos la importancia de nuestro entorno en nosotros.

Interesante, ¿verdad?

Si los pensamientos le hacen esto al agua, ¿qué crean tus pensamientos en ti?

Es un brillante trabajo el que realizó el doctor Emoto. También fotografió agua cristalizada después de ponerle diferentes tipos de música y el resultado fue espectacular. Los cristales que fotografió después de ponerles música clásica eran preciosos y totalmente armónicos, en cambio cuando ponía música heavy, el resultado era muy diferente. Los cristales que resultaban de su exposición eran totalmente disarmónicos. Aparte de con el agua, también realizó experimentos con comida. Repartió la misma comida en dos botes cerrados. En el primer bote puso una etiqueta con la palabra AMOR y en el segundo, ODIO. La comida del segundo bote empezó a estropearse rápidamente, mientras que la del primero se mantenía intacta.

Aquí vemos la importancia del lenguaje, de las palabras que nos decimos a nosotros mismos. Recuerdo a mi compañera de piso llevar una botella de agua con un montón de palabras escritas en ella. Palabras como: amor, felicidad, paz, bienestar o abundancia.

«El lenguaje del universo es el sentimiento»

¿Cuantas veces luchas contra la importancia personal? La necesidad de tener razón, la necesidad de ganar, de mostrar lo que sabes, de actuar de tal o cual forma para que te acepten… Piensa en la energía de tu vida. Como ya he comentado, la gente con la que estás, los lugares que frecuentas, la música que escuchas, lo que dicen las personas con las que te relacionas, la casa en la que vives, tu lugar de trabajo, etc. Puedes cambiar la energía que te rodea y eso te ayudará a cambiar la tuya propia.

En todo vemos esta relación. Tú puedes cambiar tu vida desde tu interior. Recuerda que tu mundo exterior es un reflejo de tu mundo interior. Pero si cambias cosas de tu entorno, esto también te ayudará a cambiarte a ti internamente.

En medicina tradicional china, cada órgano alberga un sentimiento. El riñón, el miedo, el pulmón la tristeza y la nostalgia, el bazo alberga la obsesión...He visto muchas veces en consulta un bazo insuficiente que acaba generando obsesión o pensamientos repetitivos en la persona, de la misma forma una persona con este tipo de sentimientos-pensamientos, acaba desarrollando una insuficiencia de bazo. Por lo tanto, tratando el bazo modificas el estado de ánimo de la persona, y cambiando su forma de pensar-sentir mejoras el estado del órgano, ¿me hago entender?

Explico todo esto para que entiendas que cuantas más cosas jueguen a tu favor, mejor. Tienes que cambiar tu forma de pensar y sentir, reprogramarte para conseguir lo que quieres, pero a la vez, si cambias tu entorno, será una gran ayuda para llegar al mismo propósito. Recuerda también el efecto Golem, cuando estás rodeado de personas negativas, que se rindieron hace tiempo y que no creen en ti, eso te va a afectar directamente. Cuando quieras lograr tu propósito, hazlo. Las personas creen en los hechos, no en las palabras. No habrá mejor explicación que verlo realizado. Cuando consigues lo que deseas, lo que has venido a ser y hacer, superando los desafíos que han aparecido, eso es lo que verá tu entorno.

Igual que tu mente te mantiene en tu zona segura, cuando explicas un gran plan, una gran meta o un gran cambio a algunas personas con la que tienes relación, automáticamente te mostrarán mil razonamientos lógicos para que abandones. Esto pasa porque su mente también busca su zona de confort y el hecho de que tú dejes de ser quien eres o de hacer lo que estabas haciendo, implica también un cambio para ellas.

No dejes que las personas que no creen, que se rindieron, te desalienten.

Piensa que cada persona tiene una razón de ser y una tarea asignada. Encuentra la tuya y ve a por ella.

Dentro de la importancia personal, también hablamos de la autoreflexión o el autodiálogo. Estos también juegan un gran papel a la hora de ahorrar energía.

¿Cómo hablamos con nosotros mismos? La fuente hace realidad nuestras creencias, reafirmándolas. El universo es una fuente inagotable de abundancia y creación, pero si tú acudes convencido (por tus creencias) de la escasez, esto es lo que te mostrará. Si crees que no mereces ser feliz o que no puedes sanar, si estás convencido de tus creencias, estas serán las que se manifestarán. Aquí está la importancia de observarte y ganar consciencia, para poder cambiar tu sistema de creencias.

¿Cómo te hablas y hablas a los demás? ¿Te enfocas en el final, en lo que quieres o en lo que no quieres?

Cuántas personas se quejan constantemente: no encuentro una pareja, no tengo dinero, mi trabajo no me gusta, no me entiendo con mis familiares....hablas de lo que te falta en la vida y esta es tu conexión con el universo. Esta es la vibración que le mandas. El pasado ya no existe y el futuro aún está por llegar; el único instante que cuenta es el que estás viviendo ahora mismo. Ahora mismo tienes en tus manos todas las decisiones que quieres tomar, todos los cambios para encaminarte a una vida más plena. La pregunta es: ¿Estás preparado para dejar de vivir en estos niveles de energía bajos? ¿Estás preparado para dejar este rol de víctima y empezar a ser el creador de tu vida?

Si tu respuesta es sí, ¡vamos a ello!

Recordemos los cambios que ya han empezado en ti. Ahora ya eres consciente de hacia donde están orientados tus pensamientos y has dejado atrás las agotadoras tareas de quejarte y criticar. Vamos a continuar con más técnicas para ahorrar y recuperar energía.

4. Las discusiones telepáticas

Las discusiones telepáticas suceden cuando mentalmente tienes comunicación imaginaria con una persona. Esas comunicaciones imaginarias pueden ser útiles, pero en la mayoría de los casos no lo son, suelen ser justificaciones, discusiones o disculpas, que provocan grandes fugas de energía.

En estas discusiones tú imaginas lo que dices y en tu mente también recreas lo que te responden, vuelves a imaginar lo que respondes y lo que te vuelven a contestar... y así indefinidamente hasta que te quedas sin energía o te encuentras con la persona con la que has tenido este intercambio imaginario y estás ya de mal humor, tirando encima de este la conclusión a la que llegaste en tu discusión.

Para poder tener energía es importante evitar cualquier tipo de discusión telepática, justificación telepática, sentimiento de culpa y deseo o necesidad de explicar quién eres para que te comprendan. Muchas personas tienen la gran necesidad de explicar qué les pasa, de justificarse delante de las otras personas.

Con estas discusiones telepáticas estamos adelantándonos a los acontecimientos y de alguna manera, estamos ya creando lo que va a suceder, tanto en nuestra mente y a nivel energético con nuestra vibración, como a nivel emocional por el hecho de que inconscientemente revivimos esta discusión, como si de verdad hubiera sucedido y esto nos crea un estado de enojo hacia la otra persona. Sé inteligente y usa esa energía en proyectar los cambios que quieres experimentar en tu vida, en lugar de desperdiciarla en un diálogo imaginario negativo.

5. Los vampiros energéticos

Hace un momento hablaba de la importancia de nuestro entorno y por supuesto, de las personas que nos rodean. Estar rodeado de las personas inadecuadas frena tu avance. Muchas veces, sigues teniendo relación con gente con la que ya no tienes nada que ver.

Llamaremos vampiros energéticos a esas personas que de manera consciente o inconsciente nos roban energía. No son buenas ni malas. Muchas veces nosotros mismos también actuamos como vampiros energéticos. Todo, absolutamente todo en nuestra realidad es energía y movimiento y estamos en un constante intercambio energético con nuestro entorno.

Ahora vas a usar la lista de las personas con las que te relacionas que hiciste al principio. Tienes que determinar qué personas de tu entorno son beneficiosas para ti y cuáles no. En el chamanismo se habla de los círculos de acción. Vas a aprender a poner estas personas, que tienen poder sobre ti y tu vida, en diferentes círculos. Recuerda que nuestra intención es obtener poder personal y por tanto esta estrategia es muy importante.

Ya sabes que lo primero que tienes que trabajar es en tu mente y reacondicionarla, pero a la vez tratarás todos los factores externos que te afectan y revisarás la importancia personal.

Vamos a crear 4 círculos de acción:

Tercer círculo de acción:
En este círculo vas a poner todas aquellas personas que te quitan energía, que no te aportan nada positivo, que no te traen ningún bienestar. Son personas de las que es conveniente alejarse sin que ni siquiera lo perciban. Dentro de este tercer círculo vas a poner a todas aquellas personas a las que decidas dejar de ver, que consideras muy perjudiciales para tu vida y que son fuente de malestar en tu día a día. Son personas que deterioran de manera importante tu energía personal.

Normalmente son personas que sin tener nosotros ningún motivo claro, mantenemos aún en nuestras vidas. Normalmente no hay vínculos fuertes con ellas y no nos aportan nada, en cambio, sí crean malestar. Tienes que dejar ir esas relaciones que muchas veces crean dolor y claramente frenan tu proceso. Normalmente son personas negativas que descargan en ti sus frustraciones y que no motivarán tu progreso, más bien lo contrario. Nuestros caminos se separan, pero siempre desde el respeto.

Puede que estés pensando ¿Dejo de ver a mi jefe?, ¿dejo de tener contacto con mi padre? Por este motivo, existe el segundo círculo.

Segundo círculo de acción:

En este círculo pondremos a las personas que te quitan energía pero no puedes dejar de ver (al menos de momento). En este caso se neutraliza la influencia negativa que esas personas tienen sobre ti, sin dejar que afecten tu vida y a tu propósito. De esta forma trabajamos también sobre nuestra importancia personal.

En este grupo irán las personas que logran jugar con tus sentimientos y emociones, que pueden entorpecer tu camino. Son personas que realmente tienen poder sobre tu vida. Aquí puede ir por ejemplo, tu jefe. Este tiene influencia sobre tu persona. Si te comenta que tu trabajo no está bien hecho, te roba tu energía y tu estabilidad emocional. De alguna manera lo permitimos y le damos el poder para hacerlo. Otro ejemplo puede ser el de nuestra pareja y cómo su estado anímico afecta el nuestro. Si él esta contento y receptivo, tu estás bien, pero si ha tenido un mal día y está enfadado y distante, tú estás mal. De alguna forma, se está supeditado a su estado de ánimo.

Lo importante aquí es recuperar la capacidad de controlar nuestros sentimientos, nuestra importancia personal y por tanto nuestra vida. Tenemos que convertirnos en seres humanos capaces de decidir qué sentir en cada momento y que nuestros sentimientos no sean solo una respuesta a los estímulos externos. Por tanto, en este segundo círculo pondrás a las personas que tienen poder sobre tu estado de ánimo, para poder recuperar-lo y tomar las riendas de tu vida.

> *«Tu no eres consciente,*
> *pero la mayoría de la gente*
> *que está a tu alrededor*
> *tiene poder sobre ti;*
> *sobre tus sentimientos,*
> *sobre tus actos».*
> *Edgar Delgado (Agustín)*

Primer círculo de acción:

En este grupo solo vas a poner a aquellas personas que hacen que tu vida sea más bella, que te engrandecen y te dan fuerza. Son aquellas personas en las que confiar completamente, que te dan apoyo y a las que debes tratar con amor y respeto. Aquí solo pondrás a tus amigos, a tus mentores, a tus maestros, a tus consejeros; personas que te engrandecen, te enseñan y te respaldan.

Pero, ¿qué pasa si una de esas personas se vuelve no beneficiosa para ti? En este caso está el círculo uno y medio. A este círculo moveremos a las personas del primer círculo al segundo. Es decir, cuando tu pareja es maravillosa está en tu primer círculo, pero cuando se queja y está insoportable, la mueves al segundo círculo. Recuerda que cuando una persona está en el segundo círculo, puedes educarte para que sus comportamientos no te afecten.

En el chamanismo existen una serie de frases directivas para utilizar en estos casos. Cuando por ejemplo tu pareja te hace sentir mal, internamente te dices: «Nada de lo que dice mi pareja, en este momento, significa nada para mí». Con estas frases directivas llevas tu mente a la indiferencia, una indiferencia amable. Esta indiferencia es la llave de toda esta estrategia chamánica. Ya sabes que en el chamanismo es vital el ahorro energético, de esta manera bloqueas tu pérdida de energía por personas o factores externos. Las personas tienen poder sobre ti cuando te hacen enojar, te humillan o no aprecian lo que haces.

Puedes adaptar tus frases a tu situación: «Nada de lo que hace... en este momento, significa nada para mí»; «nada de lo que está pasando en este momento, significa nada para mí», «nada de lo que escucho o siento en este momento, significa nada para mí», «Estos defectos que veo en... no significan nada para mí», «este pensamiento de..., no significa nada para mí», «este sentimiento que siento en (especifica en qué parte de tu cuerpo lo sientes), no significa nada para mí»; «esta crítica hacia..., no significa nada para mí, solo es una imagen que yo he creado». Esta es una forma simple pero muy eficaz para que las cosas externas no nos perturben.

Cuando sientes una emoción fuertemente en tu cuerpo; en el plexo, en el estómago, en la garganta, en el pecho o en el cuello, simplemente te dices: «Transmuto este sentimiento de ira en buena suerte», «Transmuto este sentimiento de tristeza en paz interna», etc. Cuando te dices esto, pones tu mano derecha encima de tu estómago y la izquierda en el lugar donde sientes la emoción. Empiezas a hacer un masaje con tus manos creando círculos; con la derecha, círculos más grandes, y con la izquierda, círculos pequeños sobre tu estómago mientras a nivel mental te dices: «Transmuto esta energía en buena suerte», «transmuto este sentimiento en buena suerte».

Recuerda lo que conté antes, piensa que las personas que tienen influencia sobre ti, no van a querer perder su poder. Para desarrollar esta estrategia debes ser discreto.

6. Romper vínculos energéticos

Partiendo de la base de que todo es energía y que nos comunicamos a este nivel con los demás, es importante ver que vínculos pasados están aún en nosotros y liberarnos de ellos. Cuando tenemos vínculos emocionales fuertes con las personas, se crean unos enlaces, sobre todo cuando son parejas y por lo tanto ha habido relaciones sexuales. Para todos es importante romper estos lazos energéticos, pero más aún para las mujeres.

En el chamanismo, se dice que el poder de la mujer está en su útero, en un punto un poco más abajo del ombligo. Cuando una mujer tiene relaciones íntimas con un hombre, a nivel energético se crea un cordón con la mujer. Todos estos cordones tienen que soltarse porque son un foco de pérdida de energía.

Para romper estos vínculos lo haremos a través de la visualización. Primeramente, se creará una lista con las personas con las que se han tenido relaciones sentimentales y buscaremos un espacio para poder estar tranquilos y trabajar. Empiezas con la primera persona de la lista y la visualizas delante de ti, imaginas cómo un haz de luz o cordón brillante sale de debajo de tu ombligo y se une a él o ella en el mismo punto. Tómate tu tiempo para verlo claramente. Cuando estés preparado, imaginas cómo este cordón se corta por la mitad y regresa a ti tu parte y la otra parte regresa también a la otra persona. Mientras visualizas esto, repites mentalmente o en voz alta (como tu lo prefieras):

«Te devuelvo tu energía,
recupero mi energía,
eres libre,
soy libre».

Mientras dices estas palabras, lo acompañas de movimiento. Empiezas con tus manos debajo del ombligo. Cuando dices: «te devuelvo tu energía», lo acompañas con un movimiento de manos desde debajo del ombligo hacia fuera, como si empujarás hacia la persona su energía. Cuando dices «recupero mi energía» vuelves a regresar las manos al punto de partida, como si apretaras tu energía hacia el interior de tu cuerpo. Cuando dices «eres libre», vuelves a repetir el primer movimiento de manos hacia fuera, y al decir: «soy libre» vuelves a llevarlas a tu abdomen. Lo repites las veces necesarias, mientras notas, a nivel físico, cómo la energía entra en ti.

Muchas personas, aparte de tener un vínculo puramente energético, continúan pegadas a alguna persona y les cuesta mucho realizar este ejercicio. Aunque parezca fácil a simple vista, a nivel emocional implica el hecho de soltar a esa persona del pasado. Muchas personas lo pasan mal, porque no se ven con la suficiente fuerza para hacerlo. Si este es tu caso observa qué es lo que está pasando. Al realizar este ejercicio, si te surge decir alguna cosa a ese ser del pasado, hazlo.

Puede que te hayan sorprendido todas estas técnicas del chamanismo. Son muy diferentes a todo lo que has visto y verás en este libro, pero te aseguro que son increíbles. Cuando puedes recuperar toda esa energía que estaba fuera de ti y empiezas a utilizar las técnicas para no volver a perderla, notarás rápidamente el efecto de ella sobre ti. Para poder lograr lo que te propones debes tener la mayor cantidad de energía posible y toda esta sabiduría antigua te va a ayudar a conseguirlo.

ESPACIO Y ALIMENTACIÓN

Nuestra finalidad es la de tener un mayor poder personal y lo conseguimos ahorrando y generando energía, que nos servirá para poder proyectarnos hacia nuestro propósito u objetivo. Hemos visto las formas de ahorrar energía y de recuperar energía que permanecía en otras personas.

Como ya te he comentado anteriormente, el entorno influye directamente en tu poder interno. Las cosas que escuchas, las personas que te rodean, los ambientes que frecuentas...pero hay una serie de cosas que puedes cambiar a nivel exterior y que te serán de gran ayuda para aumentar tu energía. La primera cosa a tener en cuenta es tu espacio, tu casa. Siempre se dice que cómo esté nuestra casa es un reflejo directo de cómo estamos nosotros. Del mismo modo, nuestro estado también se ve reflejado en nuestra alimentación.

Tu casa es tu reflejo. Cómo están los armarios, si está ordenado o desordenado, si guardas muchas cosas que ya no te son útiles, si hay cosas estropeadas, si hay muebles viejos que pertenecieron a otras personas, etc. Para poder cambiar tu vida y dirigirte hacia la vida que quieres, de alguna forma debes renacer y debes dejar que las cosas pasadas queden atrás. De la misma forma que debes vaciarte y limpiarte internamente para poder realizar el cambio que deseas, debes vaciar y limpiar tu hogar. Es importante que generes una energía armoniosa a tu alrededor que te ayude a sentirte bien y que no te reste poder.

Tu casa debe convertirse en uno de tus LUGARES DE PODER. Todos tenemos lugares de poder y es importante saber reconocerlos. Son lugares donde te sientes bien, tranquilo y conectado. Lugares que después de pasar un rato en ellos, te sientes recargado a nivel energético, te sientes lúcido, te sientes en armonía con el universo. Estos lugares pueden ser muy diversos, no hace falta que te vayas a un templo en Yucatán para sentir este poder. En mi caso, curiosamente, tengo tres lugares de poder muy cerca de mi casa. Uno en un paseo bastante transitado por personas que van a caminar y niños que juegan. Aunque normalmente hay movimiento, existe un punto específico de este paseo donde me siento infinitamente bien. Otro está en un pequeño bosque cerca de la casa de mis padres y el tercer sitio es en mi consulta, en el lugar donde trabajo. Es muy importante tener detectados estos lugares, de la misma manera que tener un hogar en el que te sientas muy a gusto.

Muchas personas no se sienten a gusto en su casa por el caos que les rodea o por el mero hecho de que las cosas que ven no les dan felicidad. Guardamos muchas cosas que no nos aportan felicidad, más bien al contrario. Objetos de relaciones pasadas que nos causaron dolor, cosas que podemos relacionar subconscientemente con épocas poco felices en nuestras vidas, pero aún así, las guardamos y muchas veces a la vista. Muchas personas se resisten a tirar, dar o regalar las cosas que ya no necesitan, que ya no quieren, de la misma forma que en el fondo se resisten a cambiar y a aspirar a vivir mejor en todos los aspectos.

El hecho de no querer desprenderse de cosas, también envía una señal de escasez en tu vida, es como si no confiarás en poder tener otras. Hay muchas cosas guardadas en las casas que llevan años sin ser usadas pero se guardan «por si acaso un día...» Si llevas años sin usarlo, ya no lo usarás y si un día necesitas algo parecido siempre puedes conseguir otro. Siguiendo la reflexión anterior de que tu hogar es un reflejo de tu estado, las personas que no tiran nunca nada, tienen unas grandes resistencias mentales al cambio. La mente siempre ve los cambios como una situación peligrosa. Está totalmente creada para protegernos y cualquier cambio le parece una amenaza.

Al vaciar a nivel material, también vacías a nivel mental. Cuando empieces a vaciar tu casa, en definitiva a cambiarla, tú también cambiarás.

Siguiendo el punto básico del feng shui, en una casa tiene que entrar y fluir la energía. En esto, el orden juega el mayor papel, pero es difícil mantener un orden cuando la cantidad de objetos es superior al espacio. Muchas personas ordenan todo perfectamente y al cabo de dos días vuelve a reinar el caos, este es un problema de cantidad. Así que te animo a buscar un par de días y dedicarlos a mirar y valorar qué es lo que QUIERES mantener en tu vida y qué es lo que te va a decir adiós. Es importante que estés rodeado de cosas que te gusten, que te den felicidad, ya que esta es una información subliminal a la que estás expuesto diariamente. ¿Por qué guardas objetos que te regalaron y no te gustan nada? ¿Por un sentimiento de culpa? ¿Te sientes mal por tirarlos? Dáselos a alguien, regálalos o simplemente dales las gracias y tíralos.

Cuando se produce un cambio interno, se produce en todos los ámbitos. Para poder convertirte en la persona que deseas ser, de alguna forma, tu pasado desaparece. Tu viejo yo se desvanece. Deshazte de todas las cosas que no son útiles en tu vida, de todas las cosas que te traen malos recuerdos, de las cosas que no amas. Rodéate de cosas que te inspiren, que te gusten, que te hagan sentir bien. Cuando vacías tu casa, puedes apreciar mejor lo que en ella permanece y vaciando tu casa, de alguna manera, también te vacías tu.

¿Sabes cuánto tiempo pasan las personas con casas muy llenas y normalmente desordenadas buscando las cosas que en un momento concreto necesitan? Pues a final de mes, bastante. Fíjate que la gran particularidad de los lugares que emanan paz es precisamente la ausencia de mucha decoración, la ausencia de cosas. Para tener un ambiente de paz, donde la energía fluye libremente es importante tener justo las cosas necesarias, objetos que irradien energía positiva. Es curioso cómo un solo objeto puede alterar la armonía de un espacio. Recuerdo que en mi segundo año de estudio un amigo me regaló un modelo humano con todos los meridianos y sus respectivos puntos. Como vivía en Barcelona y compartía piso lo tenía en mi habitación. Un simple muñeco de setenta centímetros alteraba totalmente la energía de mi habitación.

Para poder integrar cosas nuevas en tu vida, primero tienes que hacerles espacio. Una casa llena no tiene capacidad para albergar algo nuevo que está por llegar. No te resistas en dejar ir las cosas viejas, nuevas cosas acordes a tu vibración están por llegar a tu vida. De la misma manera que estás trabajando en tu interior haciendo inventario, mirando que creencias aún llevas contigo y valorando si te sirve seguir con ellas o no, lo mismo se debe reflejar en tu exterior. Tenemos que vaciarnos de los viejos condicionamientos para poder adoptar nuevas pautas a seguir, pautas que nos ayudarán en nuestro proceso, en lugar de frenarnos.

La energía que está en los objetos y muebles que pertenecieron a otras personas también nos afecta y mucho. De alguna manera, esos objetos mantienen aún la energía de sus propietarios. Este efecto se ve sobre todo en los espejos, que han reflejado durante tiempo las imágenes de otras personas y sus vivencias. ¿Te ha pasado alguna vez que has ido a ver un piso que está amueblado y solo entrar te asalta una sensación de malestar? Esta es la energía que aún permanece en el lugar.

Vacía tu casa, deshazte de las cosas viejas, haciendo espacio para que las nuevas puedan llegar y quedase. Cuando el volumen de cosas disminuye, es más fácil mantener el orden en casa y además cuando solo estás rodeado de cosas bonitas y que te hacen sentir bien, lo vas a notar muchísimo en tu estado de ánimo, en tu vibración y de esta forma atraerás más cosas y situaciones que te harán sentir aún mejor.

Voy a contarte una bonita historia de Jorge Bucay;

La ciudad de los pozos

«Cuenta una historia, que existía una ciudad que no estaba habitada por personas como todas las demás ciudades del planeta. Esta ciudad estaba habitada por pozos. Pozos vivientes...pero pozos sin fin. Los pozos se diferenciaban entre sí, no solo por el lugar en el que estaban excavados sino también por el brocal (la abertura que los conectaba con el exterior). Había pozos pudientes y ostentosos con brocales de mármol y de metales preciosos; pozos humildes de ladrillo y madera y algunos otros más pobres, con simples agujeros pelados que se abrían en la tierra.

La comunicación entre ellos era de brocal a brocal y las noticias cundían rápidamente, de punta a punta del poblado. Un día, llegó a la ciudad una «moda» que seguramente había nacido en algún pueblito humano: la nueva idea señalaba que todo ser viviente que se preciara debería cuidar mucho más lo interior que lo exterior. Lo importante no es lo superficial sino el contenido.

Así fue como los pozos empezaron a llenarse de cosas. Algunos se llenaban de monedas de oro y piedras preciosas. Otros, más prácticos, se llenaban de electrodomésticos y aparatos mecánicos. Algunos más optaron por el arte y fueron llenándose de pinturas, pianos de cola y sofisticadas esculturas. Finalmente, los intelectuales se llenaron de libros, de manifiestos ideológicos y de revistas especializadas.

Pasó el tiempo y la mayoría de los pozos se llenaron a tal punto que ya no pudieron incorporar nada más. Los pozos no eran todos iguales así que, si bien algunos se conformaron, hubo otros que pensaron que debían hacer algo para seguir metiendo cosas en su interior... Alguno de ellos fue el primero; en lugar de apretar el contenido, se le ocurrió aumentar su capacidad ensanchándose. No pasó mucho tiempo antes de que la idea fuera imitada. Todos los pozos gastaban gran parte de sus energías en ensancharse para poder hacer más espacio en su interior.

Un pozo, pequeño y alejado del centro de la ciudad, empezó a ver a sus camaradas ensanchándose desmedidamente. Él pensó que si seguían hinchándose de tal manera, pronto se confundirían los bordes y cada uno perdería su identidad... Quizás, a partir de esa idea se le ocurrió que otra forma de aumentar su capacidad era crecer, pero no a lo ancho sino hacia lo profundo. Hacerse más hondo en lugar de más ancho.

Pero se dio cuenta de que todo lo que tenía dentro de él le imposibilitaba la tarea de profundizar. Si quería ser más profundo debía vaciarse de todo contenido... Al principio tuvo miedo al vacío, pero luego, cuando vio que no había otra posibilidad, lo hizo.

Vacío de posesiones, el pozo empezó a volverse profundo, mientras los demás se apoderaban de las cosas de las que él se había deshecho... Un día, el pozo que crecía hacia adentro tuvo una sorpresa: adentro, muy adentro, y muy en el fondo encontró agua. Nunca antes otro pozo había encontrado agua...

El pozo superó la sorpresa y empezó a jugar con el agua del fondo, humedeciendo las paredes, salpicando los bordes y por último, sacando agua hacia fuera...La vida explotó en colores alrededor del alejado pozo al que empezaron a llamar «el Vergel».

Todos le preguntaban cómo había conseguido el milagro.Ningún milagro —contestaba el Vergel— hay que buscar en el interior, hacia lo profundo... Muchos quisieron seguir el ejemplo del Vergel, pero descartaron la idea cuando se dieron cuenta de que para ir más profundo debían vaciarse. En la otra punta de la ciudad, otro pozo, decidió correr también el riesgo del vacío... y también empezó a profundizar... y también llegó al agua... y también salpicó hacia fuera creando un segundo oasis verde en el pueblo. Un día, casi por casualidad, los dos pozos se dieron cuenta de que el agua que habían encontrado en el fondo de sí mismos era la misma... que el mismo río subterráneo que pasaba por uno, inundaba la profundidad del otro. Se dieron cuenta de que se abría para ellos una nueva vida. No solo podían comunicarse, de brocal a brocal, superficialmente, como todos los demás, sino que la búsqueda les había deparado un nuevo y secreto punto de contacto».

La comunicación profunda solo la consiguen entre sí aquellos que tienen el coraje de vaciarse de contenidos y buscar en lo profundo de su ser lo que tienen para dar.

Debemos superar el miedo a vaciarnos, tanto internamente como externamente. Muchas personas tienen miedo a deshacerse de sus cosas, ya que creen que las cosas materiales que les rodean crean su identidad y eso no es así.

Tú no eres tú por lo que tienes sino por lo que eres.

Lo mismo pasa a nivel emocional al desprendernos de creencias que prácticamente nos han acompañado toda la vida. Aun sabiendo que esas creencias nos están perjudicando, muchas personas tienen dificultades para soltarlas y poder expandirse. También creemos que somos esas creencias y por este motivo, a veces se hace difícil poder soltarlas. Cuando vacías y ordenas tu hogar, haces lo mismo a nivel interno. Tu casa debe ser uno de tus lugares de poder, donde poder recargarte, descansar y sentirte totalmente a gusto. Muchas personas se sienten angustiadas en casa, les cuesta dormir, están de mal humor, pero al mirar, se dan cuenta de que están rodeados de cosas que crean malestar. No puedes descansar bien en una habitación que está totalmente llena de cosas.

Recuerdo una vez en México, donde pasé unas semanas en casa de un amigo. Dormía de una forma muy extraña. Podía dormir, pero estaba toda la noche intranquila. Era una habitación muy bonita, grande, ordenada y decorada con mucho gusto. Se lo comenté a mi amigo que ha estudiado durante muchos años feng shui y me explicó el porqué. Resulta que casi en todas las paredes de la habitación había fotografías, fotos de personas. Y él me dijo: «Cómo vas a dormir tranquila con tantos ojos mirándote». Todo lo que nos rodea nos afecta.

Oí una vez la historia de una mujer que llevaba muchos años sin pareja. Un día empezó a observar que todo lo que la rodeaba y la forma que tenía de comportarse en casa no estaban en consonancia con lo que quería lograr. Observó que dormía en medio de la cama, reflexionó y empezó a dormir a un lado. Observó que aparcaba su coche en medio del garaje y decidió aparcarlo a un lado, dejando espacio para otro vehículo. Miró su armario y estaba lleno al máximo. Lo vació, se sentó en el suelo y empezó a escoger con qué cosas quería quedarse y qué tiraba; lo mismo hizo en los estantes del salón y en el armario del baño. Se dio cuenta de que no podía estar esperando que llegase el hombre de su vida si ni siquiera había espacio para él.

No puedes esperar atraer una cosa cuando todo a tu alrededor muestra lo contrario. Esa persona se dio cuenta de que necesitaba crear espacio en su vida, un espacio para otra persona. Si lo que haces diariamente muestra una serie de cosas, difícilmente atraerás otras diferentes. Si quieres atraer una vida de abundancia y estás rodeado por objetos que están viejos y rotos, difícilmente entrarás en la vibración adecuada. No se trata de que compres cosas caras, pero sí de que estés rodeado de cosas bonitas, de cosas que te hagan sentir bien, de cosas que ames, que la casa esté limpia y ordenada.

De la misma forma que nuestro hogar es un reflejo, nuestra alimentación también lo es. Vivimos en una sociedad donde todo va muy deprisa y parece que las 24 horas que tiene el día no alcancen. La mayoría de las personas dicen sentirse estresadas y esto se ve directamente en la forma de alimentarse. Al tener la percepción de que no se tiene tiempo, se tiende a comer cosas rápidas, muchas de ellas precocinadas. Prepararte una buena comida no te llevará mucho tiempo. Lo importante es que los alimentos que utilices sean naturales, nutritivos y que te aporten una energía de calidad.

Hay personas con sobrepeso que están muy mal nutridas. Los azúcares rápidos, las harinas y todos los aditivos presentes en los alimentos procesados son literalmente un veneno para el cuerpo humano.

En esta sociedad donde la mayoría de las personas están estresadas y sienten no tener el tiempo suficiente, se entra en un círculo vicioso. Se trabajan muchas horas, te sientes cansado y tienes la percepción de no tener tiempo para realizar ejercicio o andar una hora al día. La prisa y el cansancio, normalmente, te llevan a consumir alimentos ricos en hidratos de asimilación rápida. Poco después de comerlos te sientes con más energía, pero al cabo de unas horas vuelves a sentirte agotado y necesitas más.

Y ya sabes que: «Somos lo que comemos».

Cuando empiezas a comer bien, cada célula de tu cuerpo lo aprecia. Ganas en salud y en vitalidad. Es importante que tengas una buena alimentación y que se sigan unos horarios bastante establecidos.

La alimentación también afecta directamente sobre el estado de ánimo. Cuando comes de manera sana y ordenada te sientes mejor. ¿Has observado qué pasa en los niños después de haber comido caramelos o algún producto con mucho azúcar? Se sienten nerviosos e irritables, normalmente se enfadan más. Los niños son como son, muestran todo tal como es. Los adultos podemos sentirnos exactamente así y «comportarnos», pero en los pequeños vemos el simple efecto del azúcar.

Todo lo que comemos nos afecta y mucho, no solamente a nivel nutricional sino también a nivel emocional. Aparte de comer bien y respetar unos horarios, debemos intentar comer de forma relajada. Solo tienes que ir a un restaurante y observar. Muchas personas están comiendo y ni siquiera prestan atención a lo que se están llevando a la boca porque están totalmente inmersos en las pantallas de sus teléfonos.

Recuerdo que en mi viaje a la India compartimos camino durante un par de semanas con unos chicos de Suecia. Cuando comían, ni una sola palabra salía de su boca, estaban totalmente concentrados en comer. Cuando acababan volvían a reprender su conversación.

Si comes bien, tu cuerpo lo agradecerá y experimentarás un gran cambio.

Y ahora vas a conocer las leyes universales que actúan para poder convertir tus sueños en tu realidad. Vamos a por...

LEYES HERMÉTICAS

Para la comprensión del funcionamiento del universo es elemental conocer las 7 leyes o principios herméticos, un legado a la humanidad desde hace milenios por Hermes Trismegisto, personaje histórico cuyo nombre significa en griego «Hermes, el tres veces grande». Hermes Trismegisto es conocido sobre todo en la literatura ocultista como el sabio egipcio que creó la alquimia y desarrolló un sistema de creencias metafísicas conocidas actualmente como Hermética. A este personaje se le han atribuido estudios de alquimia como la Tabla Esmeralda, que fue traducida del latín al inglés por Isaac Newton.

Conocido en todo el mundo con otros nombres como: Enoch, Quetzalcóat, la serpiente emplumada, Xiuhtecuhtli, el señor del árbol de la vida; el escriba de los dioses, el señor de la balanza... Todos los países se querían apropiar de aquel grandioso hombre, hijo de Caín y descendiente de Adán. Hermes fue el primer maestro de nuestra civilización y en aquella época, sin contar con los avances tecnológicos de que disponemos hoy en día, pudo transmitir sus conocimientos a todas las culturas del mundo antiguo, los cuales han llegado hasta la actualidad.

Todos querían tener a Hermes como descendiente de su pueblo y esto creó una lucha de poder. La iglesia mandó quemar todos los libros que contuvieran sus enseñanzas. Una vez apareció en Etiopía una copia de El libro de Enoch y otra en Abisinia. Una fue a parar a Inglaterra y la otra a Rusia, donde fueron guardadas bajo llave, ya que eran libros prohibidos. La copia de Rusia desapareció pero la de Inglaterra permaneció en la abadía de Westminster, donde un obispo la leyó y descubrió el gran secreto que estás a punto de conocer. Inmediatamente lo tradujo y constituyó en Inglaterra el movimiento de "El nuevo pensamiento" que después también introdujo en Estados Unidos.

Todas las religiones e incluso la ciencia moderna están basadas en las enseñanzas de Enoch. Escribió en aquella época más de cuarenta obras de matemáticas, cosmografía, cosmología, geometría... Desde entonces, el mensaje de Enoch se ha ido transmitiendo en ámbitos ocultistas y en lenguaje simbólico, para que solo los más preparados pudieran comprenderlo. Y aquellos que lo entendieron, dominaron el mundo...

Personas como: Einstein, Buda, Platón, Aristoteles, Newton, Víctor Hugo, Shakespeare, Edison, Beethoven....

¿Estás preparado entonces para conocer las siete leyes herméticas?

PRIMERA LEY
LEY DEL MENTALISMO, LEY DE AFINIDAD

«Todo es mente. El universo es mental»

Más allá del cosmos, del espacio-tiempo, de todo lo que está en movimiento y cambio, se encuentra la realidad sustancial, la verdad. El 99% del universo es espiritual y solo el 1% es material, que podemos percibir por medio de nuestros sentidos.

Todo cuanto nos rodea es denominado materia, pero más allá de lo que vemos y percibimos o incluso comprendemos, está la realidad, el todo, el espíritu, la fuente, lo que muchos llaman Dios. Una mente infinita y viviente que está detrás de todo lo que entendemos como el creador.

Todo cuanto hay en el universo pertenece a una creación mental, nos movemos, vivimos, pensamos, creamos dentro de una mente que crea el todo. Somos parte de él, no existe nada fuera del todo. Por esa ley, por afinidad; Nuestros pensamientos atraerán a nuestra vida formas mentales similares. Las circunstancias que se nos presentan son formas mentales nuestras, y su calidad (buena o mala) dependerá de nuestros pensamientos. Por lo que es muy importante que tengamos el control de ellos. Los pensamientos no pueden ser superficiales, tienen que salir desde la consciencia y estar en el grupo de las creencias para que puedan tener el efecto requerido.

La mejor noticia, es que la mente puede ser transmutada. La verdadera transmutación hermética es una práctica, un método, un arte. Consiste en cambiar de naturaleza, de forma. Transformarse en otra cosa. Por lo tanto, tu actitud, tu forma de pensar define toda tu realidad, todo lo que te sucede. Todos tenemos nuestra propia programación y nuestra forma particular de ver el mundo.

Para que algo se manifieste en el plano físico, antes ha sido creado en el plano espiritual o metafísico. Tu realidad no es más que la proyección de lo que creas a nivel espiritual. Tu mundo exterior es el reflejo de tu mundo interior. Eres creador de tu propia realidad, todo lo que vives ha sido creado anteriormente en tu mundo metafísico. Es como si el mundo físico fuera la pantalla donde se proyecta una película. Una película que se ha creado en el mundo invisible, donde se encuentra el proyector de tu vida.

Tienes el poder de crear, no estás destinado a vivir una cosa u otra. Todo lo que acontece lo creas de manera consciente o inconsciente tú mismo. Aquello en lo que más pienses, a lo que dediques más energía será lo que verás manifestado en tu vida. Te guste o no, si tienes pensamientos negativos, de escasez, de pobreza, de injusticias, vas a atraer a tu vida una y otra vez este el tipo de situaciones que vibren con tus pensamientos. Eres una pequeña pieza de este universo, formas parte de esa fuente de energía que lo ha creado todo y por tanto tienes su misma esencia. Eres una pequeña pieza con la capacidad de crear, de crear tu realidad. Allí donde pones tu atención y energía es dónde creas.

Los pensamientos predominantes en ti son los que crean tus circunstancias, tu vida. Es por este motivo que es tan importante realizar el ejercicio para ganar consciencia y saber hacia dónde están orientados tus pensamientos y por ende tu energía. La vida que tienes ahora viene determinada por lo que pensaste hace años, en lo que estabas enfocado entonces. Aquellos pensamientos han ido creando lo que ves manifestado en la actualidad. Sé que cuesta de creer que nosotros mismos hayamos provocado cosas negativas en nuestras vidas, pero así es. La fuente o el universo no tiene capacidad para discernir sobre lo que estás atrayendo a tu vida, no sabe si es bueno o perjudicial para ti.

«El que puede cambiar sus pensamientos, puede cambiar su destino».

Stephen Crane

Cuando temes que algo que no quieres aparezca en tu vida y de esta forma le estás dando foco, seguramente acabará por suceder. Cuando estás muy enfocado en un tema, te guste o no, lo estás atrayendo a tu vida. Inconscientemente estás llamando lo que no quieres. Cuando tenía diecinueve años, un primo mío murió de accidente, fue un golpe muy duro para toda la familia. Él tenía diecisiete años. Recuerdo que yo estaba en casa sola cuando sonó el teléfono y al otro lado de la línea había un amigo de la familia que se encontraba trabajando con él aquella tarde. Casi no entendía lo que me estaba diciendo, estaba muy nervioso y lloraba como un niño. Creo que nunca en mi vida he sentido una cosa tan intensa como en aquel preciso momento, creí que me saldría el corazón por la boca. Solté el teléfono y eché a correr como una loca.

Desde aquel triste día tenía pánico a descolgar un teléfono. Vivía con el miedo dentro de mí. Cuando llamaban estaba muy intranquila y enseguida preguntaba si había pasado algo. Temía por mis padres, por mis hermanos y por todas las personas a las quería. Siempre que iban alguna parte en coche, les repetía una y otra vez que tuvieran cuidado, que no corrieran, que a qué hora llegarían... era un suplicio. Tuve la gran suerte de que aproximadamente un año después apareciera en mi vida una gran persona. Era una de mis profesoras. Es una mujer muy sabia y solo con una frase paró todo este comportamiento en mí. Me dijo: « Cuidado con lo que piensas Gemma. Cuidado si no quieres verlo en tu vida». Y en ese mismo momento empecé a reeducarme. Cada vez que me asaltaba el miedo, solo asomar la nariz, lo cambiaba por un pensamiento hermoso.

No digo que fuera fácil, pero lo logré. Logré hacer desaparecer estos pensamientos del todo y cuando no les das energía, pierden fuerza y se desvanecen. Así que enfócate en lo que quieres, no en lo que no quieres ver en tu vida.

«Ten cuidado con el poder de tus palabras. Somos los únicos conductores de nuestro destino, y lo que decimos tiene la habilidad de llevar nuestros destinos en muchas direcciones».

Yehuda Berg

Aparte del miedo a la muerte, encontramos dos grandes miedos más: el miedo a enfermar y el miedo a la pobreza. Igual que el efecto placebo funciona, también sucede a la inversa. Cuando alguien toma alguna sustancia para solucionar un problema de salud y piensa que le va ayudar, así sucede, aunque sea solo sacarosa. Recuerdo la abuela de una amiga mía. Era una mujer muy mayor y prácticamente ciega. Tenía muchas dificultades para dormir pero el médico decidió que no era bueno para ella continuar con el medicamento inductor del sueño por otros problemas que habían surgido. Después de retirar paulatinamente el somnífero, esa mujer era incapaz de dormir y decidieron darle un placebo. Así que cada noche antes de acostarse le daban una aspirina infantil y dormía perfectamente.

He visto a muchas personas con un gran miedo a enfermar, muchas de ellas están trabajando en hospitales con enfermos oncológicos o en quirófano. El hecho de verlo a diario causa en estas personas un temor profundo de que ellas también puedan desarrollar las enfermedades.

El otro gran miedo, es el miedo a la pobreza. Pero piensa un momento, estamos bombardeados de información, las noticias están constantemente hablando de lo mismo. Del paro, de las personas que se quedan sin paga, que se quedan sin casa, de las personas que no encuentran trabajo. Esto crea un miedo enorme en la sociedad. Y como ya he dicho, creo que es muy importante que selecciones la información que quieres dejar entrar en tu vida y la que no.

Cuando vemos de forma repetida una idea, acabas creando una creencia. Si por la televisión están hablando constantemente de la crisis, quedas para cenar con unos amigos y se continúa hablando del mismo tema y encima llegas a casa y descubres que tu vecino ha cerrado el negocio, creas en tu mente la consciencia de crisis. Así que detecta los pensamientos relacionados con las cosas que no quieres atraer y apenas asomen en tu cabeza cámbialos rápidamente. No te rodees de lo que no quieres ver manifestado en tu vida.

«Ni tus peores enemigos te pueden hacer tanto daño como tus propios pensamientos».

Buda

Dependiendo de tus pensamientos (creencias) tomarás unas u otras decisiones en la vida. Unas decisiones que marcarán el rumbo y te llevarán por uno de los muchos caminos. Allí dónde está tu mente, está tu energía, estás tú y tú únicamente existes en este preciso momento. Debes liberarte de lo que ya pasó, ya no existe. Hay muchas personas que están constantemente enfocadas en su pasado y esto no los deja avanzar. El único momento de poder es AHORA MISMO, mientras estás leyendo este libro.

Solo el 10% del día tienes consciencia de lo que estás haciendo (mente racional), pero el 90% restante estás actuando de manera inconsciente. Por lo tanto, nos pasamos los días en piloto automático, reaccionando a estímulos de forma inconsciente. Nuestro sistema de creencias está detrás de la forma que tengamos de reaccionar a un estímulo y es por este motivo que es sumamente importante que primero identifiques qué creencias son las que no te dejan avanzar en la vida (autoobservación) y que después puedas cuestionarlas y adaptar otras que te ayuden en tu proceso.

La interpretación que hagas de la realidad también viene marcada por tus creencias. Seguramente has oído la frase de que cada uno ve el mundo desde su propio prisma y así es. Dónde unos ven problemas, otros ven aprendizajes; donde unos ven escasez, otros ven oportunidades; donde unos ven rencor, otros ven compasión.

Estamos totalmente condicionados por lo que vemos a nuestro alrededor. Es verdad que las personas que nacen en entornos con más facilidades suelen conseguir las metas que se han propuesto, pero aparte de que tengan una familia rica y con recursos, lo que ven en su entorno es vital. Cuando estamos rodeados por personas superadas por sus circunstancias, de manera inconsciente adaptamos esta idea en nosotros. Pero, ¿recuerdas lo que te contaba de romper la barrera mental? Aunque la humanidad entera piense que algo no se puede lograr, cuando una persona cree y crea este logro, romperá esta barrera que obstaculiza el avance de todos. ¿Que quiero decir con esto? Que aunque provengas de una familia que ha tenido o tiene problemas económicos y que han vivido una serie de fracasos, tú puedes romper esta barrera.

Y entendí que lo imposible es solo falta de imaginación.

Imagina que quieres emprender cualquier cosa. Una persona con un entorno favorable se ve más segura y cree que puede lograrlo. La persona que ha visto una y otra vez el fracaso a su alrededor, que relaciona el dolor a estos fracasos y problemas económicos, tendrá que hacer un trabajo a nivel interno para poder transformar esta realidad. Sin embargo hay muchas personas que han sido muy desafiadas en su infancia y juventud a nivel económico, familiar, académico, de salud y AUN ASÍ se han convertido en personas famosas y multimillonarias que han logrado llegar a su propósito de vida. Siempre hay dos opciones: resignarse y pensar que no va a ser diferente para ti o poner toda tu energía y entusiasmo e ir a por ello, creyendo que lo vas a lograr. Y así será. Piensa que puedes enfrentarte al dolor de la disciplina y la acción, o al dolor del arrepentimiento, eso lo escoges tú.

«Eres la media de las cinco personas con las que pasas más tiempo».
Jim Rohn

«Piensa en grande y tus hechos crecerán, piensa en pequeño y quedarás atrás, piensa que puedes y podrás; todo está en el estado mental».
Napoleón Hill

Todos conocemos a Bruce Lee. Este hombre no provenía de un entorno fácil pero llegó a ser un mito. Aparte de su faceta más conocida, llegó a ser un filósofo y revolucionario pensador. Bruce Lee era conocedor de esta gran verdad, conocía todos los principios que rigen el universo. También tenía el hábito de llevar siempre con él un cuaderno de notas, donde escribía pensamientos y anotaba lo importante. Entre otras virtudes, cabe destacar la autodisciplina que tenía. Hace unos años se encontraron estos cuadernos y allí aparecía una rutina de ejercicios mentales que él realizaba a diario. Voy a compartir un par de esas reflexiones:

«Darme cuenta de mis emociones positivas y negativas y adoptar el hábito diario de promover el desarrollo de las EMOCIONES

POSITIVAS y ayudarme a convertir las negativas en algún uso positivo».

«Reconocer el poder de mi subconsciente sobre mi voluntad. Debo presentarle una imagen definitiva de un PROPÓSITO PRINCIPAL en la vida y de todos los propósitos menores que conducen al propósito mayor, y debo mantener esta imagen CONSTANTEMENTE ante mi subconsciente y REPETIRLA DIARIAMENTE».

La clave para atraer lo que quieres está en tu subconsciente. Tus creencias afectan a tus pensamientos, tu forma de pensar genera en ti emociones y esto hace que tengas una vibración concreta y actúes de una forma afín, llegando a unos resultados u otros. La vibración que generas es la encargada de atraer hacia ti lo que estás pidiendo (sea bueno o malo). Lo que vibras, atraes. Cuando tienes claro lo que quieres, cuando conoces tu propósito, creas una imagen en tu mente (lo visualizas) y es sumamente importante que esa imagen se mantenga diariamente para darle foco y fuerza. En mi segundo libro, hablo sobre cuál es la forma correcta de visualizar para poder materializar.

Observa si lo que estás haciendo en la actualidad te sirve. Observa si los pensamientos que ocupan tu mente y dónde está focalizada tu energía, te acercan a tu objetivo o te alejan. No desperdicies más energía y poder personal. Si lo que piensas no te sirve, deshazte de ello. No hay tiempo que perder, empieza a pensar de manera correcta. Empieza a pensar en lo que deseas, no en lo que no quieres.

Nuestros pensamientos y emociones son físicos en el universo. Si tienes un sueño y te comprometes con él, es un impulso a la realización de este. Cuando te enfocas y en tu interior no hay otra opción válida, todo a tu alrededor cambiará para que veas manifestado lo que quieres lograr. Hay un gran poder en tomar una decisión y comprometerte con tu sueño. Y es a partir de esa decisión donde todo va a empezar.

«Tanto quien dice que puede, como quien dice que no puede, usualmente tienen razón».

Confucio

Todas las personas exitosas comparten una cualidad que casi podríamos calificar de delirio u obsesión. Cuando han conocido cuál era su camino lo han seguido con una fe absoluta y enfocados totalmente en su propósito. Ser realista lleva a la mediocridad, todas las personas que inventaron cosas inconcebibles fueron «poco realistas». Entramos en nuestras casas, apretamos un interruptor y tenemos luz, una cosa bien normal en nuestros tiempos, pero una cosa inconcebible en otras épocas.

Cuando lo qué quieres lograr pasa a ser la única opción en tu mente, simplemente no hay otras. Muchas veces decides hacia donde te diriges y por el camino aparecen dificultades. Tú tienes claro lo que quieres y hacia donde vas, pero puede ser que mientras te diriges hacia ello aparezcan otras opciones, más simples, más fáciles. Muchas personas abandonan su sueño y se paran en otra opción mejor que la que tenían al principio pero no la que soñaban. Si realmente te comprometes a llegar hasta el final, si te comprometes a vivir tu sueño, por muchas otras opciones que aparezcan, no te desviarás de la ruta que has trazado. Cuando tu mente no alberga otra posibilidad diferente a la que te has propuesto, seguirás adelante hasta lograrlo. Cuando esa directriz viene de tu alma, nada te puede detener porque tienes la certeza de que así debe ser.

«Y hay una pregunta que un guerrero tiene que hacerse obligatoriamente: ¿tiene corazón este camino?».

Las enseñanzas de Don Juan. Carlos Castaneda

SEGUNDA LEY
PRINCIPIO DE CORRESPONDENCIA

«Como es arriba es abajo, como es abajo es arriba»
Como es dentro es fuera, como es a nivel espiritual o metafísico es a nivel material o físico. Como es en tu mente (pensamientos) es en tu realidad.

> *«Allí donde esté tu mente, estás tú».*
> *Saint Germain*

Las mayoría de las personas viven basándose en lo que observan, en la información que captan a través de los sentidos, por tanto basándose únicamente en el mundo físico. Pero a estas alturas ya sabes que todo, absolutamente todo lo que existe, es energía y que nuestro cerebro capta únicamente un 10% de la realidad. Sabemos que es en el mundo metafísico (no observable) donde estamos creando continuamente nuestra realidad.

El universo es únicamente una pantalla donde se proyecta lo que creas en el mundo metafísico o espiritual. En el universo se ha plasmado el pensamiento de todos los seres humanos. Como decían Jesús y Platón: «Sois dioses creadores pero lo habéis olvidado».

A muchas personas les cuesta llegar al cambio a causa de su paradigma, de los paradigmas que llevamos toda la vida creyendo. A nivel lógico se piensa que solo se puede modificar la materia en el mismo mundo físico. Los grandes pensadores, como Buda, Platón, los herméticos ya sabían y actualmente los físicos cuánticos y la ciencia afirma, que la materia no se modifica en el mundo físico o material, sino en el mundo cuántico o espiritual (metafísico).

Por lo tanto, ahora sabemos a ciencia cierta lo que los antiguos pensadores ya afirmaban, sabemos que TODOS SOMOS CO-CREADORES de nuestro mundo y que nuestra intención como observadores influye y cambia la realidad. Recuerda el experimento que se realizó con los átomos, que afirma que según el modo que tengamos de mirar las cosas, las cosas que miramos cambian.

Tu forma de pensar y sentir crea tu vida. Todos tenemos sistemas de creencias que llevan con nosotros muchos años o prácticamente toda la vida. Muchas de estas creencias nos limitan en nuestro progreso, pero el miedo a deshacerse de ellas es tal, que la mayoría prefieren continuar como están antes que mirarlas y cambiarlas por otras que les ayuden en su progreso personal.

Cuando en tu vida las cosas no funcionan, tienes problemas de salud, personales, tu trabajo no te realiza... todo esto es un síntoma de que a nivel interno no estás bien. La respuesta de lo que está aconteciendo en tu vida la encontrarás dentro de ti, en tu mundo interno, en tus sentimientos y pensamientos. Las cosas que no van bien en tu vida, no son en realidad «problemas» sino el síntoma o la señal de que tu mundo interno no está bien. Cuando tienes problemas de pareja una y otra vez, es la señal que recibes para que te des cuenta de que a nivel interno no estás funcionando correctamente. Seguramente los pensamientos y sentimientos que tienes no son los adecuados respecto a esa área en concreto. Todo nuestro mundo exterior es un reflejo de nuestro mundo interior. ¿Recuerdas el apartado en el que hablaba del orden ? Una cosa tan simple como el desorden en una casa ya nos muestra un desorden interno en la persona.

Cuando trabajas a nivel interno, rápidamente ves los cambios en tu mundo. Estos principios que estás aprendiendo nunca fallan y cuando eres un buen observador, los ves manifestados una y otra vez en tu vida. Cuando eres un buen observador y te fijas en las personas, rápidamente ves estas leyes manifestadas en su vida. Las personas felices, optimistas, que aprecian la vida y la viven con gratitud no suelen tener «problemas», pero fíjate en los diálogos de las personas que parecen vivir inmersas en situaciones conflictivas. ¿De qué hablan?, ¿Cómo hablan? No falla nunca. Cuando oyes una persona negativa, con su diálogo lleno de críticas y quejas, ¿qué crees que vas a ver en su vida?

El mayor don que tenemos es nuestra capacidad para imaginar. Cuando te enfocas, cuando visualizas de la forma correcta, no tardas en ver tus frutos materializados.

Todo este libro es un trabajo, es un camino en el que vas avanzando paso a paso en el orden correcto para obtener resultados. Si empezáramos por visualizar sin haber trabajado antes toda tu programación, esa programación que lleva tantos años contigo, seguramente te sabotearía y no obtendrías lo que quieres. Lo que está dentro de ti, es lo que ves fuera una y otra vez. Cuando tú cambias internamente, cuando tu paradigma cambia, es cuando tienes la capacidad de empezar a crear de manera deliberada tu vida. Cada una de las células de tu cuerpo está programada, reacciona a una serie de pensamientos y emociones. Cuando empieza tu cambio interior, únicamente con esto, ya empiezas a ver cambios en tu mundo exterior. Con los ejercicios que ya llevas hechos hasta el momento, seguro que ya has tenido cambios positivos en tu vida. Si aún no has hecho todos los ejercicios, es el momento para volver atrás y empezar, porque si no has trabajado aún en ellos es como coger un atajo en este camino que estás transitando y al final los resultados no serán los mismos para los que han visto todas las piedras y hierbas que acompañan al camino, como para los que no.

En nuestra vida podemos apreciar estos «síntomas» de que algo a nivel interno anda mal. De la misma forma como al principio hemos visto cuáles eran tus focos de atención, tus creencias y tus promesas internas, estos síntomas son puertas abiertas que te brindan la oportunidad de indagar en ti y descubrir que más hay que no te deja prosperar en el ámbito que te afecta.

La mayoría de personas viven sintiéndose víctimas de las circunstancias, adoptando este rol, pero recuerda que TENEMOS EL PODER para crear y con este principio que estás conociendo ahora mismo se ve muy claro. Todo lo que experimentamos, todo, es un reflejo interno.

Ponte delante de un espejo y mírate a los ojos. ¿Cómo te ves? ¿Te ves merecedor, crees que mereces una vida maravillosa? ¡Por supuesto que sí! Cuando nos miramos al espejo, normalmente lo hacemos de manera superficial, nos peinamos, nos lavamos los dientes y en algunos casos nos criticamos. Pero, tómate unos minutos para conectar contigo mismo. Mírate a los ojos, mírate y siente amor por este cuerpo que te alberga. Mírate y prométete que vas a triunfar en la vida porque te lo mereces.

Mientras tú sepas quién eres, no tienes nada que demostrar a nadie.

En el mundo metafísico, donde se encuentra el proyector de nuestra vida, ya existen todas las posibilidades. En el mundo metafísico ya existe un tú triunfador, un tú fracasado, un tú carismático, un tú exitoso, un tú triste, un tú con relaciones maravillosas, un tú pobre, un tú saludable, un tú feliz, un tú realizado, un tú lleno de vitalidad...esto es lo que los científicos llaman el espacio de las variantes. Todas estas posibilidades ya están presentes en el mundo metafísico y son infinitas. Absortos por la película que se ve reflejada en la pantalla, se asume que lo que se muestra es la realidad y se cree que está fuera de nuestro control. Pero cuando conoces todos estos principios sabes que puedes acceder al proyector y cambiar lo que estás viendo. Conociendo todo lo que has visto hasta ahora, puede ser que te preguntes cómo es que tienes la vida que tienes si no es lo que quieres. Pero recuerda que el universo es mental y lo que piensas se manifiesta. Cuando estás enfocado en querer evitar una cosa, la estás atrayendo. Esa imagen mental que tienes y mantienes, es la que hará materializar esta opción dentro del mundo de las variantes.

Cuando hacía el curso de ensoñación, había una página donde compartir nuestras experiencias y logros con el resto de personas que formábamos el grupo. Controlar el ensueño y poder llevar a cabo los ejercicios que tocaban no era una tarea sencilla, desde luego. Recuerdo lo que escribía siempre Agustín después de un escrito donde alguien comentaba que él aún no había logrado ningún objetivo. Siempre respondía diciendo que si se lograba, se comentaba y que si no se podía, no se comentaba.

Lo que tú piensas y la imagen mental que creas y mantienes, es la encargada de atraer hacia ti esa posibilidad. La energía se dirige hacia aquello a lo que prestas atención, hacia aquello a lo que das foco. Como sabemos, estos principios jamás fallan, así que, sea lo que sea que pienses, sea bueno o malo para ti, seas consciente o no, lo verás manifestado en tu vida. Y es por este motivo que la película que vemos proyectada es la película de nuestras creencias.

El mundo físico posee más densidad, por este motivo puede llevar su tiempo el ver materializado lo que creas en el mundo metafísico. Pero todo tiene un proceso de gestación. Muchas personas empiezan a visualizar cada día una cosa en concreto y al cabo de unos días abandonan, pensando que no funciona. La primera cosa a tener en cuenta aquí, es lo que ya he comentado hace un momento. Debemos ver como están nuestras creencias porque estas serán las que crearán nuestra película. Y la segunda cosa es que necesita un tiempo, necesita su proceso. Es como si quisiéramos cambiar el estado del agua. En el mundo metafísico encontramos vapor y en el mundo físico encontramos hielo; este proceso de cambiar la densidad, necesita su tiempo.

Todo tu mundo es un reflejo de ti. ¿Cómo hablas?,¿cómo te mueves?,¿cómo te tratas? ¿Te alabas o te castigas?, ¿te amas o te detestas? ¿Cómo puedes esperar que la gente te quiera y te respete si tú no lo haces? Muchas personas sufren con las relaciones. Muchas personas son engañadas una y otra vez por sus parejas, repiten un patrón. Y la simple cuestión aquí es: ¿se quiere, se acepta y se respeta esa persona? ¿se cree merecedora de vivir una bonita historia con una persona que la ame y la respete?

Otras personas siempre tienen problemas económicos pero ¿cómo están sus creencias? ¿creen que tener dinero es bueno?, ¿creen que el dinero corrompe a la gente?, ¿creen que si no trabajas duramente no puedes tener una tranquilidad económica?, ¿cómo ven a la gente rica?, ¿se ven merecedores de tener mucho dinero?

Las creencias que aún están dentro de ti son las directoras de lo que está aconteciendo en tu vida, día tras día. Tu programación es la que crea tu vida.

Como es arriba es abajo, como es en nuestro mundo metafísico es en nuestro mundo físico y materializaremos la posibilidad a la que prestemos más atención, a la que le demos foco y energía. Como son tus ideas, como son tus pensamientos es tu realidad.

Nosotros creamos en ese mundo intangible lo que será nuestro mundo físico. Creamos en el mundo invisible los cimientos de nuestra vida. Creamos como será nuestra salud, nuestro estado de ánimo, nuestras relaciones, nuestro nivel de vida, nuestro trabajo, etc. Debes escoger la variable de la persona que quieres ser, pensando y sintiendo que ya eres esa persona. Hablando y comportándote como si ya fueras tu mejor tú, como si ya fueras tu mejor versión, como si ya hubieras alcanzado el éxito que quieres tener. Cuando creas la imagen mental de lo que quieres ser, de lo que quieres lograr y lo visualizas con todos los detalles posibles y así lo sientes, más rápidamente vas a verlo en tu vida. Una de las cosas que se hacen mal a la hora de visualizar es el no enfocarse en el final. Normalmente se crea todo un recorrido mental que explica cómo llegas al final, a lo que consigues, pero lo importante no es el CÓMO si no el QUÉ.

Es importante visualizarse con lo qué quieres lograr, solo con esto, de lo demás se encargará el universo. Él será el encargado de irte guiando por el camino que te llevará a tu éxito final. Muchas veces nos perdemos pensando en cómo llegará, en cómo lo lograremos, vamos trazando en nuestra mente toda una larga fila de hechos que nos llevan a lo que queremos. No pierdas energía en eso. Cuando visualices, empieza por el fin. Visualízate con tu logro, lo demás ya vendrá. Crea la imagen mental de ti disfrutando ahora de lo que quieres lograr, crea ya mismo el sentimiento de que lo que anhelas ya está presente en tu vida, ya lo estás disfrutando en la actualidad y así será.

Cuando más enfoque tengas hacia lo que quieres, más rápidamente va a cambiar todo para llevarte hacia ello. No importa cuál sea tu situación actual, crea en tu mente una imagen clara, piensa a todas horas en lo que quieres, intégralo en tu vida, hazlo real, vívelo, siéntelo como si ya fuera tu realidad.

Cuando vives como si ya tuvieras lo que deseas, estás emitiendo exactamente esa vibración y por tanto, atrayéndolo con fuerza hacia tu realidad. Cuando visualizas o simplemente piensas en lo que quieres en tu vida pero lo haces desde una energía de carencia, de desesperación, de necesidad, eso es lo que vibras y continuarás en el mismo estado. Tienes que aprender a sentirte ya dueño de lo que quieres y a sentir que ya eres la persona que quieres llegar a ser. De alguna manera, empiezas fingiendo tener lo que vas a incorporar a tu realidad.

Imagina que la realidad es un lienzo donde pintas continuamente lo que está en tu interior. De alguna forma, es como si nuestra mente escogiera la variable del mundo metafísico y nuestra emoción le diera vida. Debemos tener el sentimiento de haberlo logrado, no únicamente pensarlo. De la misma manera que tienes que tener muy claro qué es realmente lo que quieres, cuanto más clara sea la imagen, más fácil y rápido será atraerla hacia ti. Cuando unes la energía de tu mente y de tu corazón, la señal que mandas al universo es tremendamente poderosa.

Los pensamientos tienen energía, pero los sentimientos poseen una energía mucho mayor; las ondas que emite nuestro corazón son mucho más potentes. Cuando ves en tu cabeza lo que has logrado y te sientes feliz, completo, agradecido, dichoso, merecedor, satisfecho, seguro...estos sentimientos son los que emanan de ti. Estos sentimientos harán lo oportuno para que lo que los crea se manifieste en tu vida. La imagen mental, lo que imaginas que origina todos estos sentimientos irá tomando forma en el mundo metafísico, en el mundo de las posibilidades para que pueda materializarse.

Selecciona lo que quieres, crea una imagen clara en tu mente. Cuando no sabes exactamente qué es lo que quieres mandas una señal confusa y atraerás cosas de forma aleatoria a tu vida. Busca un momento en el día donde puedas estar tranquilo y escribe. Escribe cómo sería tu vida perfecta en todos los aspectos. Cómo sería tu familia perfecta, cómo sería tu trabajo perfecto, cómo sería tu economía perfecta, cómo sería tu salud, cómo sería tu pareja, cómo sería tu relación con tus hijos, cómo sería tu relación con tus padres y otros familiares, cómo sería tu cuerpo...en definitiva cómo sería toda tu realidad perfecta. Cuando lo escribes ya vas formándote una imagen mental y ganas claridad. Escribe con consciencia y coherencia, como si escribieras una carta a los Reyes, sabiendo que todo lo que ahí está escrito se va a manifestar. Cuando al cabo de unos años leas este papel, te vas a quedar sorprendido de todos los resultados que has tenido. Yo conservo muchos papeles donde detallaba exactamente lo que quería en mi vida y tal cual lo escribí lo obtuve. Cuando escribes, vas perfilando la imagen mental. Esta imagen mental que creas la debes tener siempre presente y sentirla en tu día a día, de esta forma le das fuerza.

Cuando te propones una cosa concreta, creas una imagen bien clara en tu mente y la vas viendo muchas veces durante el día...le das energía, la sientes, le das alegría, la vives y estás totalmente enfocado en ella, no tardarás en verla manifestada. Es como ir por una autopista. Es por este motivo que las personas que tienen más éxito muchas veces se describen como personas obsesionadas con su propósito. Son personas que viven su tarea, están permanentemente enfocadas hacia su meta, no se sienten cansados; al contrario, experimentan un aumento de energía, vitalidad y entusiasmo. Cuando haces lo que has venido a hacer, te llenas de energía y felicidad.

Entonces, el mundo es un espejo que te devuelve el reflejo de lo que tú le das. Si crees que el mundo es hostil, será hostil para ti, si crees que la vida es una lucha, así vivirás, si no estás conectado con el mundo, esté te dará la espalda. Todo viene determinado por la actitud que tengas. Cuando tengas claridad y vayas rompiendo todas estas limitaciones que te has puesto, vayas cambiando todas esas creencias que te impedían avanzar...no tendrás que ir a buscar tu sueño porque él te encontrará a ti.

Vive en tu sueño, vive como si ya todo fuera real.

TERCERA LEY
PRINCIPIO DE VIBRACIÓN

«Nada está inmóvil, todo se mueve, todo vibra»

Todo está en movimiento, nada permanece inmóvil. Todo este conocimiento que ha sido revelado mucho tiempo atrás, hoy también puede ser comprobado por la ciencia. La diferencia entre las manifestaciones de la materia, de la mente y del espíritu, radica en su tipo de vibración.

Desde el plano más elevado hasta la más densa materia, todo vibra y todo se mueve. Desde el todo que es espíritu, hasta nuestros pensamientos y nuestros cinco sentidos. Las moléculas, los átomos, nuestras células están en un continuo movimiento. La cantidad de estos movimientos, marcará la calidad de la vibración. Si es rápida, es positiva, si es lenta, negativa.

El espíritu es uno de los polos de vibración, constituyendo el otro polo las formas de materia más densas. Entre los dos polos hay millones y millones de diferentes densidades y por tanto de diferentes vibraciones. La ciencia ha comprobado que todo lo que llamamos energía o materia no son más que modos de movimiento vibratorio. Cada cosa es lo que es por su vibración.

Para entender esta ley podemos usar el ejemplo de una rueda girando. Supongamos que la rueda gira lentamente, entonces afirmaríamos que se trata de un objeto, ya que al girar despacio lo podemos ver fácilmente, pero no oímos el menor sonido. Si aumentamos la velocidad, empezamos a oír una nota baja y grave. A medida que va creciendo la velocidad con la que gira la rueda, la nota que oímos se va elevando en la escala musical y cuando al final se llega a cierto límite de velocidad, la nota ya no es percepti-

246

ble para el oído humano. No podemos oírla ya, pues la intensidad del movimiento es tan alta que nuestro oído no puede registrar las vibraciones. Lo mismo pasa con la vista; al empezar a hacer girar la rueda, empezamos a observar sucesivos grados de color. Primero, el ojo empieza a ver un color rojo oscuro que va haciéndose cada vez más brillante a medida que incrementa la velocidad. El rojo se va a convertir en naranja, el naranja en amarillo, después seguirán varios matices de verdes, azules y violeta, y si la velocidad sigue creciendo llegará un punto en que desaparecerá todo color ya que el ojo humano es incapaz de percibirlo.

Es por esta razón que la vibración creada por nuestros pensamientos y emociones se ve reflejada en el mundo que nos rodea. Nuestra mente y la energía que emana de nuestro corazón están en un polo, y el mundo físico, la energía densa, en el otro, que se encuentra supeditado a lo que pensamos y sentimos. Tú creas en tu mundo mental y emocional lo que se verá reflejado en tu mundo físico.

La doctrina hermética afirma que toda manifestación de pensamiento, emoción, razón, voluntad, deseo o cualquier otro estado mental, va acompañado por vibraciones que emanan al exterior y tienden a afectar a las mentes de los demás por «inducción».

Como dijo una de las más antiguas autoridades herméticas: «Aquel que ha aprendido el principio de vibración ha alcanzado el cetro del poder».

Que la vida gire dentro de un entorno positivo, dependerá de que trabajes internamente para lograrlo. Puedes elevar la vibración de tus pensamientos con la meditación, las afirmaciones y las frases de poder. Con ello poco a poco, lo que empieza como una letanía termina grabándose en tu subconsciente, provocando cambios naturales de acción. Por tanto, la resolución de tu vida será positiva.

Puedes cambiar tu mundo mental rompiendo los patrones establecidos y transformando las creencias que te limitan. Cuando optas por pensar y actuar negativamente, estás manteniendo una constante baja vibración. Si te empeñas en vivir dentro del odio, el rencor, la envidia, la tristeza, el dolor o la corrupción, estás atrayendo hacia ti acontecimientos y personas de la misma calidad vibratoria. Las vibraciones similares vibran juntas, por este motivo atraes a tu vidas lo que vibras. Cuando cambias positivamente, aparecen delante de ti nuevas personas y oportunidades que te llevan a crear lo que deseas crear.

> *«No tienes que cambiar lo que no quieres. Solo tienes que enfocarte en lo que quieres».*
>
> *Lynn Grabhorn*

De la misma manera, los pensamientos provocan emociones de igual calidad. A su vez, las emociones producen sustancias químicas en tu cuerpo de la misma calidad. Es aquí cuando tu físico refleja alguna enfermedad o dolor. Tu vibración inferior materializa la vibración exterior. Cuando estás enfocado en cosas negativas, tu cuerpo también va a reflejarlas.

Cuando decides vivir dentro del amor, el servicio, la alegría y la felicidad, tu vida transcurre dentro de este mismo flujo. De igual manera, tus pensamientos positivos, desencadenan sentimientos positivos que se verán reflejados en tu vida por medio de acontecimientos brillantes y continuos milagros. Las sustancias químicas que se esparcen dentro de tu cuerpo a causa de estos pensamientos, se reflejarán manifestando salud y vitalidad. Lo qué das regresa a ti.

Cada uno de nosotros emitimos una vibración, cada una de nuestras células emite una vibración. Dependiendo de la vibración que emitimos vendrán unas cosas u otras a nuestra vida. Tu trabajo ideal emite una vibración, la pareja de tu sueños, emite una vibración; la casa que deseas emite una vibración. Cada cosa tiene su propia vibración. Tus pensamientos emiten una vibración que se expande en todas direcciones. Actualmente ya se pueden medir las ondas que emite nuestro cerebro cuando estamos pensando. De igual forma, también se pueden medir las ondas eléctricas y magnéticas que emite nuestro corazón. Las ondas que provienen de nuestras emociones, de nuestro corazón, son miles de veces más potentes que las que emite nuestro cerebro. Es por este motivo que cuando visualizamos lo que queremos, debemos sentirlo. El lenguaje del universo es el sentimiento.

«No atraes lo que quieres, atraes lo que eres».
Wayne Dyer

Cuando puedes unir lo que emite tu mente con lo que emite tu corazón, envías una señal muy potente que atrae lo que vibra de igual manera hacia ti. Cuando puedes realizar tu unión alma-mente y aparcas tus resistencias, empiezas a atraer lo que deseas hacia tu vida. Lo importante es lo que sientes, no lo que piensas. Pero ten presente que los sentimientos son generados por los pensamientos. Por este motivo, alma y mente deben ir unidas. Si cuando haces una visualización o repites tus frases de poder, hay un sentimiento de incoherencia, será eso lo que estés mandando. Si al hacer una afirmación tienes un sentimiento de incoherencia, mira qué creencia existe aún que te haga experimentar este sentimiento y trabaja en ella.

Todo en el universo está vibrando; seguramente ahora estás sentado en una silla o sofá pero si los mirases al microscopio verías que en realidad lo que te está sujetando es nada, es tan solo energía, una danza infinita de moléculas. Todas las cosas que puedes ver e imaginar, están compuestas por millones de átomos en movimiento, al igual que nosotros. Absolutamente todo es energía. En nuestro mundo físico se usan los términos de átomos, moléculas, iones, etc, mientras que en el mundo metafísico se estudia en términos de ondas.

Tú emites una vibración, cada una de tus células vibra a esa frecuencia, del mismo modo que cualquier cosa que te rodea posee también una vibración específica. Debes adaptar tu vibración a la de las cosas o circunstancias que quieras atraer a tu vida. Ya sabes que las vibraciones semejantes vibran juntas. Es como si fueras en el coche y quisieras sintonizar una emisora de radio concreta; si no estás en la misma frecuencia, no lo conseguirás. Si la emisora está en el 98.8 y tu sintonizas el 103.3 no podrás escucharla. Y este ejemplo es aplicable a todo. Debemos emitir una vibración concreta para sintonizar con la que queremos atraer.

Según el conocido documental El Secreto, «todo lo que tienes en tu vida lo has atraído tú, mediante tu vibración». Seguramente muchas personas pensarán que no puede ser, pero estoy segura de que conocéis a alguien que tiene una vida complicada y llena de problemas. ¿Has oído alguna vez la frase: «tiene el corazón en la boca»? Significa que lo que sale por la boca, lo que decimos, proviene del corazón. Cuando veas personas con dificultades, únicamente observando unos minutos su discurso verás el porqué. Por eso insisto tanto en reeducarnos a la hora de hablar, ya que el lenguaje que usemos va a afectar de forma directa nuestra vida.

Cuando conoces a alguien y eres buen observador, enseguida puedes saber cómo está su vida, únicamente por las palabras que emplea. El lenguaje es una gran herramienta, siempre y cuando lo uses a tu favor. Ya sabes que tu vibración viene dada por tus pensamientos y emociones y esa frecuencia sintonizará con las variables que emitan la misma frecuencia y las atraerá hacia ti por la ley de la atracción.

«Eres un imán viviente. Lo que atraes a tu vida está en armonía con tus pensamientos dominantes».

Bryan Tracy

Es imposible tener malos pensamientos y sentirse bien o tener buenos pensamientos y sentirse mal. Puedes escoger cómo quieres sentirte y puedes usar imágenes mentales, recuerdos que te den bienestar; sentir la gratitud de lo que eres o tan solo por el hecho de vivir, puedes sonreír y tu humor va a cambiar. Todos los malos pensamientos tienen una frecuencia vibratoria baja, te hacen sentir mal y todas y cada una de tus células así vibrarán. Es una vibración más baja, más lenta, más densa. Recuerda el ejemplo de la rueda al girar. Cuanto más alta es la velocidad, más alta es la frecuencia.

En el mundo cuántico o metafísico la vibración es más alta, por ese motivo tienes que elevar la tuya para poder crear ahí lo que quieres manifestar en el mundo físico, donde la energía es más baja. Cuanto más eleves tu vibración, más cosas maravillosas atraerás a tu vida. Cuando empiezas a sentirte bien y a estar profundamente agradecido, las cosas buenas aparecen en tu vida. Con los pensamientos correctos te sientes bien, elevando tu vibración y atrayendo más y más cosas positivas.

Cuando estás enfocado en tu sueño y lo creas a nivel mental, en el mundo metafísico ya existe. Tardará más o menos en verse materializado, ya que en nuestro mundo físico la vibración es más densa y deberá bajar su vibración. Para entenderlo, podríamos pensar en el agua; al calentarse obtenemos vapor, ese vapor sería lo que encontraríamos a nivel cuántico y para materializarse a nivel físico debe recobrar su densidad convirtiéndose en agua.

Nuestra vibración depende de lo que pensamos y sentimos, pero estos pensamientos y emociones, a su vez, vienen dados por las creencias y promesas internas que nos dirigen. Aquí radica la importancia de cuestionar y eliminar nuestras creencias limitantes. Si mientras vas avanzando aparecen más resistencias y creencias que te frenan, cuestiónalas y cambia tu pauta para seguir emitiendo una vibración alta.

Como verás, la GRATITUD y el PERDÓN son otros dos factores claves para poder elevar aún más tu vibración. Y ahora, déjame que te haga unas preguntas....

¿Cómo comienza tu día?, ¿Qué piensas?, ¿Cómo te sientes? Muchas personas al despertarse ya se sienten enfadadas o inquietas por lo que les depara la jornada; esa vibración y patrón mental, condicionará por supuesto todo su día y de igual manera, toda su noche, ya que es posible que vaya a dormir con muchos pensamientos negativos. Y esto acaba convirtiéndose en una espiral, en un círculo vicioso. Aunque tu situación actual no sea la idónea, si cambias los pensamientos negativos por pensamientos positivos, estos últimos tienen la capacidad de anular a los primeros. Las vibraciones altas tienen más fuerza y poder que las bajas.

Nuestra vibración condiciona totalmente nuestro mundo. En 1972, se realizó un experimento en 24 ciudades de Estados Unidos. Se cogió a un grupo de personas entrenadas para evocar un sentimiento de paz de manera muy específica. Estas 24 ciudades tenían una población superior a 10.000 habitantes. Lo que ocurrió es que durante el tiempo en que estas personas se encontraban sintiendo y evocando esa paz, en la ciudad se comenzó a ver un descenso en el registro de crímenes, robos y accidentes de tráfico. En algunas ciudades como Chicago, el mercado de acciones subió mientras ese grupo de personas realizaban el experimento.

En el momento en que el experimento se detuvo, todas las estadísticas se revirtieron. Después, realizaron el mismo estudio una y otra vez, durante tanto tiempo que el efecto pudo ser medido y luego aplicado a una investigación aún más grande, documentada en el Journal Conflict Resolution, en 1988. Este segundo experimento fue llamado Proyecto internacional de paz en Oriente Medio. Lo que ocurrió es que durante la guerra entre Israel y el Líbano a finales de los años ochenta, se volvió a entrenar a personas para que transmitieran ese sentimiento de paz en diferentes localidades del Líbano e Israel. Y durante el tiempo que llamaron «la ventana», mientras esas personas evocaban ese sentimiento de paz, las actividades terroristas desaparecían, los crímenes hacia otras personas bajaban, la actividad en los hospitales disminuía. Realizaron este experimento en diferentes días de la semana, en diferentes momentos del día para asegurarse que no se debiera a otras causas. Incluso lo realizaron en diferentes meses del año y diferentes partes del mes para verificar que el ciclo lunar no tuviera que ver.

Cuando terminó el experimento, se vio que las correlaciones eran tan altas, que cuando un cierto número de personas empiezan a sentir paz o tienen el sentimiento de estar sanando sus cuerpos, el efecto se desplaza más allá del lugar físico donde se encuentran.

Este experimento fue tan preciso que las estadísticas ayudaron a determinar el número exacto de personas que se necesitan para que este efecto se ponga en marcha. El efecto se empieza a notar cuando un cierto número de personas participa y esa mínima cantidad de personas es la raíz cuadrada del 1% del total de la comunidad. Eso significa que en una ciudad de un millón de habitantes, solo se necesitaría a 100 personas. Impresionante, ¿verdad?

Para poder tener una vibración fuerte, alta y concreta, debes sentir intensamente en ti lo que quieres ver modificado en tu mundo; debes sentir la emoción de tu deseo ya cumplido. Cuando te enfocas en algo, cuando quieres cambiar alguna cosa en tu vida, debes dar gracias por adelantado y sentir que ese cambio ya ha sucedido. Cuando tienes ese sentimiento de que ya has logrado lo que quieres, tu nueva vibración lo atraerá a tu vida. Por tanto, cuando se pide: «Dios dame salud», «Universo, dame felicidad», «Dios, dame abundancia»… en estos casos se está reflejando la ausencia de lo que se pide y esto es lo que se manda a nivel vibratorio.

Es importante que mantengas la vibración de lo que quieres atraer a tu vida y aunque al principio te pueda parecer un objetivo muy lejano, a poder de mantenerte en la frecuencia adecuada y de tomar acción física, se irá acercando a ti. Al principio es como hacer teatro: te imaginas conduciendo el coche que te gustaría conducir, imaginas que vas al trabajo que deseas tener, etc. Cuando haces esto, a parte de atraer lo que quieres también es una energía que tiene un impacto en tu entorno. Por ejemplo, cuando tú te ves y te sientes bello, así es como te ven las personas de tu alrededor, al igual que cuando te sientes agradecido, cuando te sientes amado, cuando te sientes rico...

Una vez, ya hace muchos años, vi una entrevista que le hacían a Alejandro Jodorowsky, en la que hablaba de psicomagia. La psicomagia es una técnica creada por él mismo, donde llevado por su intuición, «receta» actos psicomágicos a las personas, para que estas puedan sanar o cambiar áreas importantes en su vida. A través de estos actos, se crea un impacto en el subconsciente de la persona que lo realiza. Normalmente, estas acciones tienen una dificultad emocional y precisamente por el hecho de que no es fácil, se logra crear cambios a nivel subconsciente que se ven después plasmados en la vida de la persona que lo ha llevado a cabo. En esa entrevista dijo una frase que quedó grabada en mí: « Si tú vas por la calle creyendo firmemente que eres dueño de una larga cabellera rubia, eso es lo que la gente verá». Volvemos a la importancia de CREER Y A POSEER lo que deseas, porque la vibración que emites modifica tu realidad. Así como tú te ves, te verán.

En mi caso, cuando empecé a trabajar, vivía en la playa a unos 40 minutos en coche de mi consulta. Yo tenía mi querido coche y casi siempre lo usaba, pero los días que llevaba el coche de mi pareja, que era más nuevo y de una mejor marca, el número de personas que me llamaban para venir a mi consulta aumentaba muchísimo. Así que me detuve y observé qué era lo que estaba pasando. Cambié de coche varias veces y siempre ocurría lo mismo. Cuando yo iba al trabajo con el coche nuevo, me sentía diferente, me sentía más exitosa, más profesional y así se reflejaba fuera. Lo que sientes ahora mismo es lo que marcará tu futuro. Es en el ahora donde tienes la llave para abrir las puertas que aguardan para ti.

Quiero compartir una bonita historia de Jorge Bucay que leí un día: Esta historia sucedió en un pequeño pueblo pesquero, en las islas Baleares...

«Hubo un tiempo en el que los barcos recorrían el Mediterráneo y se detenían en los puertos de las islas y allí cargaban y descargaban sus mercaderías y se aprovisionaban de todo lo necesario para seguir el viaje. Los marineros, mientras tanto, repetían el mismo ritual, corrían a la taberna para gastarse hasta el último centavo en vino y mujeres, y cuando el dinero se acababa dos o tres días

después, volvían al barco saturados de alcohol para dormir hasta que el carguero volviera a hacerse a la mar.

Un día, dos marineros cruzaban el viejo puente de madera construido sobre el río, camino a la taberna. Su barco había entrado en el puerto muy temprano esa mañana y la mayoría de sus compañeros se habían adelantado colgándose literalmente de los camiones de transporte para llegar al pueblo. De pronto, el más joven de los dos amigos se quedó mirando por encima de la barandilla hacia la costa del río.

- ¿Qué haces? —dijo el otro.

- Ven, ven, mira… ¿no te parece hermosa?

El otro miró hacia abajo y vio a una campesina que lavaba la ropa a orillas del río. Pensó que no se refería a ella, jamás utilizaría la palabra hermosa para describirla, sobre todo porque dada su edad y sus costumbres, cualquier mujer que aparentara tener más de veinticinco años era considerada una vieja.

- ¿De quién hablas? —le preguntó.

- De esa mujer…La que lava la ropa. ¿No la ves?

- Sí, sí la veo, pero no entiendo qué le ves de hermosa…Mira, en la taberna nos esperan decenas de mujeres mucho más jóvenes, mucho más guapas y con toda seguridad, con más deseos de complacernos que ella. ¡Vamos, vamos, date prisa!

- No —dijo el más joven—, tengo que hablar con ella… Vete tú, te veré en la taberna. Dicho eso, empezó a caminar por el sendero que llevaba al río.

- ¡No tardes demasiado! —le gritó el otro desde lejos y siguió su camino hacia el pueblo.

El marinero se acercó hasta la orilla y en silencio se sentó en el césped a unos pocos metros detrás de la joven, sin animarse a hablarle. La muchacha siguió con su trabajo durante más de media hora y luego se puso de pie, seguramente para volver a su casa, cargando la cesta de la ropa ya limpia.

- ¿Me permites que te ayude? —dijo el joven, haciendo el amago de llevarle la cesta.

- ¿Por qué? —respondió ella.

- Porque quiero —dijo él.

- ¿Por qué? —repitió ella.

- Porque me gustaría caminar un rato a tu lado—afirmó él con sinceridad.

- Tú no eres de aquí. Vivimos en un pueblo muy pequeño y aquí no está bien visto que una mujer soltera pueda caminar hasta su casa acompañada de un extraño.

- Entonces… déjame llevar la cesta para conocerte y que me conozcas. La muchacha sonrió sin decir nada y empezó a caminar hacia el pueblo.

- ¿Cómo te llamas? —se atrevió a preguntar él después de diez minutos de marcha.

- Nácar —dijo ella.

- Nácar —repitió él— añadiendo: Eres tan hermosa como tu nombre. Tres horas después, el muchacho entraba en la taberna y buscaba a su amigo entre el mar de gente y la nube de humo espeso que llenaba el tugurio. Cuando sus ojos se acostumbraron a la oscuridad, vio a su amigo que gesticulaba desde un rincón pidiéndole que se acercara. Dos hermosas mujeres casi colgaban de su cuello, riendo con él.

- Si llegas a tardar un poco más, te quedas sin probar el vino—le dijo cuando lo tuvo cerca.

- Escúchame… —dijo el joven— necesito tu ayuda.

- Claro hombre, yo pago.

- No, no me entiendes, me quiero casar.

- *¡Ah, yo también! ¿Prefieres a la morena o a la pelirroja?*
El más joven sacudió a su amigo suavemente, quería conseguir que su mente venciera el vino y lograra prestarle atención.
- *Pretendo casarme con Nácar, la muchacha que vimos hoy desde el puente y necesito tu ayuda.*
- *Creo que estuviste demasiado tiempo navegando —dijo su amigo, entendiendo que el jovencito hablaba en serio. Es muy habitual entre los novatos como tú. Después de pasar más de tres semanas a bordo, pisan tierra y se enamoran de la primera mujer que encuentran. Yo lo entiendo y lo he vivido, pero casarse por eso es una locura...*
- *Puede ser, pero la vida en sí es una locura. El amor es una locura y la felicidad también lo es. No quiero que me juzgues, amigo, solo quiero que me ayudes.*
La tarde caía cuando los dos marineros, con su uniforme de ceremonia, tocaban a la puerta de la casa donde vivía Nácar. El ritual de la isla decía que el pretendiente debía concurrir a casa de la novia con su padrino de boda para pedirle al padre, la mano de su hija. Este reclamaría una dote, como era la costumbre, y si llegaban a un acuerdo, se establecería, en ese momento, la fecha de la boda.
- *¿Estás seguro de lo que haces? —preguntó el improvisado padrino.*
- *Más que de ninguna otra cosa —dijo el pretendiente. El dueño de la casa apareció y el padrino se adelantó y le dijo parsimoniosamente:*
- *Mi amigo me ha encomendado que le acompañe para pedirle a su hija en matrimonio*
- *Ah, su amigo es muy afortunado al pretender casarse con una de mis hijas —dijo el hombre. Supongo, que venís por Ana. Ella es realmente una joya única, para nosotros a pesar de que tie-*

ne dieciocho años, es toda una mujer. Siempre supimos que sería la primera en dejarnos. No solamente es bellísima, sino también sensual y saludable, nunca estuvo enferma. Como comprenderás, nos costará mucho dejarla ir con tu amigo, pero como veo que sois buena gente, os la daré por el valor de veinte vacas.

- No quiero menos, mira, lo vale —pero no es Ana la pretendida.

- ¡Oh que agradable sorpresa —dijo el hombre—. Yo creía que ya no quedaban jóvenes que valoraran la inteligencia. Rubí es la más inteligente de las tres. Aunque no tiene el cuerpo perfecto de su hermana menor, lo compensa con una mente brillante. Será una sagaz compañera y una amiga fiel, no dudo que será una excelente madre. Por ser vosotros, os la puedo dar por trece vacas y no dudéis, es muy buen precio.

- Se lo agradezco mucho, señor, pero a quien mi amigo pretende pedir en matrimonio es a su hija Nácar.

Aunque intentó disimularlo, un gesto de sorpresa pasó por la cara del hombre.

- ¡Nácar! Claro, sí, Nácar. Me parece...me parece... —el hombre trataba de encontrar una palabra que no conseguía hallar, atropellado por la sorpresa.

- ¡Maravilloso! —dijo al fin—. Solo un hombre inteligente y bondadoso puede ver la belleza oculta en una mujer. Indudablemente tiene mucho que aprender, pero tiene una gran disposición. Es una oportunidad para conseguir una buena esposa y a buen precio.

- Considerando que es la mayor, te la daré por el valor de siete vacas...bueno quizás seis. Pero no menos, ella tiene su valor también.

- Señor —dijo en ese momento el pretendiente—, permítame que le confirme en persona mi decisión de casarme con su hija Nácar. Solo quiero poner una condición con respecto al precio.

- No abuses de tu futuro suegro, querido joven.

- *El pequeño tema de su cojera es un asunto sin importancia... No se puede conseguir nada por ese precio en esta isla.*

- *Justamente por esto —dijo el joven— quisiera tomarla como esposa; pero quiero pagar por ella el equivalente a veinte vacas, como pides por la menor de tus hijas y no solo seis.*

- *¡Qué dices! ¿Estás loco? —dijo su amigo tratando de frenar su estupidez—. Dijo que te la daría por seis, además cojea. ¿Por qué quieres pagar más?*

- *Porque no creo que ella valga menos que su bella y joven hermana.*

- *Trato hecho. Veinte vacas —se apresuró a decir el padre. Y añadió, quizás temiendo un arrepentimiento:*

- *¡Pero que la boda sea lo antes posible!*

Así, los amigos se separaron. Uno de ellos volvió al barco y el otro se quedó en la isla para casarse. Cinco años pasaron hasta que el destino volviera a traer el marinero al mismo puerto, pero apenas llegó pensó en su joven amigo. ¿Qué habría sido de él? ¿Se habría casado en efecto? ¿Estaría aún en la isla? Preguntando por aquí y por allá por aquel joven marinero que alguna vez se había casado con la hija del isleño, consiguió que le dijeran que ahora vivía en una casa muy humilde que había construido con sus propias manos muy cerca de la cima de la montaña. Subiendo por el camino del oeste llegaría al cabo de una hora de marcha a la casa de su amigo. Así lo hizo. Su estado físico le habría permitido llegar antes, pero lo detuvo una extraña procesión con la que se cruzó al empezar a subir la cuesta. Decenas de hombres y mujeres bajaban al pueblo, llevaban en hombros a una hermosa mujer a la que permanentemente le tiraban pétalos de flores, le cantaban y adoraban. Ella parecía irradiarlos, de hecho, solo pasar a su lado le hizo sentir mejor. Sonriendo a todos, la bella mujer saludaba alargando la mano una y otra vez a los que se acercaban a tocarla. El marinero tuvo que resistir la tentación de ir detrás de ellos y sumarse al extraño ritual, pero finalmente llegó a la casa que le habían indicado. Todo parecía tan cuidado y ordenado que el marinero pensó por primera vez que quizás debía de pensar en sentar cabeza. Golpeó la puerta y su viejo camarada abrió enseguida.

- ¡Querido amigo, qué sorpresa verte por aquí!¿Cuándo habéis echado el ancla?

- Esta mañana. He venido apenas hemos desembarcado para saber de ti. ¿Cómo estás?

- Ya me ves… Estoy muy bien, muy feliz.

- ¡Cuánto me alegro! ¿Y tu… esposa? —casi tenía miedo de preguntar.

- ¡Ah, que pena me da que no esté aquí, hoy es su cumpleaños y la gente del pueblo la vino a buscar para agasajarla; ¡la quieren tanto! La tratan como si fuera una santa. Debes haberte cruzado con ellos al subir…

- ¡Ah, sí, la he visto! Pero no sabía que te habías vuelto a casar…

- ¿Yo, volverme a casar? ¿Qué dices? Sigo casado con Nácar, la joven que vimos en el río lavando ropa y cuya mano pediste para mí. ¿Recuerdas?

- ¿Pero no dices que era la que llevaban en andas hacia el pueblo? Aquella mujer no podía ser ella.

- ¿Cómo que no podía ser ella?

- Perdón amigo mío, yo la conocí. Nácar era una mujer que hace cinco años aparentaba mucha más edad que la joven de la procesión. Además esa era bellísima y tu esposa, bueno…perdona que te lo diga, pero tu esposa no era…

- No, no era… como es. Pero se ha vuelto así como la viste.

- Pero… ¿cómo puede ser? —preguntó el marinero intrigado.

> *- No lo sé, quizás se deba a la dote.*
> *- ¿Cómo dices?... No te entiendo.*
> *- Yo pagué por ella una dote de veinte vacas, el precio que se pagaba por las más hermosas, tiernas y maravillosas mujeres. Y quizá por eso la traté siempre como a una mujer de veinte vacas y la ayudé a que supiese que eso era... Tal vez, digo solo tal vez, eso la empujó a convertirse en la fantástica y hermosa mujer que hoy es».*

Prácticamente todo el libro está enfocado en que logres tener la vibración acorde con lo que deseas incorporar a tu realidad. Como he dicho anteriormente, una de las principales razones para que no tengas la vibración adecuada es tu programación, tu sistema de creencias y todas las promesas internas que has ido incorporando con los años. La buena noticia es que ya sabes como detectarlas y cambiarlas. Desde el inicio de la lectura, has aprendido a observarte y a reprogramarte para que lleguen a tu vida cosas fantásticas a todos los niveles. Piensa que cuando visualizas tu objetivo, tu sueño, a veces tarda un poco en llegar, porque en el plano físico la vibración es más baja. Cuando estás pensando en tu sueño, ya existe en el mundo mental con una vibración más elevada. Lo que estás visualizando ya existe en el mundo metafísico. Cuando averiguas de dónde viene tu forma de pensar y descubres que viene del exterior, es cuando empiezas a poder cuestionarte todas estas creencias que te han llevado donde estás hoy. La consciencia y el autoconocimiento nos hacen libres.

CUARTA LEY
PRINCIPIO DE POLARIDAD

«Todo es doble, todo tiene dos polos»

Todo es doble, todo tiene dos polos, todo tiene su opuesto. Los semejantes y los antagónicos, son la misma cosa. Los opuestos son idénticos en naturaleza, pero diferentes en grado. Los extremos se tocan, todas las verdades son semi-verdades, todas las paradojas pueden reconciliarse.Este principio nos explica que en todo hay dos aspectos y que los opuestos no son más que partes de la misma cosa, diferenciándose únicamente por su grado o vibración. Por ejemplo; el odio y el amor, el blanco y el negro, el bien y el mal, el día y la noche, el yin y el yang. Ambos son lo mismo, pero con diferente vibración. Uno es positivo y el otro negativo.

Podemos poner el ejemplo de un termómetro, con su línea de graduación. Si se le sumerge en agua caliente, la línea subirá y si se hace en agua helada bajará. Al final solo está señalando la temperatura con diferente valor. De esta forma, entendemos que espíritu y materia son los dos polos de una misma cosa y que los planos intermedios corresponden a diferentes niveles vibratorios. Donde encontramos una cosa hay la opuesta. Encontramos siempre los dos polos y esto es justo lo que nos permite poder transmutar un estado mental en otro, siguiendo estas líneas de polarización.

Así funciona el principio de polaridad. El comprender este principio te da la capacidad de transmutar tus pensamientos. Por ejemplo: si vives con miedo puedes cambiar la polaridad y transformarlo en valor. No podemos quitar el miedo, borrarlo de nuestra vida, porque si lo hacemos, estaríamos borrando también a su positivo, en este caso, el valor. Por lo tanto, es importante no eliminar, sino transformar. Lo importante de esta transmutación es que cuando percibes emociones de baja vibración, puedes transformarlas elevando su vibración. Para ello, imaginar y visualizar resulta muy útil.

La consciencia de este principio abre las puertas al inicio de una transformación interior total, porque comprendemos que el poder del cambio es nuestro y no depende de las circunstancias, ni de las personas. Podemos asumir nuestra propia responsabilidad.

Este principio también nos dice que cuando sobrepasas un extremo apareces en el otro. Ya conoces la famosa frase que del amor al odio solo hay un paso.

El espíritu y la materia son la misma cosa pero en diferente grado. El espíritu tendría una vibración más alta y la materia una más baja. Del mismo modo que el bien o la salud son la normalidad y el mal o la enfermedad lo atraemos nosotros. Intenta polarizar siempre hacia la vibración más alta, elige el polo positivo, pon tu atención e intención en aquello que quieres incorporar a tu vida.

Durante el camino que has empezado a transitar hacia tu sueño, aparecerán situaciones que pueden hacerte sentir triste, desanimado, temeroso o cualquier otra cosa negativa. Recuerda que es de vital importancia mantenerse en una vibración acorde a lo que deseas lograr. Siempre todo se puede relativizar; cuando experimentes alguna de estas emociones negativas, detente y obsérvala. Es importante que te mantengas animado, feliz, esperanzado, valeroso...

Recuerdo un viaje que hice como voluntaria en un programa en Nicaragua. Estuvimos un mes y medio viviendo con familias prácticamente en medio de la selva. Estoy enormemente agradecida a todas esas bellísimas personas que allí conocimos, porque en ese tiempo aprendí muchísimo, aprendí que todo es relativo, que todo se puede repolarizar. En ese pequeño pueblo, vivía una familia de siete miembros. Por un lado había tres niños de entre siete y dos años que eran hermanos y otros tres hermanos; un niño de once años y sus dos hermanas menores de unos nueve y siete años. Estos seis niños eran primos y vivían con su abuela materna. Aquella mujer estaba prácticamente ciega y en silla de ruedas. Los padres de esos niños se habían marchado un día abandonándolos y las madres buscando un sustento económico habían emigrado a Costa Rica. Nicaragua es un país pobre, con una mayoría de población infantil (en aquellos años) a causa de la revolución sandinista y la emigración.

Cuando llegamos a ese pueblo, recuerdo que me afectó ver la vida que tenían estas siete personas, pero lo que ellos me enseñaron en ese tiempo no tiene precio. Muchos días no podían comer pero siempre estaban felices y agradecidos. Cuando alguien cogía una guitarra y tocaba alguna canción, eran los primeros en cantar y bailar. Vivían totalmente en el presente, sin preocuparse por lo que pasaría mañana y con total gratitud.

Cuando ves casos así te das cuenta de que algunas cosas «negativas» que puedan suceder no son tan importantes. Cuando vives feliz y enfocado, eres capaz de transmutar esos sentimientos de baja vibración en los adecuados; te das cuenta de que no hay para tanto. Con esto no quiero decir que seas conformista, que te resignes, sino que sigas avanzando hacia lo que quieres sin permitir que las circunstancias te afecten. Con este ejemplo quiero que entiendas que siempre puedes escoger cómo sentirte.

Todo se puede polarizar. Cuando tu crecimiento personal es importante, ves que algunas situaciones que frenan a muchas personas, para ti no son nada del otro mundo. Verás que muchas personas literalmente se ahogan en un vaso de agua. Cuando aparece una situación que te crea malestar, que te puede incluso hacer sentir deprimido, siempre tienes la opción de buscar una solución y llevarla a cabo. Cuando rompes tu flujo de quejas y pensamientos negativos, cada vez te será más fácil encontrar soluciones a tus «problemas» y seguir adelante. Cuando acabas con el hábito de quejarte, dispones de la energía suficiente para poder salir de cualquier situación. Cuando un obstáculo aparece en tu vida, tienes dos opciones: verlo y pensar que no puedes superarlo, o mirarlo de cara y hacerte más grande que él.

> *«Si tus problemas tienen solución, no te preocupes;*
> *si tus problemas no tienen solución, no te preocupes».*
> *Confucio*

A la hora de buscar solución a los problemas, lo que necesitamos es tener la tranquilidad emocional para poder hacerlo y afrontar esa situación. Mente y materia son diferentes grados de una misma cosa y es por este motivo que podemos transmutar nuestros estados mentales y físicos. Nuestra mente crea nuestra realidad.

Pero, ¿por qué muchas veces polarizamos en negativo? En cuestión de segundos tenemos una reacción a algún estímulo externo. ¿Por qué cuando llevas tiempo esperando una cosa y aparece la oportunidad, tu primer impulso es el de irte? ¿Por qué cuando aparece aquella persona que te gusta tanto y empieza a hablarte, tu reacción es la de huir? Recuerda que estamos programados, que nuestra mente subconsciente es la responsable de que actuemos de manera automática delante de situaciones diversas. Nuestra mente subconsciente está condicionada por nuestras creencias, que nos proporcionan un significado a todo lo que percibimos del exterior. Actuamos de forma refleja, automática, ante un estímulo externo. Cuántas veces piensas en una reacción que tuviste ante cualquier situación y te parece totalmente irracional. Tu mente lógica te dice que tendrías de haber actuado de forma diferente, pero tu reflejo te llevó a otra acción.

Estamos totalmente programados, todas las cosas las hacemos de la misma forma, guiados por esta forma automática. Es como bajar en trineo siempre por la misma ruta, la que nos resulta más fácil porque la nieve está más aplastada. Ya es hora de que cojas el trineo y pises nieve virgen. Piensa que al cambiar patrones en tu vida, vas a ver cómo las personas que te rodean te hacen comentarios. Si tú siempre actuabas de la misma forma, bajabas con el trineo por el mismo camino, tus conocidos sabían en qué punto de la pista te encontrarían. Pero, si empiezas a coger caminos diferentes, ya no te van a poder encontrar en el lugar de siempre. ¿Me sigues? Lo que quiero decir con esto, es que la mayoría de las personas son totalmente previsibles. Las personas de su entorno, los conocen y saben como actúan, basándose en una identidad que han creado de ellos. Cuando tú no actúas de la manera que se espera que actúes, estás haciendo tambalear la seguridad de las personas cercanas a ti. Recuerda que la mente evita el cambio para protegerte y es por este motivo que la mente de estas personas que te rodean va a revelarse. Empieza a cambiar pequeñas cosas en tu día a día, empieza a romper patrones.

Cuando vivía en Barcelona me divertía cambiando cada día mi ruta para volver andando a casa. No voy a negarte que me perdí más de una vez, pero acabé descubriendo lugares hermosos. Recuerda que tu prisma, tu forma de ver el mundo, va a determinar el valor que tú das a tus experiencias. Cualquier cosa que ocurra en tu vida, no significa nada en sí mismo. Son nuestros pensamientos los que dan el valor a ese acontecimiento, nuestra subjetividad será la que determinará si es bueno o malo. Son nuestras creencias las encargadas de dar un significado concreto a cada hecho. En todo momento tenemos la capacidad de elegir si le queremos dar un significado capacitador, que nos haga sentir bien o si optamos por seguir quejándonos y compadeciéndonos de nosotros mismos. Una misma cosa puede tener significados totalmente diferentes en varias personas.

Recuerda que todo se puede repolarizar, que todo tiene diferentes grados. Recuerda que son tus emociones las que dan vida a esa opción en el mundo intangible de las variantes. Vivimos en una sociedad con miedo. El miedo siempre está detrás de cualquier emoción negativa. Se tiene miedo a fracasar, se tiene miedo a enfermar, se tiene miedo a ser pobre, se tiene miedo a estar solo, se tiene miedo a no ser aceptado, se tiene miedo a perder a la persona que amas...ese miedo, ese temor hace que las cosas acaben sucediendo.

Cuando en una empresa están recortando personal y temes perder el trabajo, acaba sucediendo. Cuando a tu alrededor muchos de tus amigos se separan o les han engañado y entras en esa frecuencia de miedo, temiendo que a ti te suceda lo mismo, lo estás llamando. Recuerda lo que vimos en el principio del mentalismo: «vigila con lo que piensas (y sientes) si no quieres verlo manifestado en tu vida».

Siempre tienes la opción de elegir el polo positivo. Fija tu atención e INTENCIÓN en lo que quieres vivir en lugar de enfocarte en lo que quieres evitar experimentar. Ahora ya sabes que el reflejo del espejo te enseña tu mundo interior; tus pensamientos y emociones, ya sabes que tu realidad es el reflejo de lo que no vemos, de tu mundo interior. Ya sabes que todo lo que puedas crear en tu mente, lo puedes crear en tu vida. La única emoción que te impide llegar a lograrlo es el miedo. Cuando quieras manifestar lo que anhelas, tienes que cambiar al polo positivo, tienes que cambiar el miedo por el valor, la incertidumbre por la fe y la certeza absoluta.

Cuando pides al universo lo que deseas y tú estás preparado para recibirlo, todo empieza a moverse. Una vez lo hayas pedido, espéralo. Espéralo con la fe inquebrantable de que llegará. Podrá tardar más o menos (eso depende de ti) pero acabará llegando. Lo tendrás cuando creas que ya es tuyo, cuando te creas merecedor, cuando elimines cualquier resistencia a poseerlo y a disfrutarlo. Muchas personas quieren ser ricos, ¿pero están dispuestos a serlo? Si aún hay resistencias hacia el dinero, tienes que trabajarlas, tienes que revisar tus creencias que te impiden avanzar en el ámbito económico.

Debes romper las creencias y promesas internas que te han hecho ser quien has sido hasta ahora, PORQUE TÚ ERES LO QUE CREES Y POR TANTO LO QUE CREAS.

Cuando rehaces todas tus creencias, de alguna forma renaces. Todas las decisiones que has tomado en la vida están guiadas por tus creencias, por tu forma particular de ver el mundo. Todas estas decisiones pasadas te han llevado al punto en el que te encuentras ahora. Las decisiones que tomaste te han hecho vivir lo que has vivido hasta el momento. Tu programación te ha llevado a tu realidad actual.

Cuando quieres cambiar, cuando estas harto de estar harto, cuando la vida que vives hoy no es la que quieres...¡la persona que vienes siendo debe morir! ¡Debe morir para que renazca tu nuevo yo, tu mejor versión, la persona que viniste a ser! Recuerda que todas las posibilidades ya existen en el mundo metafísico y TÚ TE LO MERECES TODO.

Vivimos en un mundo de abundancia, todos tenemos el mismo derecho a esa abundancia pero, ¿qué pasa? La mayoría de las personas tienen un sentimiento de no merecer en su interior y aunque se presente la oportunidad, guiados por ese sentimiento (creencia), no irán a por ello. Voy a poneros un ejemplo:

Vivo en un pueblo de unos seis mil habitantes... cuando era pequeña y ya habíamos empezado la escuela, era habitual que los bares y restaurantes regalaran los helados que habían sobrado del verano a todos los niños. Los propietarios de los establecimientos iban a las escuelas y avisaban a los profesores de que los niños al salir podían pasar a recoger un helado. Recuerdo que salíamos corriendo, todos sabíamos que había un helado para nosotros...pero siempre había niños que se quedaban atrás, sin atreverse a ir a pedir lo que ya sabían que también era para ellos. Mientras dudaban, a veces perdían la oportunidad, porque otros niños se habían comido el primer helado y entraban a por el segundo. En la vida pasa lo mismo, todos tenemos las mismas oportunidades, todos tenemos derecho a reclamar nuestro helado, pero muchas veces totalmente condicionados por nuestra programación, no vamos a por ello... si no que dudamos y mientras dudamos, alguien lo aprovechará.

Tú tienes tu parte en el mundo, ve a por ella. Cuando aparezca la oportunidad, no la dejes pasar! Ve a por tu sueño! Cuando lo sientas en tu corazón, no dudes, ve. Y si una vocecita empieza en tu cabeza, hazla callar. Es tu mente intentando impedir que avances, intentando protegerte. Pero tu mente tiene que seguir a tu corazón y no al revés.

Polariza tus emociones negativas, eso no significa que las evites. Cuando estás creando una resistencia hacia una emoción, ya sabes que más de aquello tendrás. Es importante saber lo que sientes, qué cosas te preocupan o disgustan y escribirlo en una hoja de papel. Cuando lo escribes y lo lees va perdiendo fuerza, lo ves desde fuera y tomas consciencia de que no era para tanto y que siempre hay una solución.

¿Cómo puedes saber si estás en el camino correcto? Una vez más, tus emociones te lo mostrarán. Cuando te sientes deprimido, enfadado, celoso, angustiado, triste, temeroso, desanimado… significa que te alejas de la verdadera naturaleza del universo, que es el amor y la alegría. Cuando tienes todos estos sentimientos, significa que tus pensamientos van a la par. No puedes tener buenos pensamientos y sentirte mal, de la misma forma que no puedes tener malos pensamientos y sentirte bien. Cuando estás en modo negativo, sintiendo todas estas emociones, sabes que estás atrayendo hacia ti todas las situaciones que te crean estos sentimientos y también todos tus temores. Cuando sientes gratitud, felicidad, alegría, amor, bondad, fe, paz, esperanza, ilusión, tus sueños van acercándose a ti. Todo es cuestión del grado, así que desliza la barra hacia el lado positivo. El valor y el miedo son lo mismo pero en polos opuestos. Son los dos extremos del sentimiento. Cuando te sientas mal, pregúntate; ¿Qué me hace feliz? ¿Qué pensamientos debería tener para estar bien? Los pensamientos van seguidos unos de otros; cuando tienes pensamientos negativos, el pensamiento que seguirá también va a ser negativo. De esa manera, entras en un bucle de negatividad. Lo mismo ocurre con los pensamientos positivos. Cuando empiezas a pensar de forma positiva, estos pensamientos irán seguidos de otros pensamientos similares que te harán sentir bien. Seguramente alguna vez has comenzado el día con un gran evento, una sorpresa grata que te haya hecho sentir realmente feliz. Seguramente habrás tenido un día fantástico. Cuando empiezas feliz y con pensamientos positivos y poderosos, empieza un bucle de positividad donde estos pensamientos te crearán buenos sentimientos.

Como sabes, lo que pensamos y sentimos está condicionado por nuestras creencias. La cuestión está siempre en las preguntas que nos hacemos, así que pregúntate siempre en positivo: ¿Y si encuentro el trabajo de mi vida? ¿Y si resulta que puedo tener todo el éxito que merezco? ¿Y si resulta que esa persona que acabo de conocer es el amor de mi vida? Enfócate en positivo, hazte las preguntas correctas y verás que las cosas llegan a ti. Ten la certeza de que pasará y no podrá ser de otra manera, así será.

Recuerda que cualquier pensamiento o imagen acompañada de emoción es una señal directa al universo. Es una comunicación directa con la fuente de energía. Piensa que eres único y que te mereces lo mejor. Quiérete tal cual eres, porque eres único, perdónate y entrégate a lo que amas, haz aquello que te hace sentir feliz, aquello que hace sonreír a tu corazón. Tu viaje solo lo puedes escribir tú.

QUINTA LEY
PRINCIPIO DEL RITMO

«Todo asciende y desciende, todo se mueve como un péndulo»

Todo fluye y refluye, todo tiene períodos de avance y retroceso, todo asciende y desciende, todo se mueve como un péndulo. La medida de su movimiento hacia la derecha es la misma que hacia la izquierda, el ritmo es la compensación.

Este principio significa que nada se mantiene en el mismo estado, que todo cumple un ciclo, es decir; a todo período de actividad le sigue otro de descanso. En todos los planos y en todos los elementos que los componen, se cumplen de forma irreversible esta ley. Por ejemplo, el día y la noche, las estaciones del año, el contrapunto del verano es el invierno y el de la primavera es el otoño. En las plantas, al período de dar flores y frutos les sigue una etapa en que parece que estén durmiendo, para luego volver a florecer.

El ciclo de la vida también cumple esta ley: todo nace, entra en una etapa de evolución y en cierto punto empieza a declinar hasta que muere.

Los universos se crean, alcanzan el punto más bajo de materialidad y entonces comienza la oscilación de vuelta. Los soles nacen, llegan a la cumbre de su poder y empieza el proceso de retrogresión. Estos son los grandes ritmos, pero el principio lo vemos en todo. El conocimiento de esta ley hace que podamos neutralizar sus efectos en nuestra vida. Existe el plano superior y el plano inferior de consciencia. Si cada vez que vemos venir un período de sufrimiento logramos mantenernos en el plano superior, tendremos el control de la situación. Es como ver el problema «desde arriba». De esta manera solamente nos atacará en el inconsciente.

Este método tiene una desventaja; que así como neutralizamos el principio del ritmo en el sufrimiento, también lo estaremos neutralizando en la alegría. Por lo tanto, lo viviremos con menor intensidad, ya que las emociones también siguen su propio ritmo.

Así pues, el principio del ritmo está presente en todo, en el movimiento de los planetas, en los latidos de nuestro corazón, en las plantas, en los animales. Las hojas de los árboles se caen para volver a salir en primavera, los animales hibernan para despertar con el buen tiempo...

Seguramente has escuchado la famosa frase: «Después de la tormenta, llega la calma». Todo en el universo va y viene, nada está en reposo sino en constante movimiento. Es imposible que algo permanezca estancado, es imposible evitar que llegue el invierno. El movimiento del universo es pendular, va y viene. Todo está regido por el ritmo, las cosas no cambian de la noche a la mañana, todo necesita su tiempo de gestación.

Cuando empiezas el proceso de creación de tu realidad, pasa exactamente lo mismo, tendrás periodos de avance y de retroceso porque el principio del ritmo está en todo. Muchas veces, cuando empieces el camino hacia lo que quieres lograr y aparezca alguna cosa que te frene o te haga retroceder un paso, tu mente lógica buscará razones para hacerte tener pensamientos negativos al respecto. Cuando esto ocurra, puedes empezar a sentirte mal, desanimado y volver a entrar en una espiral de pensamientos negativos que acabarán provocando situaciones negativas. Pero lo importante es mantenerte firme en la dirección que has decidido seguir y hacerlo con una mentalidad positiva. Como contaban los herméticos, se trata de neutralizar cualquier causa negativa.

Aunque te parezca una locura, si cuando estás bien, feliz, encaminado hacia lo que quieres, aparece una situación negativa, continua estando alegre y confiado.

Cuando deseas algo intensamente tienes que quitarle importancia. ¿Qué quiero decir con esto? Cuando tú pides o visualizas, tienes que estar tranquilo, sin crear un potencial excesivo que pueda llevarte al otro extremo del péndulo. Cuando estás esperando algo ansiosamente, detrás de este gran anhelo se esconde el miedo, el miedo a no tenerlo, a no lograrlo o a perderlo. Verás que cuando hablemos de la forma correcta de visualizar no generas un sentimiento de miedo o de necesidad, sino de fe y confianza total.

Seguramente alguna vez has esperado durante largo tiempo una oportunidad y justo cuando esta aparece, si vas con un grado excesivo de importancia puede ser que no salga bien. Muchas veces las mejores sorpresas llegan cuando menos te lo esperas.

Mira cuántos casos hay de parejas que desean tener hijos y estos no llegan... se crea un potencial excesivo. El miedo a no poder tenerlos, el estrés de ver pasar los meses sin frutos. Seguramente conocerás algún caso de parejas que después de años intentando tener hijos, se deciden a adoptar y poco después, al relajarse, quedarse embarazados. Cuando creamos potenciales excesivos alimentados por la necesidad o el miedo, estamos creando justo lo contrario a lo que esperamos.

Cuando nos impacientamos con algo, tenemos la necesidad de tenerlo ya, en realidad lo que está ocurriendo es que cada vez lo estamos alejando más. Este estado de impaciencia y nerviosismo, desequilibra el péndulo y nos sitúa en el otro extremo. Fíjate que las cosas buenas normalmente nos llegan cuando estamos tranquilos y relajados.

Cuantas veces pasa que estás tiempo planificando un evento, lo tienes todo calculado, todo controlado y al final llega el día y sale todo del revés. Todo este potencial y miedo a que las cosas salgan mal, justamente acaba girando la situación. Recuerda que atraemos con los sentimientos, no con los pensamientos. Cuando tienes tanta necesidad de tener tanto control hacia una situación, los sentimientos que estás emitiendo son de miedo e inseguridad.

Lo más importante es que creas que es posible, que te concentres en el qué no en el cómo. Que confíes en todas estas leyes que funcionan, que confíes en la ley del mentalismo, en la ley de vibración. Cuando confías estás tranquilo, no hay dudas, no hay miedos. Recuerda que las cosas no son inmediatas, que todo tiene un proceso. ¿Verdad que cuando haces un pedido sabes que tardará más o menos pero llegará? Lo mismo pasa cuando le pides al universo lo que deseas. Si estás atento a las señales, a las sincronicidades, verás que aquello que quieres está en camino. Por lo tanto, la mejor manera de evitar los potenciales excesivos, es bajar el nivel de importancia. Relajarte y permitir que lo que deseas se manifieste en tu vida.

Debes caminar hacia tus sueños como aquel que va a comprar cualquier cosa al supermercado. Sin miedo a no encontrar lo que necesitas comprar. Cuando tú ya eres capaz de crear una imagen mental de lo que quieres lograr y sentirte como si ese sueño ya fuera real, de alguna forma ya estás en predisposición para que llegue a ti. Estás ya preparado para tenerlo. El único trabajo será el de eliminar los muros que tú mismo te has creado. Pero cuando le das demasiada importancia, estás emitiendo la señal de que no confías plenamente en que eso ocurra, acabas dudando, preocupándote y finalmente te sientes temeroso. Cuando aparece el miedo, este hace alejar tu objetivo.

Cuando eres capaz de controlar los potenciales excesivos, cuando confías en todo el proceso y mantienes una actitud correcta, verás aparecer lo que quieres. El gran secreto para mantener a raya el exceso de importancia es saber desapegarse del resultado. Cuando aprendes a estar feliz y agradecido en tu situación actual, sea la que sea y confías de que algo bueno está acercándose a ti, haces que el péndulo se estabilice. El pensamiento positivo y el sentimiento de gratitud evitarán los potenciales excesivos.

La importancia puede ser positiva o negativa, lo cual no significa que tengas que adoptar una actitud pasiva. Si tienes un examen importante, le tienes que dar la debida importancia y por supuesto, tienes que estudiar. Con la importancia positiva das lo mejor de ti y sobre todo, lo disfrutas. Con la negativa, entras en un estado de ansiedad, nervios, estrés y miedo.

Para ver tu deseo realizado no tienes que renunciar a la intención, debes renunciar al apego por el resultado final. Es pensar: quiero esto, y tanto si llega como si no, yo seguiré igual de feliz. Pedirlo y dejarlo ir, pedirlo y desapegarse del resultado, confiando. Cambia el miedo por la confianza. Recuerda que la vida no es esperar a que pase el chaparrón, es ir a por las botas de agua y saltar en los charcos.

SEXTA LEY
PRINCIPIO DE CAUSA Y EFECTO

«Toda causa tiene su efecto, todo efecto tiene su causa»

Toda causa tiene su efecto, todo efecto tiene su causa. Todo sucede de acuerdo con esta ley. La suerte no es más que el nombre que se le da a una ley no reconocida. Hay muchos planos de CAUSAlidad, pero nada escapa a la ley. Este principio nos hace ver que la suerte no existe, tampoco existe la casualidad. Todo es una CAUSAlidad, esta ley es la verdad de que toda siembra tiene su cosecha, de que todo lo que hagas se te devolverá. Nada escapa a ella, en cualquiera de los diferentes planos que existen, esta ley se manifiesta, es trascendental. Es la respuesta de un universo perfectamente bien organizado que es la mayor fuente de abastecimiento para el hombre, pero le da a cada quién lo que ha buscado y lo que merece. No hay error, se trata de una ley justa que lo abarca todo, tanto los pensamientos como las acciones.

Para que las cosas salgan como queremos es necesario expandir nuestra consciencia para saber cuál será el resultado de nuestras acciones. Este es el secreto de los triunfadores, de los que parece que todo lo que hacen está limpio de errores y sus proyectos siempre son un éxito. Ellos conocen el proceso de esta ley, tal vez de manera inconsciente, pero saben que X pasos producen X resultados. Esto es tener consciencia, saber el resultado final. Así es en todos los aspectos de nuestra vida. Si analizamos por qué nuestra vida es como es, podemos saber cuáles son las causas.

Esta es una de las grandes leyes. Algunas religiones como el budismo, utilizan el concepto de Karma. Según el Karma, afirman que las acciones de las personas acaban repercutiendo, tarde o temprano, en su propia vida. Si nuestras acciones son buenas, recibiremos consecuencias positivas y si nuestras acciones son malas, recibiremos consecuencias negativas. La ley del Karma es una interpretación más filosófica de la ley de causa y efecto.

Todas las acciones presentes tienen unos efectos futuros. Si tú siembras tomates, no vas a obtener pepinos, tendrás tomates. ¿Qué estás sembrando tú? ¿Qué está sembrando tu mente? ¿Crees que lo que estás sembrando hoy te dará los frutos qué deseas? Recuerda que tu mente genera un tipo de pensamientos que te hacen sentir de una forma determinada, creando una vibración específica que atraerá a tu vida situaciones acordes a ello.

Cuando piensas mal de alguien o lo criticas, eso siembra negatividad y recoges negatividad. Todo lo que piensas, dices y haces es la causa que provocará un resultado. La famosa frase: «no hagas a los demás lo que no te gustaría que te hicieran a ti».

«Si quieres conocer tu pasado, entonces mira tu presente, que es el resultado. Si quieres conocer tu futuro, mira tu presente, que es la causa».

Buda

El gran secreto es el poder controlar nuestra mente y enfocarla hacia lo positivo y hacia lo que queremos lograr, pero nuestra mente por inercia se enfocará en lo malo. Todo es energía y nada sucede por casualidad. ¿Recuerdas cuando te contaba que estando atento al discurso de una persona enseguida puedes saber como está su vida? Fíjate que las personas que más critican suelen tener bastantes problemas. Recuerda que la crítica no deja de ser una queja.

El azar no existe. Todo lo que vivimos es un efecto de lo que pensamos, sentimos, decimos y hacemos. Todo tiene repercusiones.

Muchas personas se preguntan: ¿Cómo caray he llegado a este punto en mi vida? Yo quería peras y ahora resulta que son limones... resulta que quería unas cosas en la vida y tengo otras diferentes. Deben saber que todo ha sido fruto de una causa que iniciaron, días, meses o años atrás. Hay decisiones pasadas importantes que recuerdas, pero hay una gran cantidad de pequeñas causas de la que no somos conscientes pero que han llegado a crear un gran efecto. Si varías un poco el rumbo de una nave, al cabo de un tiempo llegará a un punto muy distante al que tenía que llegar. Por tanto, cada acción que empezamos crea unos resultados en nuestras vidas.

Siembra siempre lo que quieres recoger. Si quieres amor, armonía, salud y prosperidad, eso es lo que debes plantar.

Recuerda la importancia de tus frases de poder, créalas y úsalas para poder plantar en ti todo aquello que ya decidiste cambiar. Piensa, dilo y siéntelo. Toda causa es una acción y esta acción es el paso entre tu mundo interior y tu mundo exterior. Lo que piensas y sientes (interior) y los resultados que obtienes (exterior). La acción es el puente entre lo que piensas y lo que experimentas en tu vida. Como ya sabes, todo empieza en tu mundo interior y este es el que crea tu mundo exterior. Cuando empiezas a moverte en tu mundo físico a través de la acción, se genera más energía y por eso, cuantas más acciones emprendas, más rápido vas a llegar a lo que deseas.

Muchas veces no actuamos por miedo, el miedo es el gran paralizador. Actúa desde la confianza, la fe y el amor. Pero el miedo no es real, solo existe en tu cabeza. El miedo es la anticipación a alguna cosa que te puede causar dolor ¿recuerdas? No cambiamos una situación que nos da malestar por el miedo al dolor que podemos experimentar al hacerlo; no emprendemos una acción por el miedo al dolor que puede causarnos un posible fracaso. El miedo es un mecanismo mental para protegernos. El miedo es el encargado de mantenernos en esas vidas que no queremos, soñando con los ojos abiertos.

«Es mucho mejor atreverse a hacer cosas grandes, a ganar triunfos gloriosos, inclusive si somos frenados por el fracaso, que estar al mismo nivel que esos pobres espíritus que no gozan mucho ni sufren mucho, porque viven en un crepúsculo gris que no conoce ni la victoria ni la derrota».

Theodore Roosevelt

«El fracaso es la oportunidad de comenzar de nuevo con más inteligencia».

Henry Ford

SÉPTIMA LEY
PRINCIPIO DE GENERACIÓN

«El género está en todo»

Este principio manifiesta la verdad de que el género está en todo. Los principios masculino y femenino están presentes y funcionan en cada uno de los planos de la vida. La palabra «género» deriva de la raíz latina que significa «generar», «concebir», «crear», «producir». Nada puede existir sin que el principio de generación esté presente. Todo se genera teniendo como origen su base masculina y femenina. Según los herméticos: «Todo contiene sus principios masculino y femenino».

Si se baja a una escala muy pequeña y se observa el átomo, también se compone de una parte masculina (polo positivo) y otra femenina (polo negativo). La acción del polo positivo o masculino es la de estimular, atraer, sembrar, dirigir. La del polo negativo o femenino es la de recibir, germinar, reproducir, dar forma.

En psicología se habla de una «mente doble». Hudson en 1893 llamó la atención de los científicos con sus teorías del «consciente» y «subconsciente»: la mente voluntaria y activa o la mente involuntaria y pasiva. El principio masculino correspondería a la mente activa, consciente, voluntaria, y el principio femenino, a la mente pasiva, inconsciente, involuntaria, subjetiva. Este concepto se ve en todo. En China se habla del yin y el yang.

Todas las cosas, por pequeñas que sean, tienen su parte yin y su parte yang.

Para crear, debe haber algo que genere este proceso. Creamos con nuestra mente y nuestra alma, con nuestros pensamientos y nuestros sentimientos. Cuando alma y mente van a la par, cuando se ponen de acuerdo, es cuando empezamos a crear.

Aquí volvemos a ver la importancia de poder dominar nuestra mente, nuestros pensamientos y consecuentemente a estos pensamientos, nuestras emociones, decisiones, acciones y resultados. Dominar nuestra mente es tan crucial que si no lo hacemos, esta siempre tenderá a lo negativo, haciéndonos víctimas de las circunstancias. Y es entonces cuando te preguntas: ¿Por qué siempre me pasa lo mismo?, ¿por qué no puedo cambiar una situación que va repitiéndose en mi vida? Una vez adquieras el control de tu mente y te enfoques en lo que quieres experimentar en tu vida, en lugar de enfocarte en aquello que temes que ocurra o que no quieres vivir todo cambiará.

¿Recuerdas el principio de polaridad? Cuando realmente puedes controlar tu mente y puedes repolarizar tus pensamientos, cuando puedes tener pensamientos positivos y repites tus frases de poder, empezarás a vibrar de manera acorde a lo que decretas.

Cuando empiezas a hacer tus declaraciones y a visualizarte disfrutando de todos los cambios que quieres experimentar, tu alma irá acostumbrándose a esa información y es así cuando se puede manifestar el mundo espiritual en el mundo físico. Cuando adaptas unas rutinas y destinas cada día un tiempo para visualizar tus objetivos, eso hace que internamente te vayas acostumbrando a todos esos cambios. Nuestra alma debe acostumbrarse a nuestro nuevo estado mental, porque todo es un estado mental.

Alma y mente deben firmar un acuerdo con un mismo propósito.

Cuando realmente te acostumbres a este nuevo estado, tus focos de pensamiento concordarán con él y por tanto, pensarás, hablarás, te moverás, sentirás y actuarás en función de este estado mental. Pero lo importante es que debes ser, antes de tener. No te concentres en lo que quieres en tu vida, céntrate en la persona que quieres llegar a ser.

A la hora de visualizar y atraer hacia nosotros, hemos de jugar al revés. Por ejemplo, si tienes abundancia material, pensarás y actuarás como una persona rica, pero jugando al revés, primero debes sentirte rico y después pensarás y actuarás como tal, atrayendo la abundancia hacia ti. Acabamos convirtiéndonos en lo que más pensamos. Recuerda que donde está tu mente, estás tú.

> *«Eres lo que haces, no lo que dices que vas a hacer».*
> *Carl Jung*

Seguramente conoces a personas repletas de energía, personas especiales, con carisma, que viven la vida a su manera; personas auténticas, con unos valores muy claros y establecidos. Personas que no dejan indiferente a nadie, que lo que piensan es lo que son. Aparte de trabajar con unos archivos mentales adecuados, estas personas han recuperado su autenticidad. Hablo constantemente de esto en el libro, ya que es un punto vital. En el momento en que has empezado a cuestionar y derribar creencias para sustituirlas por las tuyas propias, ya ha empezado tu camino hacia la autenticidad. Todos nacemos auténticos pero la sociedad y el entorno cercano nos van «puliendo» para que acabemos siendo todos iguales. Debemos unir parte consciente y subconsciente para empezar a ver sueños que se cumplen.

Si alguien pudiera ver el futuro y te dijera que aquello que quieres lograr está garantizado para ti ¿Qué harías? ¿Qué harías si tuvieras la certeza de que lo vas a lograr? Piénsalo y responde. Ahora que sabes lo qué harías, pregúntate: ¿Por qué creo que no puedo hacerlo? ¿Tienes la respuesta? Tu alma es la que ha respondido a la primera pregunta y tu mente, a la segunda. Cuando puedas unirlas, serás un guerrero impecable en busca de sus sueños.

Imagínate que se pudiera viajar en el tiempo...imagínate que existiera una máquina que pudiera llevarte al futuro. Imagina que alguien ha viajado al futuro y te dice que te ha visto dentro de cinco años y que has conseguido lo que quieres actualmente. En tu mente se crearía un sentimiento de veracidad, ¡alguien lo ha visto, existe! y un sentimiento de certeza. En ese momento, tu mente sintonizaría perfectamente con lo que quiere tu alma y te volverías una persona imparable hacía tus metas.

Sintoniza la frecuencia de tus sueños y trabaja para que tu mente te acompañe, crea este sentimiento de certeza.

Sé que en muchas ocasiones, tu mente te va a traicionar y tendrás momentos en los que te vendrás abajo, pero únicamente son momentos. Intenta estar lo más conectado posible a esa vibración que te va a acercando a tus deseos. Piensa que ahora dispones de muchas herramientas para lograrlo; ahora conoces la existencia de la parte del iceberg que no se ve y tienes en tus manos las técnicas para trabajar en él.

Haz tus declaraciones con este sentimiento de certeza. Te sorprenderá lo preciso que es el universo. Como te comenté, si al hacer una declaración sientes en ti un sentimiento de incoherencia, utiliza frases como: «estoy en proceso de…», «merezco…», «estoy camino de…»

Como has visto en el capítulo de física cuántica, esta nos dice que existe un universo con infinitas variables para cada uno de nosotros. En este mar de posibilidades existen ya todas tus variantes, ya existe un «yo triunfador», un «yo fracasado», un «yo auténtico», un «yo sano», un «yo enfermo», un «yo enamorado», un «yo solo», un «yo feliz». La abundancia, el amor, la tristeza, el éxito, el fracaso, la salud, la enfermedad, absolutamente todo. Nuestra mente es vital porque es ella la que elige entre este mar de posibilidades. Nuestros pensamientos son los que enfocan y escogen las variantes.

Pero ya sabes que únicamente pensándolo no ocurre nada, al pensarlo seleccionas una opción y a través de las emociones esta posibilidad cobra vida. Para entenderlo, es seleccionar una opción con nuestra mente y darle vida con nuestras emociones. Pensar y sentir esa opción. Lo más importante después de seleccionar la opción y crear la imagen mental (visualizar) de que ya gozas de lo que has elegido dándole sentimiento, es que durante todo el día te mantengas en esa vibración. Durante todo el día actúas como si tu sueño ya se hubiera cumplido. Es así cuando mandamos una fuerte señal que irá acercando nuestro deseo a nuestra vida. El tiempo en ver manifestado lo que deseas depende de la persona; conozco casos de una gran rapidez.

Cuando digo que es vital mantenerte en la frecuencia de tus sueños, tienes que ser coherente en tus actos y por supuesto, en tus pensamientos y emociones. Si deseas tener más dinero o un trabajo mejor, lo escribes, lo decretas, te visualizas con ese trabajo, te visualizas con más dinero pero después sales a la calle y continúas manteniendo conversaciones con personas sobre la crisis y sobre lo complicado que está el mundo laboral, estás siendo totalmente incoherente. Tienes que sentirte de la forma como te sentirías si ya lo tuvieras. Si ya tuvieras mucho dinero o un gran trabajo no entrarías en esas conversaciones.

Hace unos días estaba esperando para usar el cajero...Cuando estás atento a lo que te rodea y a las conversaciones de las personas, no te sorprende que mucha gente tenga el tipo de vida que tiene. Éramos cinco personas y parecía que jugaban al juego de las barbaridades, a ver quién la decía más gorda. Es curioso cómo cuando alguien hace un comentario negativo, aunque las personas a su alrededor no se conozcan, eso les da pie para empezar a contar sus penas. La chica que estaba en el cajero, puso su tarjeta y el cajero no la aceptó. La chica se giró y dijo: «mira, ya ni quiere la tarjeta, total, para lo que tengo, ya no debo tener nada...no quiere la tarjeta, ni me quiere dar dinero…». Otra mujer que estaba esperando le contestó: «Pues yo ya estoy temblando. Cada vez que actualizo la libreta veo que me han cobrado más cosas...es que te cobran por todo, es un robo...hace unas semanas hice obras en casa y ahora resulta que tengo que pagar mucho dinero...encima que hago obras, tengo que pagar». Otra persona respondió: «No sé donde vamos a llegar, te cobran por todo. La vida está muy mal, cuesta mucho ganar dinero y te lo quitan enseguida…». Aquí ya decidí no escuchar más pero supongo que la cosa fue creciendo.

Si no te gusta lo que la vida te brinda, fíjate en lo que decretas. Si no te gusta lo que recibes, fíjate en lo que das. Recuerda la imagen del espejo. El universo te devuelve lo que tú le das. Cuando estás enfadado y te quejas, el espejo te devuelve esa imagen, de la misma forma que cuando te sientes ya la persona en la que quieres convertirte. Actúa y siéntete como si lo que deseas ya fuera tuyo. Evita entrar en vibraciones bajas; es importante que puedas mantener la frecuencia de tu sueño. Entramos en vibraciones bajas cuando participamos en conversaciones como la que te contaba hace un momento, cuando permitimos la entrada de informaciones externas que nos crean malestar. Las noticias están repletas de motivos para que no te sientas bien. Empieza a escoger de forma consciente qué tipo de información quieres que entre en tu vida. En lugar de perder el tiempo en cosas que te hacen sentir mal y te hacen tener miedo, es mejor destinar este tiempo a leer. Tony Robbins dice que puede sacrificar una comida, pero no el tiempo diario destinado a leer.

Cuando ves noticias, empiezas a temer por tu salud, por tu trabajo, por tu futuro, sientes miedo de que alguna de las desgracias que explican te pueda suceder a ti. Sería fantástico que en lugar de malas noticias, se dedicaran a contar todas las cosas fantásticas que ocurren a diario en el mundo. Que explicaran historias de superación, historias de bondad, historias de esperanza...

Cuando te sientes temeroso de que alguna cosa negativa pueda sucederte, le estás abriendo la puerta. El otro día un paciente me explicaba que su tío había muerto hacía un año de una enfermedad muy rara. Es una enfermedad degenerativa que no tiene tratamiento y de la qué aún se desconoce la causa. Su incidencia es baja, de uno entre miles. Al cabo de un rato, mientras seguíamos hablando, me contó que su tío había vivido todo el proceso de esa dura enfermedad con una persona que conocía. Durante meses el tío de mi paciente había estado ayudando a otra persona afectada y vivió la enfermedad muy de cerca. Para la mayoría de personas será un dato curioso. Parece una cruel casualidad que después de vivir de cerca está enfermedad y conocer todos los problemas físicos que genera, esa persona acabe también desarrollando la misma. Pero tú ya sabes que no se trata de una casualidad, primero porque las casualidades no existen, y segundo, porque a lo que das foco, lo estás atrayendo hacia tu vida.

Cuando algo te da miedo, primero lo piensas, después aparece la emoción negativa ligada a ese pensamiento. Cuando se unen pensamiento y emoción nace el sentimiento, el que crea la vibración que hace que te conviertas en un imán y atraigas hacia ti eso que en verdad no quieres. Es indiferente si lo que vibras es bueno o malo para ti, el universo no posee la capacidad para discernir.

Todo empieza por un pensamiento, en nuestra mente nace todo, pero un pensamiento sin emoción no tiene fuerza. Cuando el pensamiento va seguido de la emoción, ese se convierte en un pensamiento de poder. Por este motivo debemos sentir que ya lo hemos logrado y dar las gracias por adelantado. De esta forma, ya das por hecho que así va a suceder y así será. Al igual que las creencias limitantes, si a una creencia le das una emoción intensa y repetición, esa pasa a convertirse en una convicción y una convicción tiene más poder que una creencia. Crea convicciones de poder que te lleven adonde quieras llegar.

El principio de generación nos dice que para crear necesitamos la parte femenina y la parte masculina; nuestra mente consciente y nuestra mente subconsciente. Si trabajas únicamente a nivel racional y no sobre la programación subconsciente, juegas en desventaja. Son 10 contra 90. Una vez hayas acabado con el trabajo de eliminar las viejas creencias que te han estado limitando todo este tiempo ya empezarás a ver cambios en tu vida. Cuando puedas unir la mente consciente y la mente subconsciente, enviarás una señal potentísima.

Los estudios que se han realizado afirman que el cerebro y el corazón emiten fuerzas eléctricas y magnéticas. Piensa que la fuerza eléctrica del corazón es sesenta veces superior a la del cerebro. Muy superior ¿verdad? Pero la fuerza magnética del corazón es cinco mil veces más fuerte que la del cerebro. ¡Así, que siéntelo!!!

LA LEY DE LA ATRACCIÓN

Vamos a empezar con esta ley, actualmente muy conocida gracias al libro y documental El Secreto. La ley de la atracción es una ley de la naturaleza. Es tan imparcial e impersonal como la ley de la gravedad. Es precisa y exacta. Es la ley de la creación. La física cuántica nos dice que el universo entero ha surgido de un pensamiento. Tú creas tu vida a través de tus pensamientos y de esta ley.

Cuando conoces esta gran ley, ves el poder que tienes y te permite «pensar» tu propia vida para que así suceda. Recuerda que tienes el poder de crear y que puedes crear de forma deliberada cuando despiertes la magia que duerme en ti. La ley de la atracción siempre está actuando. Si piensas en tu pasado, está actuando. Si piensas en tu futuro, está actuando. Y si piensas en lo que no quieres, también está actuando.

El momento presente es el más importante, lo que piensas ahora, es lo que se creará en tu futuro. De la misma forma, tu presente fue pensado y creado en tu pasado.

Tú creas tu vida con tus pensamientos. Aquello en lo que más te enfoques, pienses o le des atención, es lo que en tu vida va a manifestarse. «Lo que siembras, recoges».

Si lo puedes creer, lo puedes crear.

Empieza ahora mismo a cambiar las semillas que estas plantando en tu mente. Tu cambio empieza ya. Planta las semillas que te traigan lo que quieres. Hemos estado trabajando en toda esta primera parte para tener una buena tierra donde sembrar las simientes que en el futuro darán los frutos que deseas. Hemos estado identificando y cuestionando todas esas creencias que frenan tu progreso. Hemos estado creando unos hábitos que harán que tengas más poder personal, que te ayudarán a ahorrar más energía para poderla enfocar hacia tus propósitos.

Como ya he explicado, cuando te quejas, estás atrayendo a tu vida situaciones para poder seguir quejándote. Cuando estás con personas que te cuentan sus infortunios y se quejan, estas enfocado en su lamento. Por eso es tan importante revisar las personas que te rodean y con las que te relacionas. Verás como al cambiar tu vibración, tu entorno social también va a cambiar. Las vibraciones similares vibran juntas. Atraerás personas acorde a tu vibración.

No importa dónde te encuentres ahora, ni lo que has vivido hasta este momento. A partir de hoy puedes empezar a elegir tus pensamientos de forma consciente y transformar tu vida. No importa tu edad, sexo, estudios o el país del que provienes, cuando tienes una buena actitud mental, cuando has reprogramado tus creencias y lo acompañas con la acción hacia lo que te has propuesto, ya nada te puede parar. Cuando ya lo puedas sentir, será tuyo.

Es muy importante que tengas claro qué focos de atención tienes, hacia adónde están enfocados tus pensamientos. Atraes a tu vida tus pensamientos, tanto si son buenos como si no, tanto si son conscientes como inconscientes. Pregúntate como te sientes, este es el mejor indicador que posees. Si no te sientes bien es que tus pensamientos no son buenos.

Todo aquello que has pensado, lo has atraído a ti como un imán, toda tu vida es la manifestación de los pensamientos que han pasado por tu mente. Todo lo que vives ahora, lo pensaste en tu pasado. Lo que vives ahora es lo que tu subconsciente estaba mandando. Tienes el poder para cambiar tu vida, para crear lo que quieres y lo tienes ahora mismo, en este instante, porque es ahora cuando estás pensando.

Si has tenido pensamientos negativos que no quieres ver manifestados, ahora tienes la oportunidad de cambiarlos. Cambiar la frecuencia y empezar a encaminarte hacia lo que deseas. Una vez seas consciente, es importante aprender a frenar tu mente para poder escuchar qué dice tu ser, tu alma. Es vital dedicar un tiempo diario a la meditación.

«Calma las aguas de tu mente y el universo y las estrellas se reflejarán en tu alma».

Rumi

Decide quién quieres ser, qué quieres tener y hacer. Piensa en ello, dale foco, emite esa vibración y tu deseo se manifestará en tu vida. Muchas veces se subestima la inteligencia de los más pequeños de casa. Ellos aún no están programados y están mucho mas conectados a la fuente o universo que los adultos. Una vez estando en casa, mi hija Dana, con 4 años, me soltó: «mama, tú puedes ser lo que quieras, puedes ser quien quieras». Y tiene toda la razón. Mil gracias, pequeña maestra.

Puedes ser lo que quieras, puedes ser quien quieras.
Si lo ves en tu mente y lo sientes en tu corazón, lo obtendrás.

«El pensamiento o actitud mental predominante son el imán, y la ley es que lo semejante atrae a lo semejante; por consiguiente, la actitud mental atraerá invariablemente aquellas condiciones que se correspondan a su naturaleza».

Charles Haanel (1866-1949)

El lenguaje del universo es el sentimiento, es por esta razón que atraes lo que sientes, no lo que piensas. El pensamiento es el que genera en ti el sentimiento, y ese sentimiento es el que atrae hacia ti lo que emites. Esta es una de las razones por la que muchas personas que se pasan años haciendo visualizaciones, no llegan a crear sus deseos. Todo se origina en la mente, pero lo tienes que vivir, tienes que sentirlo en el corazón. Esta es la vibración que el universo captará.

Antes te comentaba que la vibración del corazón es mucho más poderosa que la de tu mente. Por este motivo, aunque tengas muy claro lo que quieres cambiar en tu vida, pienses y te enfoques en ello, si durante tu día a día tu corazón emite algo diferente, no lo vas a atraer hacia ti. Cuando este cambio que quieres realizar sea tu foco principal y le puedas asociar el sentimiento específico, sin tener un sentimiento de incoherencia, inconscientemente durante todo el día estarás vibrando en esa frecuencia y poco a poco lo irás atrayendo a tu vida.

Todos hemos tenido días en los que parece que nos hemos levantado con mal pie, momentos en que todo va mal y si no se para, empezará una reacción en cadena. Empiezas con un pensamiento consciente o no que atrae más malos pensamientos que cambian nuestra vibración y al final ocurre algo. Y cuando reaccionas a las cosas que han ido mal, atraes más y así irá sucediendo, hasta que de forma consciente, cambies intencionadamente tus pensamientos y por tanto tus sentimientos y vibración.

A todos estos pensamientos que no te hacen sentir bien, no les des ni 5 segundos de atención. Déjalos pasar como una nube en el cielo y recuerda la técnica de la estrategia chamánica: «Este pensamiento no es mío, fuera de mí».

En cualquier momento puedes redirigir tus pensamientos hacia lo que quieres y recibirás la confirmación de que así lo has logrado por la forma en que te sientes. Recuerda que el cómo te sientes, te hace conocedor de tus pensamientos.

Cuando visualizas lo que quieres crear en tu vida, lo haces con tus pensamientos y con tu imaginación, pero tienes que sentirlo, lo tienes que vivir como si ya fuera real, como si ya estuvieras disfrutando de verdad de tu deseo. De esta forma, mandarás la señal correcta al universo. Tienes que verlo materializado, verte ya disfrutando de lo que creaste.

El sentimiento que esto creará será la vibración que mandarás para que el universo te responda dándote lo mismo. Tienes que empezar por el final, no hace falta que te preguntes cómo o cuándo lo conseguirás (este no es tu trabajo). Tu trabajo debe centrarse en el QUÉ (visualizarlo y sentirlo lo más intensamente posible).

Aunque parezca que dirigir o cambiar nuestros pensamientos es complicado, con la práctica lo lograrás.

Cuando un pensamiento negativo aparece, cuando aparece alguna queja, pregúntate que es lo que quieres y cambia su sentido. Tenemos unos 60.000 pensamientos al día y no podemos ser conscientes de todos ellos, aquí es donde nuestros sentimientos nos ayudarán a saber lo que estamos pensando, dependiendo de la forma como nos sentimos. ¿Cómo me siento? Hazte esta pregunta y recuerda qué es lo que quieres.

¡Yo quiero sentirme bien! Tenemos dos tipos de sentimientos, los que te hacen sentir bien (alegría, amor, bondad, gratitud...) y los que te hacen sentir mal (culpa, miedo, rabia, envidia, rencor, depresión, etc).

Es imposible tener buenos pensamientos y sentirse mal y viceversa. Nuestros pensamientos crean nuestras emociones. Nuestros pensamientos cambian nuestra vibración. Vibraciones más altas atraerán cosas buenas que te harán sentir bien y las vibraciones bajas, ya sabemos que atraerán malestar.

Tienes que aprender a cambiar tus sentimientos cuando observas que te sientes mal. Cuando tienes buenos sentimientos, atraes mejores sentimientos, no falla. Por tanto, si te sientes bien significa que tienes buenos pensamientos y estos atraerán más cosas buenas a tu vida. Nos comunicamos con la fuente a través de nuestros sentimientos. Nuestros sentimientos crean una vibración que será enviada al universo y este nos responderá con la misma vibración, ya que los semejantes vibran juntos.

Manifiestas lo que sientes, no lo que piensas.

¿Cómo te sientes ahora mismo? Cierra tus ojos y obsérvalo. Si no te sientes como te gustaría sentirte, mira en tu interior y cambia tus sentimientos. Puedes hacerlo evocando una imagen mental que te dé bienestar o simplemente con sonreír unos segundos. Puedes poner la música que te guste, cantar, bailar o pensar en algo hermoso. Es muy importante que te sientas bien, ya que esta es la señal que enviamos y que nos traerá mas bienestar. Es como una rueda: cuanto mejor te sientas más cosas atraerás a tu vida que te harán sentir aún mejor y cada vez tendrás una vibración más y más alta.

«La combinación del pensamiento y el amor es lo que crea la irresistible fuerza de la ley de la atracción».

Charles Haanel

El amor es el sentimiento con la vibración más alta que puedes emitir. Por este motivo es tan importante el perdón. Saber soltar lastres y resentimientos para poder volar alto.

La capacidad de amar es la mayor bendición de la humanidad. Vibra en el amor y este vendrá de vuelta. Cuando visualizas, debes sentir la emoción, el sentimiento en tu corazón. Al igual que cuando perdonas, debes hacerlo de corazón, no con la mente. El corazón es el órgano más importante.

Hay una gran verdad y es hora de que la conozcas: ¡Te lo mereces todo! ¡El universo tiene un sinfín de cosas maravillosas que ofrecerte! Solo tienes que ser el creador de tu vida utilizando estas grandes herramientas, utilizando la magia que duerme en ti, porque tú puedes usar todo este potencial para vivir la vida que quieres vivir.

Todo en tu vida y todo lo que eres, lo has creado tú. El universo solo ha respondido a tus órdenes, unas órdenes que no cuestiona. Cuando lanzas un deseo todo se recoloca para que llegue a ti. Aparecen situaciones, personas, cosas que te llevan hacia lo que pediste. Una vez hayas ganado consciencia, puedes cambiar tus pensamientos y con la energía suficiente, estás listo para pedir lo que deseas. Tienes que ser muy claro y conciso a la hora de pedir. La claridad es vital para que el universo pueda darte lo que quieras. Una vez hayas acallado tu mente y sea tu alma la que hable, tendrás claridad. Tendrás la certeza absoluta de lo que quieres, de lo que has venido a ser y hacia dónde tiene que dirigirse tu vida. Puedes empezar ahora mismo a pedir, compruébalo. Escribe en tiempo presente, agradeciendo. Por ejemplo: «Me siento feliz y agradecido por…»

Intenta descubrir lo que realmente quieres y pídelo. Puedes tener, ser o hacer lo que quieras. Si no sabes qué es lo que quieres, pide lucidez, pide claridad.

Cuando llevaba cuatro años en Barcelona sentía que ya no tenía que estar allí.

En aquella época estaba muy conectada, hacia meditación, kundalini yoga y me sentía feliz y agradecida por los estudios que estaba realizando. Sabía que iniciaría un viaje, pero no su dirección. Cada día pedía claridad, sobre todo, antes de acostarme. Un día por la mañana, me desperté y solo abrir los ojos, di las gracias. Tenía muy claro qué tenía que hacer y hacia dónde me dirigía.

Tienes que tener la certeza de que cuanto hayas pedido se te concederá; una fe absoluta. Es igual que cuando encargas una cosa en una tienda. Sabes que va a tardar más o menos (lo has visto en el catálogo) pero sabes que llegará. Tienes que ver las cosas como si ya fueran tuyas, ser consciente de que llegarán.

Primero, un propósito, un deseo, un intento con tu voluntad (la dirección que le das a tu energía). Segundo, una palabra, una invocación, y tercero, un sentimiento en coherencia con el deseo.

«Los poderes que gobiernan el mundo, para que te obedezcan, necesitan indicaciones claras. Cuando la mente, el cuerpo y la energía toman una misma dirección (intento) y tú usas la palabra, es cuando haces una invocación. Solo necesitas el sentimiento, la energía disponible, para que tu alma y tu energía enlacen el objetivo».

Agustín

Por lo tanto, en el momento en que pides, crees y sabes que lo que aún no se ve, viene hacia ti, que el universo entero está reestructurándose para concederte tu deseo. Tienes que actuar, hablar y pensar como si ya lo tuvieras.

El universo actúa como un espejo y a través de la ley de la atracción se están proyectando en él tus principales pensamientos. Si tus pensamientos giran en torno a que todavía no lo tienes, seguirás atrayendo carencia. Debes creer que ya lo recibiste, emitir la frecuencia del sentimiento de haberlo recibido. Cuando lo sientes así, el universo va a mover todos sus hilos para atraer hacia ti circunstancias y personas para que lo recibas. Reclama las cosas que quieres sintiendo ya que son tuyas.

Imagina y finge, finge hasta que se haga realidad.

Seguramente, muchas personas pensarán que es difícil creer y sentir que posees una cosa que aún no tienes. Tendrás que empezar fingiendo que ya lo tienes, actuando como si ya estuvieras disfrutándolo. Mientras finges que lo tienes, empiezas a creer que lo recibiste. Por eso es tan importante que tras haber pedido, sigas creyendo y teniendo la certeza de que lo que deseas ya está en tu vida. Esa fe es tu mayor poder.

Solo tienes que enfocarte en el qué; el cómo y el cuándo no son cosa tuya. Muchas personas no se permiten querer lo que realmente desean porque no son capaces de ver cómo va a llegar a sus vidas. Todas las personas que han conseguido grandes cosas, no sabían cómo lo iban a hacer, solo tenían la fe absoluta, la gran certeza, de que lo iban a lograr. Cuando tu mente piensa en el cómo, estás emitiendo una frecuencia de duda, de falta de fe en que tu deseo se manifieste.

Muchas veces, si no vemos resultados después de un tiempo, nos desilusionamos y empezamos a dudar de todo. Cambia tu sentimiento de duda y decepción por uno de fe.

Para que podamos crear lo que deseamos, debemos aprender a recibir. Empieza ya mismo a sentirte bien por todo lo que tienes, siéntete como si todo lo que deseas ya estuviera en tu vida. Es muy importante sentirse bien, cuando nos sentimos bien estamos en la frecuencia adecuada.

La energía del universo es el sentimiento. Si solo crees a nivel mental pero tus sentimientos no coinciden, será difícil manifestar tu deseo. Lo tienes que sentir, lo tienes que vivir. Pide, cree que ya lo has recibido y siéntete bien y feliz. Siéntete bien ahora.

Si no sabes exactamente cómo te sentirías con tu deseo, intenta rodearte de las circunstancias, personas o cosas que te inspiren. Ve a ver el local donde quieras iniciar tu negocio, visita la casa que te gustaría comprar, pasea por el barrio donde te gustaría vivir, ve a probar el coche que quieres… Genera los sentimientos de que ya lo tienes ahora.

Jim Carrey, antes de ser conocido y multimillonario, imaginaba mientras volvía a su casa que conducía el coche de sus sueños y que tenía la casa que justo quería tener. Tienes que hacerlo todo muy real: mira los muebles que pondrías en esta casa que deseas; piensa en cómo será tu vida con tu trabajo ideal, piensa en cómo te sentirás cuando lleves a termino tu propósito en la vida. Siéntete como si ya estuviera a tu lado la persona de tu vida.

A mí desde pequeña me encanta dibujar. Cada vez que he tenido un proyecto en mi mente, lo he dibujado. Guardo todos esos dibujos y la verdad es que conseguí hacerlo tal cual. Recuerdo un día en el que mi amiga vio un dibujo de mi actual consulta. Tenía la misma distribución y muebles que se encuentran actualmente allí, pero lo interesante del dibujo es que lo hice antes de tener la consulta. Mi hija mayor comparte mi pasión por dibujar, así que muchas veces se sienta y dibuja situaciones que aún no han sucedido y me cuenta que le gustaría mucho que pasaran. Lo dibuja con todo detalle. No tiro nunca esos dibujos, al contrario, los pongo a la vista, a su vista. ¡Mi casa es un pozo de deseos! Un día tuve la brillante idea de regalarle rotuladores para cristales (ya te puedes imaginar lo que pasó). ¡Toda una parte de nuestra casa es una gran obra de arte!

Pero cada vez que pasa la vista por esos dibujos, revive la emoción, el sentimiento del día en que los pintó, cuando imaginaba que ya lo tenía y recuerda con detalle todo lo que dibujó.

Así que, si te gusta dibujar, dibuja lo que deseas. Ponlo a la vista. Ponle sentimiento, y cada vez que tus ojos recorran esas líneas, automáticamente revivirás la emoción y la ilusión del momento en que lo dibujaste. Cuando lo pones a la vista es una información directa a tu subconsciente. En mi segundo libro me enfoco en la visualización y toda la forma práctica para lograr los cambios concretos en tu vida. Una de estas estrategias son los paneles de deseos. Cuando el sentimiento es muy real, estás creyendo que lo recibiste y te llegará.

Puede que algún día despiertes y sientas que tienes que ponerte en marcha con algo. Para que las cosas lleguen tienes que tomar acción. Aparecerán opciones en tu vida y tendrás que mover pieza, igual que en una partida de ajedrez. ¿Recuerdas al principio del libro, cuando te preguntaba si alguna vez hiciste alguna cosa siguiendo tu lógica pero en tu corazón había un sentimiento opuesto, algo que te decía que aunque tu mente te guiara a seguir ese camino, no era el que sentías o querías seguir? Cuando estás enfocado y comprometido con lo que quieres lograr, cuando ya puedes sentirlo en ti, habrá momentos en que sentirás fuertes intuiciones sobre qué es lo que debes hacer. Estas intuiciones vienen de tu alma, son informaciones que manda el universo para que cojas el camino correcto para llegar a tu fin.

Habrá momentos de gran lucidez, en que vas a sentir que tienes que hacer algo o dirigirte hacia un lugar concreto. Aunque tu mente te frene, si lo sientes en algún lugar de forma muy profunda, permítete ser un poco loco y sigue tu intuición. Esta es la forma como el universo se comunica contigo. Haz caso a estos mensajes que llegan a ti como fuertes intuiciones. No obres en contra de lo que tu alma te dice, no vayas en contra de lo que sientes a nivel tan profundo.

Para llegar a manifestar nuestros deseos, los pediremos, los sentiremos, los viviremos como reales y el universo se encargará de poner el camino delante de nosotros. Después será el momento de actuar. Será una acción inspirada, tendremos la certeza absoluta de que eso es lo que debemos de hacer. Cuando sientas las cosas claras dentro de ti, actúa. No dudes ni te demores; cuando aparezca el impulso, actúa. Cuando surgen las oportunidades, no las dejes escapar. Cuando sientas esa voz dentro de ti, ponte en movimiento, verás que todo lo que necesitas para lograr tu objetivo va siendo movido hacia ti. Piensa que eres un imán y todo lo que necesites irá apareciendo en tu realidad, porque tú lo atraes.

Después de unos años de estar en Barcelona, sentía que había llegado el momento de cambiar de lugar. Aún no sabía adónde, pero sí sabía que lo quería hacer. Tenía una gran ilusión por irme a vivir delante del mar, pero necesitaba dinero para reformar y preparar mi próxima vivienda y emprender mi propósito de vida. Pues bien, ocurrió que una vez que estuve enfocada en el qué, me llegó el cómo. Un día me llamó mi expareja y me dijo que había vendido el piso que teníamos. Por lo tanto, me llegó la ayuda que necesitaba para poder realizar mi sueño de vivir en mi propia casa delante del mar. Con este dinero, pude restaurar un piso antiguo, pude vivir unos meses tranquila mientras pintaba paredes y decapaba ventanas y puertas. Esta ayuda económica también fue mi trampolín para poder poner en marcha mi propia consulta.

Por este motivo, cuando conoces el qué, lo demás viene solo. Cuando lo ves en tu mente y lo sientes en tu corazón, todo lo que necesitas vendrá hacia ti. Si son personas, atraerás a personas; si es dinero, dinero. Pon atención a lo que quieres atraer, porque serás atraído hacia esas cosas y ellas serán atraídas hacia ti. Recuerda que eres un imán y que atraes aquello que tiene tu misma vibración. Cuando veas y compruebes que esto es así, más cosas buenas atraerás a tu vida, porqué en ti habrá fe de que así sea.

Aunque tu situación actual no sea la deseada, aunque estés pasando por un muy mal momento en tu vida, puedes empezar ahora mismo a cambiar tus pensamientos y emociones y proyectarte hacia un futuro mejor. Empieza tu cambio hoy. No importa donde estabas ayer, importa el momento presente y hacia dónde vas. Aunque no conozcas aún el camino a seguir, pide claridad, pide ayuda, escucha en tu interior. Siente con tu corazón lo que tu ser hace tiempo que te está diciendo. Busca momentos de estar contigo mismo y descubrir lo que tu alma quiere, lo que tú quieres.

Ten una confianza plena, cree y ten fe.

Aunque estés en un momento difícil, da tu primer paso con fe, con la certeza de que una vida mejor te espera. Muchas personas se sienten atrapadas en sus situaciones actuales. Sea cuál sea tu situación, tu realidad empezará a cambiar cuando empieces a crear unas nuevas circunstancias para ti. Tu vida actual es el resultado de los pensamientos que has tenido hasta la fecha y tu realidad cambiará cuando empieces a cambiar tus creencias y pensamientos. Cuando quieres cambiar tus circunstancias, primero tienes que cambiar tus pensamientos.

Como nos cuenta la física cuántica, el tiempo es una ilusión, ya que todo sucede al mismo tiempo. Si puedes entender este concepto, entenderás que todo lo que deseas en el futuro, ya existe ahora. Por lo tanto, si todo sucede simultáneamente, ya existe otro tú paralelo con lo que quieres. Existen miles de variables.

Para el universo no hay dificultad a la hora de traer a este plano físico lo que tú deseas; el tamaño no es importante. Es lo mismo atraer algo grande o pequeño. Cualquier retraso se debe a tu dificultad para creer y sentir que ya lo posees. Tienes que entrar en la frecuencia de lo que quieres atraer a tu vida. Muchas veces nosotros mismos nos ponemos limitaciones. ¿Cómo voy a conseguir algo tan espectacular? Por ese motivo te recomiendo que empieces por cosas que tú consideres más «pequeñas». Cuando consigas estas cosas, tu fe se verá reforzada y confiarás plenamente en tu poder.

Aunque en nuestra vida hemos vivido miles de «causalidades», a nuestra mente racional le cuesta creer que nosotros mismos, con nuestros pensamientos y vibración, las hemos atraído. Nuestra mente intenta darle una explicación lógica, lo que llamamos casualidad. ¿Cuantas veces te ha pasado que recuerdas a alguien a quien hace tiempo que no ves y al día siguiente te llama? ¿O que te hablan de alguna cosa que no conocías y al cabo de unos días te encuentras con un libro en tus manos que habla de eso exactamente? ¿O que comentas a alguien que te gustaría tal cosa y aparece alguna persona que te lo ofrece? Todos lo hemos experimentado muchas de veces. Cuando reconoces las causalidades, estas te arrancan una sonrisa.

Recuerdo una situación muy graciosa. Cuando mi hija pequeña tenía un par de meses, necesitaba comprarle otro pijama. Curiosamente aquel día mientras bajaba andando por la calle iba pensando: «la abundancia viene hacia mí de manera esperada o inesperada». Llegué a la tienda y estaba mirando pijamas. Como suele pasar me enamore del más caro. Justo cuando lo tenía en la mano y estaba diciéndole a la dependienta que me quedaba aquel, oí una voz detrás de mí que me decía: «Hola Gemma. Pasaba con el coche y he visto que entrábais en la tienda y he pensado que aún no le había regalado nada a la pequeñita, así que te regalo lo que ibas a comprar». Es una pequeña cosa, pero para mi fue muy graciosa.

Cuando estás feliz, a pesar de lo que sea, estás agradecido y dejas a un lado tu importancia personal, estás totalmente conectado a la fuente universal. Este es el gran secreto. El hecho de dar o de ayudar a las personas es fantástico. Tu cerebro secreta grandes cantidades de serotonina. Los niveles de serotonina aumentan tanto en la persona receptora de un acto de bondad, como en la persona ejecutora. Pero lo curioso del caso es que si una persona presencia un acto de bondad, también ve incrementados sus niveles de serotonina. Esta sustancia, que pertenece al grupo de las aminas biogénicas, actúa como un neurotransmisor. También es conocida como la hormona del humor. Y es que cuando nos sentimos bien, nuestros niveles aumentan. Las personas con depresión tienen bajos niveles de serotonina.

Esta mañana he presenciado un acto muy bonito...Estaba en el colegio para recoger a mi hija y justo al lado había un grupo de niños de primaria, de sexto creo, que hacían educación física. En este grupo hay un niño que padece de una enfermedad que no le permite moverse como los demás. Estaban haciendo salto de longitud en el arenal que está delante de las clases de infantil. Mientras esperaba, los observaba. Iban saltando mientras el profesor anotaba sus resultados. Los niños estaban repartidos entre el arenal y la línea donde empezaban a correr para saltar. Durante un momento nadie saltaba y un niño ha gritado: «Creo que ya hemos saltado todos». Pero otros niños le han respondido: «No, aún falta David». El profesor ha animado a David a saltar, él estaba justo en la línea de inicio. Cuando ha empezado a correr, todos los niños de la clase han empezado a gritar su nombre, animándolo y cuando ha saltado todos estaban gritando: «bien», «bien hecho». Se me ha puesto la piel de gallina. En estos actos es cuando podemos ver el Dios que habita en todos nosotros.

Cuando quieres cambiar tus circunstancias, primero tienes que cambiar tus pensamientos.

«Somos el resultado de lo que hemos pensado».
Buda

Como te explicaré más adelante, hay dos momentos de nuestro día que son muy poderosos. Uno es justo antes de dormirnos. La mayoría de las personas utilizan estos momentos para repasar como ha ido su día, pero lo malo es que normalmente se enfocan en las cosas que no han salido como esperaban o las cosas que los han molestado.

Repolariza en tu mente todas estas situaciones, imagínalo a la inversa, creando así la situación que deseas en lugar de recrear la que has vivido y no deseas. De esta forma estás creando tu realidad por adelantado y limpias la vibración del día que pasaste.

Cuanto antes empieces a cambiar tus sentimientos por las cosas que ya posees, antes llegarán a ti más cosas nuevas. Siéntete agradecido por lo que ya tienes. La gratitud es un sentimiento muy poderoso. Si no te sientes agradecido es imposible que atraigas más cosas a tu vida, porque la vibración que emites es negativa.

Por la noche, cuando te vayas a dormir, repasa las experiencias que has vivido durante el día, las experiencias que te hacen sentir gratitud. Como siempre digo, existen muchas razones por las que sentirnos enormemente agradecidos. Cada día tienes la oportunidad de crecer, cada día aprendes cosas que te ayudan a avanzar.

Volviendo a la importancia de lo qué estás pensando y como te sientes antes de dormirte... en el chamanismo se trabaja en el mundo físico con el acecho y en el mundo metafísico con el ensueño. Las personas que pueden llegar a ensoñar, trabajan directamente sobre la realidad futura que quieren experimentar. Pero, ¿qué pasa si vas a dormir metido en tus problemas? ¿cuántas horas duermes? Pongamos que una media de 8 horas...esto significa que estás durmiendo 2880 horas al año, 120 días al año. Pongamos que una persona vive 90 años: se pasa dormida 259.200 horas, 10,800 días, 29 años, casi una tercera parte de su vida. 8 horas de las 24 que tiene el día... Eso significa que una tercera parte de tu día estás durmiendo, pero cuando duermes también estás proyectando tus posibilidades futuras.

Las personas con sueños caóticos tienen vidas caóticas, las personas con sueños tranquilos tienen vidas tranquilas; las personas con pesadillas, tienen vidas llenas de temores y grandes miedos. Toda esta teoría, que el chamanismo conoce tan bien, está explicada y documentada de forma excelente gracias al gran trabajo del físico Jean-Pierre Garnier Malet. Este gran científico habla del «doble», que no es nada más que una extensión tuya presente en otra realidad espacio-tiempo. En el chamanismo se conoce como el cuerpo de ensueño. Gracias a este desdoblamiento que todo ser humano posee, podemos conocer nuestras posibles variables futuras. Cuando estamos dormidos y concretamente durante la fase REM es cuando nuestro cerebro alcanza el mayor nivel de actividad, no solo durante el sueño, sino de todo el día.

Por tanto, en esta tercera parte de tu día, en esta tercera parte de tu vida, sigues creando. Trabajas directamente en el mundo metafísico, estás trabajando en la base. Tener sueños lúcidos, en los que eres totalmente consciente de que estás soñando y tener la capacidad de soñar lo que tú quieras, es difícil. Se precisa de mucha disciplina, poder personal y aprendizaje. Hace trece años que empecé a conocer el chamanismo y en el curso de ensueño que hice hace casi dos años, pude controlar totalmente mi sueño, ensoñar, unas 7 noches de los 90 que duraba el curso. Para el chamanismo es vital el poder personal (la energía de la que dispones) para poder controlar el ensueño.

Aunque no seas consciente de qué sueñas, aunque no recuerdes tus sueños, cada noche estás en contacto con tu doble. Cada noche proyectas variables futuras posibles para ti. Cuando te vas a dormir pensando en todos los problemas que tienes, en las cosas que te han disgustado, con autocompasión, esto será lo que proyectes en el mundo metafísico haciéndolo posible en tu vida.

El último pensamiento y sentimiento que debes tener antes de caer dormido, debe ser un pensamiento de poder, un pensamiento creador, que proyecte variables adecuadas a tu avance, que esté enfocado en lo que deseas, en los cambios y metas que deseas experimentar en tu vida. Seguramente te ha sucedido en más de una ocasión que te has ido a dormir con toda la atención en un tema y te has pasado la noche entera soñando en eso. A mí me pasaba cuando estudiaba. Siempre estudiaba hasta quedarme dormida y durante todo el sueño veía las páginas que había estado estudiando.

Concéntrate en lo que quieres, pídele a tu cuerpo de ensueño que te muestre y te traiga las mejores variables para ti. Jean-Pierre Garnier Malet dice que es fácil contactar con tu doble, que es algo natural. Solo explícale tu situación, pídele que escoja las mejores opciones para ti y durante tu vigilia, en los días sucesivos, irás reconociendo estás informaciones en forma de intuiciones que te irán conduciendo hacia ese futuro potencial. Duérmete enfocado en el mejor futuro para ti.

EL MEJOR MOMENTO, EL PRESENTE

No sé que es lo que quieres cambiar en tu vida, qué área quieres mejorar o qué situación quieres superar. Creo firmemente en que todos tenemos una tarea que desempeñar en la vida, que venimos a aprender y a aportar algo al mundo. Aportar en todos los aspectos, a nivel laboral o de propósito de vida, a nivel emocional o de crecimiento.

Todos y cada uno de nosotros está en este mundo para realizar alguna cosa en concreto. Todos estamos diseñados para llevar a cabo una tarea en concreto. Algunas personas lo tienen muy claro desde un principio y otras están muy confundidas, por el mero hecho de ocultar la voz que sale de su corazón. Cuando descubres cuál es tu pasión y consigues vivir de ello, la alegría que se siente es inmensa. Es de esta forma cuando te sientes totalmente realizado.

Un concepto que he aprendido a lo largo de mi vida y que es de suma importancia es la IMPECABILIDAD. Cuando decides hacerlo todo de forma impecable, tu vida cambia. Cuando decides ser impecable en todo lo que haces, te guste más o menos, tu vida se vuelve impecable. Cuando puedes ser impecable en todo lo que desarrollas, aparece la impecabilidad del guerrero. Del guerrero, porque te conviertes en una persona que persigue sus sueños, sean los que sean, y no se rinde pase lo que pase. Cuando un guerrero cae, se levanta, se sacude el polvo, idea otra estrategia y continúa avanzando hacia su sueño. En el camino hacia tu sueño, hacia lo que quieres cambiar o incorporar en tu vida, debes ser impecable en todo lo que hagas. Las cosas se pueden hacer o se pueden hacer de forma impecable. Escoge siempre la mejor forma, que todo lo que salga de tus manos, que todos tus actos sean impecables. Cuando llegas a tener una vida de impecabilidad, todo lo que logras y todo lo que llega a ti está en el mismo nivel, tiene la misma condición.

La vida te va poniendo situaciones para que consigas encontrar el camino, muchas de ellas disfrazadas de fracasos y dolor. ¡Cuántas personas no hemos pasado ya por estas situaciones! En mi caso, cada vez que algo no funcionaba, en lugar de centrarme en el problema o buscar culpables, enfocaba mi energía en la otra dirección, y es que son muy importantes las preguntas que te haces en cada situación de tu vida. En lugar de preguntarte: ¿Por qué me han hecho esto? ¿Por qué me echan del trabajo? ¿Por qué esta persona en la que confiaba me ha traicionado?....vamos a darle la vuelta y vamos a preguntarnos: ¿Qué debo aprender de esta situación? ¿Qué me está mostrando la vida ante esta situación? ¿Qué beneficio personal puedo sacar de esto? ¿Qué puedo cambiar para mejorar mi situación? ¿Qué opciones se abren ante mí?

Las preguntas que nos hacemos son clave a la hora de encontrar soluciones y sobre todo son clave en nuestras emociones. La clase de preguntas que nos hacemos nos enfocan en la culpa, el dolor y el estado de victimismo en el primer caso y en cambio en el segundo, nos dan poder. Nos dan poder porque nos hacemos totalmente responsables y nos enfocamos hacia un cambio y una mejora. Cuando coges las riendas de tu vida, cuando dejas de buscar culpables y te haces responsable de ti y de tu mundo, ahí TIENES EL PODER. Tienes la posibilidad de guiar tu vida hacia donde tú quieras.

Cuando ya estás enfocado en lo que quieres alcanzar, el universo te sorprende con sus artimañas. Por ejemplo: imagina que quieres un trabajo más específico y más relacionado con lo que has estudiado; un trabajo con mayor responsabilidad dentro de la empresa, más valorado y más bien pagado. Imagina que empiezas a enfocarte en esa posibilidad; lo crees, tienes la fe absoluta de que lo lograrás y al cabo de unos días te echan del trabajo. La mayoría de las personas se vendrían abajo, se sentirían mal, se enfadarían, buscarían responsables, etc. ¿Pero qué pasa si realmente mantienes esa fe? ¿Qué pasa si te mantienes enfocado en lo que quieres lograr? Pues que aparecerá. No te preocupes por cómo va a aparecer en tu vida, ocúpate solo de el qué. Piensa que muchas veces tiene que haber grandes rupturas, grandes cambios para que puedan aparecer las nuevas oportunidades. Continuamos con el caso hipotético de esa persona que está enfocado en su deseo, tiene mucha claridad en todo lo que quiere... y lo han echado del trabajo. Se hace las preguntas adecuadas y llega a la conclusión de que debe mantener su vibración y de que no sabe cómo pero va a aparecer lo que espera. Un día, mientras pasea, se encuentra con un viejo amigo de la universidad al que hace muchos años que no ve. Hablan y le explica que hace unas semanas lo han echado de la empresa donde trabajaba y le comenta al amigo que le gustaría poder dedicarse a un trabajo más específico y con más responsabilidades. Y resulta que su amigo conoce una empresa donde justo están buscando ese perfil de persona.

Seguro que alguna vez te has encontrado con una persona que hace muchísimo tiempo que no ves y en un lugar poco frecuentado por ambos. Cuando suceden estas cosas tienes que estar atento, porque no es una casualidad que os encontréis, es una CAUSALIDAD y el universo ha movido todos sus hilos para que así fuera y para que esta persona o tú a ella le aportes algo sumamente importante. Tienes que estar muy atento a estas sincronicidades.

El año pasado tuve el gran placer de conocer a un matrimonio muy especial. Son de Barcelona pero al jubilarse se fueron a vivir a un pueblo muy tranquilo. Él trabajó prácticamente toda su vida en grandes empresas, gestionando la contabilidad. Es un hombre muy culto y un gran amante de los libros. Tiene una biblioteca privada enorme con obras que han pasado de generación en generación. Un día, mientras hablábamos, me explicó que había sufrido mobbing en una empresa en la que llevaba trabajando muchos años y lo mal que lo pasó. Al final, lo echaron del trabajo, pero a raíz de este despido, él tomó las riendas de su vida y escuchó su voz interna que lo guió a trabajar en su pasión. Pasado un tiempo, abrió un pequeño taller de encuadernación. Recuerdo que me decía que habían sido los mejores años de su vida, lo cual me hizo rememorar la famosa frase: «No hay mal que por bien no venga». Y es que detrás de cada «derrota » hay una nueva oportunidad. Cuando nacemos, ya venimos marcados con nuestro propósito y la vida nos va guiando para que lo logremos.

Me gustaría contarte una bonita historia…

«A un anciano que era granjero un día se le escapó un caballo y todos los vecinos del pueblo se le acercaron y le dijeron: «Oye, qué desgracia, qué mala suerte», a lo que el anciano contestó: «Tal vez». Al día siguiente, el caballo regresó a la granja y trajo con él a siete caballos salvajes más. Todos los vecinos llegaron adonde se encontraba el anciano y le dijeron: «Oye, qué buena suerte», a lo que el anciano contestó: «Tal vez».

Al día siguiente, el hijo del anciano, que ayudaba a su padre en todas las actividades de la granja, intentando domar a uno de los caballos salvajes, se cayó y se rompió una pierna. Los vecinos llegaron de nuevo junto al anciano y le dijeron: «¡Qué desgracia, qué mala suerte!» a lo qué el anciano les respondió: «Tal vez».

Finalmente, al día siguiente, llegó el ejercito que estaba reclutando a los jóvenes del pueblo para una guerra inminente pero al hijo del anciano no lo requirieron porque tenía la pierna rota. To-dos los vecinos se acercaron hasta el anciano y le dijeron: «Oye, qué buena suerte, qué bendición. A mi hijo se lo llevaron y al tuyo no»; y el anciano les contestó: «Tal vez».

La cuestión aquí es que es realmente imposible saber si algo que nos sucede es bueno o malo. Es imposible saber las consecuencias de una buena fortuna o las consecuencias de una mala fortuna. Muchas veces, una situación aparentemente adversa termina encausándose hacia algo positivo. Una situación aparentemente negativa nos puede sumergir en un estado de tristeza y frustración que nos impida ver las oportunidades que también hay en ella. La sabiduría en la actitud del anciano, nos muestra cómo en ningún momento se queja y está abierto a observar qué sucede.

Hay momentos y situaciones que pueden hacerte sentir mal, que te pueden causar un «bajón» en tu día a día. Pero recuerda que todo son pruebas y oportunidades para crecer. Estas pruebas te otorgarán otras capacidades que te harán crecer como persona. En estos momentos recuerda que puedes cambiar las preguntas que te haces y que en todo momento puedes escoger vivir un rol de víctima o empoderarte. Siempre que decidas transitar el camino hacia tu meta, van a aparecer obstáculos. Pero cuando tu corazón alberga la certeza absoluta de que lo que estás haciendo es tu propósito en la vida, vas a aprender de todas estas situaciones y vas a tener el impulso necesario para superarlas.

La gran mayoría de las personas viven frustradas, con parejas que ya no aman, con trabajos que detestan, con amigos con los que ya no comparten nada... Pero estas situaciones son lo conocido, lo fácil a simple vista. La mente te va a dar mil argumentos para que te mantengas en esta zona conocida, en esta zona de confort, ya que el cambio es incierto. Se tiene miedo a cambiar porque no se sabe lo que acontecerá y la incertidumbre se hace más difícil de soportar que cualquier malestar emocional relacionado con lo que debes cambiar.

Pero cuando tienes claridad, cuando sabes y sientes lo que quieres en tu vida; aunque venga un período de incertidumbre, sigues adelante. Cuando tienes esa certidumbre de que debes de hacer algo, no puedes quedarte sin hacerlo. Con la claridad, viene la fe. Y esta fe inquebrantable será la que te empujará a saltar al vacío. Cuántas personas ya mayores, reflexionan y dicen: «Ojalá hubiera hecho esto o aquello». Yo no quiero reflexionar de mayor y ver que no he hecho lo que quería hacer. Recuerda la frase de Wayne Dier: «No mueras con la música aún dentro de ti». Todos somos especiales, todos tenemos alguna habilidad, todos tenemos alguna cosa que aportar al mundo. TODOS.

Lo peor que te puede pasar es que te encuentres con la persona que ha logrado ser lo que tú viniste a ser y no llegaste a ser porque te rendiste antes de tiempo, porque no confiaste en esta voz dentro de ti que en algunos momentos gritaba tu camino a seguir. Así que es mejor escuchar esa dulce melodía y dejarla salir.

Los chamanes dicen que el camino del guerrero empieza en soledad. La persona que quiere lograr su propósito es imparable. Cuando estás decidido a llevar tus objetivos a tu vida y no es fácil, la mayoría de personas que te rodean intentarán disuadirte y te darán cien estadísticas para que abandones, para que te rindas. Es por este motivo que el guerrero va acompañado de su soledad. Cuando tú sabes lo qué quieres hacer, no necesitas que las personas que te rodean te den impulso. Si tienes la gran suerte de tener varias personas en tu primer círculo de acción es una maravilla, pero si no es tu caso, ¡no renuncies a tus sueños! ¡despierta la magia que hay en ti!

A medida que vayas avanzando irán apareciendo personas con una vibración similar a la tuya. Piensa que si se quiere, ¡SE PUEDE!

«Cuando el guerrero se cae, se levanta, se sacude el polvo e idea otra estrategia»

Edgar Delgado (Agustín)

Cuando tienes un objetivo claro y pones toda tu INTEN-CIÓN en él, debes intentar mantenerte fijamente en esa dirección. Muchas veces, en el camino aparecen otras opciones que te pueden frenar o hacer cambiar. En ocasiones, durante el proceso aparecen otras alternativas que te pueden tentar, sobre todo porque son más asequibles. Muchas de las personas que te rodean también te pueden «despistar» de alguna manera, dándote, desde su punto de vista, otras opciones que serían más fáciles.

Pero ten en cuenta que cuando inicies este camino hacia tu éxito personal, sea del tipo que sea, van a aparecer muchos muros y obstáculos que pasar. Todas las personas que han conseguido grandes logros han tenido que pasar grandes obstáculos, han tenido que saltar altos muros. Su seguridad en que lo lograrían y su fe, los han llevado a la meta. Todos estos obstáculos que aparecen no son más que pruebas de FE, son aprendizajes. Todos estos muros te hacen más fuerte y de todas las dificultades que te encuentres, aprenderás grandes cosas que seguramente necesitarás en un futuro.

Cuando tienes claro tu objetivo, solo hay una dirección. Simplemente las otras opciones, dejan de existir.

Hace unos años me fui de viaje con mi amiga Irene a hacer ruta por la India. Estuvimos prácticamente un mes en la parte norte, en Ladakh (en el Himalaya) a más de tres mil quinientos metros de altura. Ladakh es un sitio especial, ya que casi toda su población está formada por tibetanos exiliados. Estábamos viviendo con una familia en un pequeño pueblo al lado de Leh. Había un monasterio budista y aparte de los monjes, no creo que llegaran a los 30 habitantes. Irene conoció a dos monjas tibetanas que prácticamente no hablaban inglés y le explicaron que estaban construyendo un monasterio para mujeres cerca de allí. Mi amiga había quedado con ellas para ir a visitarlo al día siguiente, pero al final, no se encontró bien y fui yo.

Las dos mujeres pasaron a buscarme y cogimos un autocar que nos llevó a unos 20 kilómetros de Thikse, el pueblo donde nos alojábamos. Paró en medio de una carretera, no había nada, solo las enormes montañas. Tomamos un sendero que subía entre grandes montañas de roca y estuvimos caminando más de una hora. Llegamos a un pequeño terraplén en el que nos encontramos con unos hombres que construían un pequeño monasterio. Era precioso. Las monjas me explicaban todo lo que podían.

Sabía que el autocar pasaba de vuelta a las seis y que a las cinco, como muy tarde teníamos que empezar a bajar. Pero, ¡sorpresa! Cuando les dije que era la hora de irnos, me miraron muy serias y me dijeron que ellas se quedaban allí. ¡Imaginad la cara que se me quedó! Cuando vieron mi asombro me dijeron que podía quedarme a dormir allí con ellos y marcharme por la mañana. Pero yo no tenía otra opción, debía llegar al autocar antes de las seis sí o sí. En nuestra sociedad todo es muy fácil, podemos comunicarnos fácilmente, pero yo no podía llamar a mi amiga, ni podía quedarme allí a dormir porque si no llegaba a la casa por la noche, ella no habría sabido ni dónde ir a buscarme. El monasterio estaba perdido en medio de las montañas.

Yo había subido, confiada, disfrutando de las impresionantes vistas pero sin prestar mucha atención al camino. Estaba a punto de oscurecer y no tenía más opción que llegar, no podía quedarme ni perderme por el camino. Así que me despedí y me armé de valor. La temperatura a esas alturas baja en picado cuando oscurece, así que perderme no era una opción para mí. Me relajé y empecé a bajar. Recuperé mi confianza y usando mi intuición fui caminando. Debo admitir que la bajada se me hizo mucho más larga que la subida. Cuando empezaba a dudar de si habría seguido el camino correcto o no, vi la ladera y a unos metros estaba la parada del autocar.

¿Por qué te explico esta historia? Para mí es un buen ejemplo. Cuando tienes tu propósito o tarea claros en tu vida, el camino hacia él tiene que ser como el camino que bajé. No puede haber más opciones, no puedes cambiar la ruta porque sino no llegarás al lugar establecido. Y aunque dentro de este camino haya muros que saltar o ríos que cruzar, lo vas a lograr. Y aunque en un momento te despistes y te pierdas, vas a recuperar el sendero que te llevará al sitio esperado porque no existe otra posibilidad.

Cuanto mayor sea tu pasión y tu fe para lograr tu objetivo, más fuerza tendrás para saltar cualquier muro que aparezca en el camino. Piensa que estos muros no son más que pruebas que te harán desarrollar habilidades que en un futuro te servirán para llevar a cabo lo que decidiste hacer. ¿Saltarías de una azotea de un edificio a otra si te dieran por ejemplo mil euros? Seguramente no, pero ¿saltarías de una azotea a otra si en el otro lado estuviera un ser querido, tus padres, tu pareja o tus hijos y necesitaran urgentemente tu ayuda? Seguramente saltarías sin pensarlo. Por este motivo, cuanto más involucrado a nivel emocional estés con tu propósito, más fácil te será saltar. Sabrás que por alto o largo que tenga que ser el salto, lo debes hacer. Cuando detrás de cualquier desafío se encuentra una cosa de peso, no pensamos, actuamos.

Vivir una vida sin propósito es muy triste, pero más triste es vivir una vida con el propósito de otra persona. ¿Cuantas personas han estudiado para poder dedicarse a lo mismo que sus padres? Hay familias enteras que son médicos, abogados, farmacéuticos o que continúan un negocio familiar. Cada uno de nosotros tiene unos anhelos y unas cualidades diferentes, tiene unos «dones» o facilidades para unas áreas concretas. Imagínate una familia en la que tres generaciones se han dedicado a lo mismo; los hijos se sienten ya impulsados a hacer lo mismo. La presión que hay sobre ellos es muy fuerte y también el sentimiento de deslealtad si deciden dedicarse a otra cosa diferente.

Cuántas personas hay que estudiaron mucho para dedicarse a una cosa que después no les gusta. Hace unos meses, en un curso, conocí a una chica que había estudiado derecho al igual que su padre pero ahora tenía muy claro que quería ser maestra. Al inicio del libro también te expliqué la historia de un chico inglés, también abogado, que lo había dejado todo para dedicarse a la música.

Todos nacemos siendo únicos y auténticos, pero la misma sociedad nos hace perder nuestra autenticidad y nos vamos moldeando para encajar en ella. Yo creo que uno de mis mayores propósitos ha sido el de recuperar mi autenticidad, poder ser lo que soy. Me di cuenta de que me importaba el hecho de no ser aceptada y no me permitía ser yo misma en todo momento. Cuando recuperas lo que tú eres en realidad es cuando experimentas la libertad absoluta.

Desde pequeña he estado muy interesada en todos estos temas que trato en el libro pero no hablaba con nadie de lo que sentía y pensaba por el hecho de no ser aceptada. Las personas tienden a apartar a aquellas que son «diferentes» y esto se ve en todos los ámbitos. Recuerdo que una vez le pregunté a una profesora cuál era la causa de que se apartara a un niño del grupo. Conocía un par de casos de niños que habían estado en diferentes colegios y siempre les pasaba lo mismo. Ella me contesto: «simplemente porque son diferentes" y todo lo que sale de los estándares es difícil de aceptar por la mayoría. Nos negamos a creer lo que no comprendemos.

Cuenta una antigua historia zen sobre la vida de un león que este león nació y se quedó sin padres. Aún siendo un cachorro una oveja lo encontró y lo crió como si fuera su propio hijo. El león fue creciendo en el rebaño haciendo lo mismo que sus compañeros pero aún así sentía que no encajaba en el grupo. El león iba creciendo creyéndose oveja hasta que un día lo capturó un viejo de su especie. El joven león estaba muerto de miedo al ver la majestuosidad del animal, pero el sabio león acompañó al joven hasta un pozo donde le enseñó su propia imagen reflejada. Así que te animo a que recuperes tu identidad, tú no has venido aquí a seguir un rebaño que no aspira a nada, que se conformó, que se resignó. Tú tienes todo el potencial para ser la persona que has venido a ser. No te conformes con menos, no te resignes a seguir un camino que no es el tuyo.

Como muy bien explica Osho: «La personalidad es una conveniencia social: la sociedad no puede tolerar la individualidad, porque esta no es gregaria, como una oveja. La individualidad tiene la cualidad del león; el león se mueve solo. La oveja está siempre en la multitud, esperando sentirse a gusto al permanecer entre ella. Estando entre la multitud uno se siente protegido, seguro. Si alguien ataca, existe la posibilidad de que puedas salvarte, pero estando solo...Únicamente los leones se mueven en soledad. Nacemos leones, pero la sociedad nos condiciona, programándonos para ser ovejas. La sociedad quiere ovejas, no leones comprometidos con la libertad. Cuando crezcas y seas quien tienes que ser te admirarán, pero mientras te mantengas en un lugar que no es el tuyo y no descubras quién eres en realidad te costará encajar. Permítete ser quien eres, no tengas miedo a brillar, a destacar. Tienes grandes cosas a realizar pero mientras sigas integrado en el rebaño poco podrás hacer.

Cuando era adolescente me costaba mucho de encajar en el grupo de amigos, puedo decir que no conservo a ninguno. No fue hasta que encontré el camino que vine a transitar cuando empecé a conocer personas con las que sintonicé y con las que pude hablar abiertamente sobre mi filosofía de vida. Cuando encontré personas afines a mí fue cuando me di cuenta de todo lo que reprimía en mi interior y decidí ser yo misma, ser AUTÉNTICA. Cuando podemos apartar nuestra importancia personal y recuperar nuestra libertad, nos volvemos imparables, porque el freno en realidad nos lo ponemos nosotros mismos, no el entorno.¡ Así que deja de negociar tu futuro, deja de ponerte excusas y recupera tu autenticidad!

Sé león, el camino del guerrero se camina en soledad.
Nunca es tarde para cambiar, todas la limitaciones te las pones tú. Cuando no te ves capaz por las creencias y resistencias que están dentro de ti, siempre vas a encontrar excusas y culpables. Le puedes echar la culpa a la edad, al sexo, a la falta de estudios, a la economía, al país, a tus padres, etc. Pero cuando de verdad estás comprometido, nada de esto te puede frenar, todas estas limitaciones existen únicamente en tu mente. Y no hay ningún culpable. Tu peor enemigo eres tú mismo.

Cuando ya hemos trabajado en nuestro sistema de creencias, hemos ganado claridad para poder escuchar dentro de nosotros cuál es nuestra tarea en la vida y hemos aprendido a enfocarnos, ya solo nos falta pasar a la acción. Aun cuando tienes claro lo que quieres hacer en tu vida, necesitas ponerte en acción. Sentirlo y visualizarlo es estupendo pero tienes que ponerte manos a la obra para hacer que las cosas sucedan. Hay muchas personas que están únicamente trabajando en el mundo espiritual: meditan, hacen las visualizaciones, sienten sus anhelos como si ya fueran suyos, pero el universo funciona a dos niveles: el nivel físico y el metafísico. Los dos son igual de importantes y es por este motivo que no debemos olvidar mover cosas para hacer que otras sucedan. Aunque estés muy enfocado visualizando ese trabajo que deseas lograr, si no te pones en marcha, difícilmente van a venir a llamar a tu puerta ofreciéndote lo que quieres. Es en este punto donde entra en acción tu IMPECABILIDAD, tu disciplina, el mantenerte firme con tus promesas de progreso hacia una vida mejor.

Cuando oyes a una persona decir: «tendría que hacer tal cosa» o «ya lo haré», seguramente no va a llegar a lo que desea incorporar a su vida. En el momento en que DECIDES de corazón empezar con alguna cosa, tienes que empezar a moverte. Tienes que planificar qué es lo que vas a hacer y cómo. Si vierais mi agenda, da risa....todo lo apunto. Escribir te da claridad. Escribo qué voy a hacer y en qué orden. Empiezo por el paso número uno, sigo con el paso número dos y voy ascendiendo, pero si en algún momento no puedo realizar uno de estos pasos, vuelvo a diseñar mi estrategia y si aún así no avanza, busco otra opción. La disciplina es esto, es el mantenerse firme en tu propósito, el no rendirte si una cosa no sale a la primera o a la segunda y el mantenerte siempre enfocado en lo que quieres lograr.

Cuando haces una cosa que te apasiona, no es pesado para ti, al contrario...tienes tanto entusiasmo que no conoces el cansancio. Cuando tienes claridad y fe vas a estar ahí pase lo que pase, porque sabes que esto es lo que quieres hacer y que costará más o menos pero lo lograrás. Si alguien te confirmara que puedes alcanzar tu propósito, ¿lo llevarías a cabo? Seguramente sí, aunque te costara tirarías adelante, aunque pasara un tiempo seguirías haciendo los pasos correctos que te van acercando a tu logro porque tienes la certeza de que tarde o temprano lo vas a conseguir. Pues la FE es esto, saber que pase lo que pase lo lograrás. Es creer para ver.

Cuando eres un apasionado, cuando haces las cosas con toda tu impecabilidad, el cansancio no existe; al contrario, te llenas de alegría y vitalidad. Cuando ves a personas totalmente involucradas en su trabajo ves que están todo el día enfocados en mejorar, en llevar su propósito al máximo nivel y lo hacen sin esfuerzo, con alegría y pasión. A muchas personas, la mayoría, les ocurre que tienen un momento de gran lucidez y empiezan a planificar cambios para lograr lo que quieren, pero en cualquier momento en que aparece un pequeño obstáculo empiezan a dudar y su nivel de entusiasmo empieza a disminuir. Es como poner una pastilla efervescente en un vaso de agua: al principio empieza a soltar las burbujas de manera fuerte y va bailando de un lado a otro del vaso de cristal, pero a medida que va disolviéndose, su fuerza mengua hasta acabar en el fondo y disolverse por completo.

El: «ya lo haré» es la frase más utilizada para continuar posponiendo lo que ya tendría que haber arrancado. Siempre se está esperando el momento adecuado: cuando mis hijos sean mayores, cuando mi marido se jubile, cuando tenga más tiempo, cuando esté totalmente recuperado, cuando Júpiter este alineado con Marte... Pues voy a contarte una cosa; todos tenemos a una amiga que no nos abandona, que en el momento en que nacemos se presenta y camina detrás nuestro siempre. Esta gran amiga es la muerte. La muerte camina siempre detrás de ti y solo tiene que estirar su brazo y tocarte. El gran problema que tenemos las personas es que pensamos que viviremos eternamente, pero esto no es así y cuando te das cuenta, ya has pasado más de la mitad de tu vida sin dejar salir la música que está dentro de ti.

Seguramente conocerás algún caso de alguna persona que haya estado a punto de morir. La mayoría de estos casos cambian su vida radicalmente después de pasar por esta experiencia. Hablar de la muerte en nuestra sociedad continúa siendo un tema tabú, a nadie le gusta hablar de ella, aunque duerma cada noche en nuestra cama. Dentro del chamanismo hay cursos de «danza con la muerte», de donde las personas salen teniendo muy claro qué quieren hacer y con la necesidad de empezar cuanto antes mejor. Si en estos momentos alguien te dijera que te queda un tiempo limitado de vida, ¿qué harías?

En mi experiencia, me he encontrado con muchos pacientes con cáncer y todos han sobrevivido, por su actitud. La mayoría de personas que acuden a nosotros y a otras terapias alternativas, ya han tomado la decisión de que este no va a ser su fin y buscan todas las herramientas que puedan serles útiles para su curación en lugar de resignarse. Recuerdo varios casos con cariño y admiración; recuerdo a una mujer que estaba en tratamiento con quimioterapia: se le había caído todo el cabello y a nivel físico se sentía cansada, pero A PESAR DE eso, cada día se arreglaba y salía a caminar por el bosque. Recuerdo que me explicaba como había reaprendido a observar la belleza de las cosas, a disfrutar de los pequeños momentos, a soltar lastres que llevaba con ella desde hacía muchos años. Esa mujer se giró y miró los ojos de su mejor amiga, esa mujer se volvió a enamorar de la vida, esa mujer aprendió a PERDONAR de corazón y a soltar todo aquello que le creaba sufrimiento. Esa mujer supo lo que es la GRATITUD, la gratitud por el mero hecho de estar vivo.

Otro caso que me conmovió fue el de una chica joven, yo la había tratado unos años antes de que enfermara. Cuando le diagnosticaron la enfermedad estuvo mucho tiempo en el hospital. Por aquel entonces veía frecuentemente a una familiar suya y le preguntaba por ella. Un día sacó el móvil y me quedé perpleja. Cada día hacía un vídeo para sus familiares explicando cómo estaba y qué había hecho. En ningún momento salieron de su boca palabras de queja o victimismo. Hace unos meses me reencontré con ella y me explicó que iba a dar charlas en los hospitales para los enfermos de cáncer.

Es una mujer extraordinaria y A PESAR de haber pasado lo que ha pasado, ahora puede ayudar a muchas personas que transitan por esta enfermedad. Me dijo: «Yo nunca pensaba en que moriría, yo sabía que iba a vivir. Pensaba en todas las cosas que haría cuando saliese del hospital. Cada día hacía una visualización, imaginaba que una luz verde entraba dentro de mí al inhalar y que al exhalar salía todo lo malo». Sin saberlo conscientemente usaba unas técnicas que hace años se utilizan en Estados Unidos con pacientes oncológicos.

Nuestra actitud es muy importante.

En una ocasión también tuve la oportunidad de ver los ojos de la muerte. Cuando estaba en mi primer año de medicina tradicional china conocí a un chico mexicano en clase. Tenemos una gran afinidad, es uno de mis seres más queridos. Él venía de Inglaterra y en Navidades tenía que volver a México para renovar el visado necesario para poder permanecer cinco años en Barcelona estudiando. En México todo va a su ritmo y se demoraron mucho con el trámite del visado. Un día me escribió y me dijo si quería ir a pasar unas semanas de vacaciones. A los tres días aterrizaba en Ciudad de México. Estuvimos visitando el precioso país y un día recalamos en Acapulco. Fuimos a una playa secundaria, justo al lado de la playa más turística de esta ciudad. Algo dentro de mí me hacía actuar con precaución. Aunque el mar estaba bastante tranquilo, no osaba adentrarme demasiado. Él estaba nadando y me dijo: «ven, no tengas miedo. Mis pies aún tocan el suelo». No hice caso a lo que sentía y entré. En un abrir y cerrar de ojos, el Océano Pacífico cambió.

Cuando nos dimos cuenta, unas grandes olas nos cubrían y yo estaba atrapada dentro de una fuerte corriente. Cada vez me era más difícil mantenerme en la superficie y poco a poco, el mar iba arrastrándome hacia adentro. Mi amigo estaba fuera de la corriente y me iba guiando, pero llegó un momento en que ya no podía verlo ni oírlo y en ese preciso momento miré la cara de nuestra amiga. Yo estaba la mayoría del tiempo debajo del agua porque las olas me escupían de abajo a arriba. Hubo un momento en que ya exhausta, estuve a punto de rendirme.

Pensaba en mis padres. Pensaba que mi padre tiene pánico a los aviones y que tendría que viajar a México a buscar mi cuerpo y casi empiezo a llorar. Pero unos instantes después volví a oír la voz de Felipe y en lugar de ver la película de mi vida, no me rendí. Empecé a luchar contra las olas para que no pudieran dominarme y pensé que tenía mucho que dar aún, que ese no era mi último día. Me juré que lograría todo lo que me propusiera y que por muchas dificultades que tuviera, ahí estaría, nadando a contracorriente. Cuando salía de debajo del agua para poder coger aire, antes de volver a sumergirme, vi una pequeña mano delante del sol. Había un chico de unos catorce años intentando agarrarme. Me tiró de la mano y me subió a su tabla de surf. Tardamos aún un buen rato hasta llegar a la orilla. Después de unos diez minutos sentados en silencio en la cálida arena, llegaron dos hombres que nos dijeron que cada mes morían bastantes personas ahogadas en esa playa. A ese chico le debo mi vida y el ser como soy hoy.

ESTÉS DONDE ESTÉS, ¡MILLONES DE GRACIAS!

Cuando inicié el viaje, algo dentro de mí me decía que no iba a ser un viaje como los demás, algo me decía que una parte de mi moriría y así fue. Como siempre, unas semanas antes, me compré el mismo reloj, con correa de goma y muy resistente. Tomé el avión en Madrid y más o menos en la mitad del viaje, mi reloj pitó y dejó de funcionar. Durante todas aquellas semanas mi reloj permaneció apagado, no había forma de hacerlo funcionar y fue a parar a uno de los bolsillos de mi mochila. En el viaje de vuelta, más o menos a mitad de trayecto oí un leve pitido que provenía de mi mochila y efectivamente el reloj volvía a funcionar. Siempre digo en broma: que ese fue un viaje fuera del tiempo.

Déjame que te cuente una conmovedora historia, la historia de Rick Elías. Ese maravilloso hombre dio una charla en Ted de únicamente tres minutos, con la que seguramente cambió la vida de las personas allí presentes. El título de su charla era: Las tres cosas que aprendí mientras se estrellaba mi avión. Rick Elías iba en un avión con otras 200 personas cuando de repente el avión hizo una maniobra extraña. Habían perdido un motor. Rick preguntó a la azafata y ella le dijo que no ocurría nada. Al cabo de un momento se repitió la situación, perdiendo el segundo motor del avión. El piloto en aquel momento dijo simplemente: «prepárense para el impacto».

Rick en aquel instante supo que iba a morir y comenta que se preguntó tres cosas: La primera de las cosas qué pensó es que todo cambia en un instante. Pensó en todas las cosas que quería hacer y no hizo, en todas las personas a las que quería decirles «te quiero y no lo hizo»... Rick dijo en esa charla que aprendió que no hay que aplazar nada en la vida, dice que ya no tiene buen vino en su bodega, que debemos disfrutar de cada minuto. La segunda cosa que pensó mientras el avión estaba a punto de estrellarse fue en la cantidad de tiempo que había perdido por culpa de su ego, el tiempo que había desperdiciado en cosas que no importan, con gente que sí importa. Dice que desde aquel momento no ha vuelto a discutir con su mujer, entre tener razón y ser feliz, elige ser feliz. La tercera cosa que aprendió es que morir no da miedo.

Aquel día, finalmente, Rick sobrevivió. Él era uno de los pasajeros del avión que aterrizo en el río Hudson, gracias al gran piloto, que consiguió salvar la vida a la mayoría de las personas que llevaba. Rick termina la charla diciendo: «Todos nosotros estamos volando hoy y no sabemos si nuestro avión se va a estrellar esta noche. No vais a vivir para siempre. Preguntaos únicamente una cosa: ¿Estáis siendo la mejor persona que podéis ser?». Cuando experimentas este tipo de situaciones, te das cuenta de que no hay tiempo que perder, de que la vida es hoy, es ahora. El pasado ya no existe, suéltalo y el futuro depende de tu presente, de ahora. No pospongas más lo que tienes que hacer, cuando empieces serás inmensamente feliz. No mueras sin mostrar todo lo que está en ti!

Otra de las frases más frecuentes para seguir posponiendo las cosas es: «no tengo tiempo»... cuando las cosas se quieren hacer, el tiempo aparece. ¡El tiempo se busca, se encuentra y si no se crea! Si esta es una de tus frases, coge papel y lápiz y apunta cada día en qué empleas tus horas. Si estás dos horas mirando la tele, el ordenador o el móvil también cuentan. Estoy segura que si se recupera este tiempo, esta excusa pierde fuerza.

Cuando asocias placer a lo que vas a emprender, no va a importar si duermes una o dos horas menos, no va a importar que destines tu tiempo a tu propósito. Todo es saber organizarse y encontrar el momento destinado a tu progreso.

A lo largo de los años he desarrollando mi percepción y me fijo muchísimo en lo que dicen las personas. Y muchas empiezan siempre con un «es que…» y ya ves que no están comprometidas con lo que quieren hacer, siempre van a encontrar excusas para justificarse. La IMPECABILIDAD es saber el qué y hacerlo de la mejor forma posible.

Cuando te COMPROMETES de todo corazón a seguir tu propósito, pase lo que pase, caminas el sendero con total confianza y cada vez que tu mente te diga cualquier cosa que te haga dudar, tendrás la capacidad de darle la vuelta.

La mayoría de personas tienen miedo al cambio, aunque este sea a mejor. Toda su vida y situación actual ya son conocidas para ellas y el cambio entraña incertidumbre.

El cambio nos da miedo porque nos convertimos en responsables. Cuando te mantienes donde estás puedes continuar delegando la responsabilidad en otros o en las circunstancias, pero esto es una ilusión, porque tú siempre has sido y serás el único responsable de lo qué estás viviendo.

Nuestra mente funciona en piloto automático, guiada por nuestras creencias y convicciones, actúa siempre de la misma forma, evitando el dolor y buscando el placer.

El hecho de no saber qué vas a encontrarte en el camino que decides emprender, te causa miedo y dolor. El miedo a fracasar también está detrás, pero ¿qué es peor, Intentarlo aunque cueste al principio y exponerse a la incomodidad? o ¿Seguir con tu vida sin intentarlo y dentro de unos años pensar en qué hubiera ocurrido si…? Siempre podemos escoger experimentar el dolor de la disciplina o el dolor del arrepentimiento.

Aunque tu vida actual te cause sufrimiento, siempre es más fácil quedarse en esta porque te resulta conocida. Cambiar, arriesgarse a ir a por otra cosa crea más incomodidad. ¿Cuántas personas hay que aguantan situaciones únicamente porque no creen que puedan lograr algo mejor? Como ya comentaba al principio, hasta que la situación no llegue a un nivel donde el malestar resulte insoportable, muchas personas no van a empezar a moverse. Cuando el dolor se hace intenso, nos puede servir como trampolín para saltar a otro nivel. Pero, ¿vale la pena esperar a llegar a esos límites? ¿No es más sensato observar nuestra vida y de manera sincera ver lo que funciona y lo que no y actuar?

Todos tenemos momentos de gran lucidez. A veces te levantas por la mañana y tienes una claridad excepcional de hacia dónde debe dirigirse tu vida. Cuando tenemos estos flechazos debemos movernos, debemos escribir qué es lo que pensamos cambiar y qué sentimientos nos crean estos cambios. Porque una vez se entra en la rutina, en tu día a día, en las cosas conocidas, tu mente empezará a hacerte dudar de lo que horas antes veías con gran claridad; empezarán a crecer malas hierbas en tu huerto.

Todos los cambios asustan, los cambios representan responsabilidad y a muchas personas les cuesta hacerse responsables de ellos mismos y de sus vidas, es más fácil quejarse al mundo de sus situaciones. Para poder cambiar tu vida debes experimentar la incomodidad pero cuando haces lo que sabes que debes hacer, aunque te sientas incómodo, a la vez te sientes entusiasmado. Cuando de verdad escuchas la voz dentro de ti y te comprometes a hacer lo que haga falta, te sentirás lleno de energía y pasión por lo que estás realizando.

Todos tenemos nuestras formas características de funcionar, rutas establecidas que conforman nuestra personalidad, nuestra actitud. Pongo por ejemplo el caso de una persona muy sumisa, con una gran necesidad de agradar a todo el mundo, una persona que antepone el bienestar de los demás al suyo propio a la que le cuesta mucho decir «no». Esta persona tiene unas formas concretas de actuar, tiene unas rutas bastante fijas que los demás también conocen. Pongamos el caso de que un día decide cambiar este comportamiento, decide que ya no le importa que lo acepten o no y se pone a sí mismo en primer lugar. ¿Sabes qué va a pasar? Todas las personas que le pedían favores y sabían que de su boca siempre iba a salir un sí, cuando les responda que no le es posible se van a enfadar. Aunque otras les digan que no, no pasa nada, pero cuando esta persona en concreto les diga que no, se van a enfadar. La mente de estas personas va a responder al cambio de la otra ya que todos los cambios externos también crean resistencia. Creían que conocían a esa persona y lo que podían esperar siempre de ella, pero cuando esta cambia, sus mentes reaccionan al cambio. ¿Por qué explico esto? Porque la mente siempre se resiste al cambio propio y al externo. Todo lo que salga de lo habitual es visto como un peligro. Para tu mente, salir de tu zona de confort es peligroso. Pero nuestra mente nos tiene que seguir y no a la inversa. Sabemos que podemos controlar nuestros pensamientos, sabemos que podemos cambiarlos y con ellos, nuestros estados de ánimo y nuestra realidad. Cuando nuestra mente ponga resistencia y empiece a hablarnos con palabras de miedo, de fracaso, de duda, tenemos que cambiar esos pensamientos automáticamente para poder lograr salir de la situación en la que estamos y dirigirnos hacia la que deseamos.

«Todos tenemos dos elecciones: estar llenos de miedo o llenos de amor».

Albert Einstein

Cuando emprendas el camino hacia tu propósito van a aparecer obstáculos y de estos dependerá que triunfes en la vida o no. Seguramente muchas personas han emprendido el mismo camino que tú y se han encontrado con las mismas pruebas. Puede ser que alguna de ellas se rindiese al tercer obstáculo, alguna al cuarto, algunas llegaran hasta el octavo y claudicaran también pero, ¿y si detrás del octavo obstáculo está tu éxito? Son muchos los que abandonan justo cuando tienen el éxito al alcance de su mano.

Hoy en día disponemos de grandes inventos. Tenemos electricidad, teléfonos, aviones, barcos, ordenadores, etc. Detrás de estos inventos hubo muchos fallos e impedimentos, pero lo que más hay es fe y perseverancia. Estas personas que lograron materializar todos estos avances de los que disponemos ahora, nunca se rindieron.

¿Recuerdas la pregunta de antes? Si alguien te confirmara que puedes lograr lo que te has propuesto ¿te rendirías? Piensa que, de alguna forma, alguien te ha dicho que sí lo ibas a lograr. Esa voz dentro de ti que te ha hecho tomar acción en una dirección específica sabe que lo vas a lograr. El único que puede frenarte eres tú mismo, tu mente. Tu mente aprovechara cualquier bache en el camino para disuadirte, para hacerte girar la cabeza y mirar qué otras vías más fáciles puedes transitar. Pero cuando realmente sabes qué has venido a hacer, tu fe hará callar a tu mente y en lugar de ser la que manda en tu vida va a ser la herramienta a tu disposición para llegar adonde quieras.

Hay infinidad de ejemplos de personas que fueron muy desafiadas y aún así llegaron a cumplir sus sueños. PERSEVERANCIA (no rendirse) E IMPECABILIDAD son los adjetivos que los definen. Los psicólogos dicen con acierto que: «cuando uno está realmente preparado para una cosa, hace que aparezca».

Y AHORA ¿QUÉ?

Durante todo el libro he ido repitiendo que esta no es una publicación para entretenerse, sino que es un libro para trabajar profundamente. Espero que hayas disfrutado de su lectura, pero confío en que apliques todas estas herramientas y conocimientos para cambiar tu vida de forma espectacular. Que uses todo lo que ahora sabes para transformar todo aquello que te causa dolor y puedas subir otro escalón en tu crecimiento personal.

Como ya sabes, aprendemos por repetición y por este motivo he estado repitiendo una y otra vez los conceptos más importantes, los conceptos claves. Pero recuerda que todo avance necesita compromiso y acción; el hecho de leer por sí solo no te traerá los resultados que estabas buscando. Leer es el principio, pero lo que te traerá resultados en tu realidad son las acciones y el trabajo interior. Si no estabas familiarizado con todo este contenido, supongo que debes tener la cabeza llena de información que procesar, as´ñi que no estaría de más leerlo una segunda vez. La lectura será distinta, pero sobre todo, empieza a trabajar ya.

En la primera parte te he mostrado la importancia de todo lo aprendido en ti y cómo toda esta información es la que condiciona cada paso que das y cada resultado que obtienes. Te he hablado de una gran verdad, y es que hasta que no cambies tu mundo subconsciente no vas a poder cambiar tu realidad. Has entendido el porqué aunque las personas visualicen no llegan a tener lo que anhelan, el porqué algunas personas dicen que la ley de la atracción no funciona… cuando la visualización y la ley de la atracción funcionan siempre. Pero la que dirige lo que ves manifestado en tu vida una y otra vez es tu mente subconsciente, aunque te sientes dos horas a meditar y a visualizar lo que quieres cambiar, lo que quieres vivir.

Hasta que no cambies a tu favor la parte del iceberg que no se ve, continuarás manifestando lo mismo. Hasta que no cambies toda esa programación subconsciente y emprendas acciones, será difícil que obtengas lo que quieres. Así que vuelvo a animarte a que te pongas manos a la obra, porque, ¿hay algo más fascinante que trabajar en uno mismo?

Todos los ejercicios son importantísimos para poder vivir un cambio permanente a través de una buena programación. Pon todo este material en práctica. Cuidado con la vocecita en tu cabeza que te dice «más ejercicios, no los necesito, ya me he parado a pensar acerca de esos temas y es suficiente. Más ejercicios, los haré más adelante porque ahora mismo no tengo tiempo». Es bueno e importante ir releyendo el libro. Puede que pienses: ¿Otra vez? Pero si ya lo he leído...Buena pregunta, pero a esas alturas ya sabes que la repetición es la base del aprendizaje y además, cada vez que leas el libro tendrás más capacidades que te harán llegar informaciones que a lo mejor en la primera lectura no pudiste captar.

En la segunda parte traté todo el tema de la física cuántica, simplemente porque es un mundo maravilloso y da unas bases más sólidas a aquellas personas más escépticas. En mi caso, todos estos descubrimientos en el campo cuántico fueron vitales para acabar de afianzar todos mis conocimientos.

En la tercera parte del libro has conocido toda la estrategia chamanica. Puede que algunas técnicas te hayan sorprendido pero son increíbles. Cuando empieces a utilizarlas con plena consciencia verás los cambios que experimentarás, y finalmente, has podido conocer las leyes universales, vitales para poder actuar de forma consciente en nuestra realidad e importantes para poder entender todo lo que está pasando a tu alrededor. Recuerdo cuando muchos años atrás conocí las leyes herméticas... cuando ese libro llegó a mi vida, lo leí muchas veces para poder comprender profundamente todas las cosas que enseña. Simplemente hubo un antes y un después en mi vida y en mi forma de observar la realidad y confío en que a ti te sucederá lo mismo.

Ahora que ya has realizado todo este trabajo interno estás preparado para poder crear lo que deseas experimentar. En mi segundo libro te enseñaré a soltar los lastres más profundos y la forma correcta de visualizar. Una vez has hecho el trabajo y tu mentalidad es la correcta, ya puedes empezar a visualizar lo que quieres experimentar. Una vez tu programación es la adecuada, ya puedes visualizar de forma potente y sobre todo, de forma coherente. Te enseñaré un método fácil y eficaz para poder visualizar y acabar con los sentimientos de incoherencia que puedan aparecer en tu avance, porque recuerda que: ¡Te mereces lo mejor! ¡Te lo mereces todo!

Me siento verdaderamente feliz, agradecida y afortunada de que tengas mi libro entre tus manos. Me siento profundamente emocionada de haber podido llegar al corazón de la persona que ahora mismo está leyendo estas palabras.

¡GRACIAS, de todo corazón!

¿Quieres ayudarme en mi sueño?

Dicen que no hay acción más egoísta que tener un conocimiento y no compartirlo con las demás personas. Ya sabes que hay una ley de causa y efecto y de esta se deriva otra que es la de dar y recibir.

Lo que más me impulsó a escribir mis libros fue el gran deseo de ayudar a las personas, el compartir mis conocimientos y experiencias para ayudar a otros a vivir una vida más feliz. Todos los conocimientos que están en el libro revolucionaron mi vida por completo y por supuesto también la de mis familiares y amigos más cercanos. Como el guerrero impecable que anda tras su sueño, mi sueño es mejorar la vida a cuantas más personas mejor, mi sueño es poder hacer llegar mi voz a miles de personas y por este motivo encontré el vehículo para hacerlo realidad.

Tengo el sueño de traer luz a todas aquellas personas que están cruzando una época oscura, de acompañar y ayudar a todas aquellas personas que están sufriendo y que se sienten perdidas. ¿Me ayudas a cumplir mi sueño? ¿Te ha gustado «La magia que duerme en ti»? ¿Crees que igual que a ti y a mí, puede ayudar a más personas? Cuando algo nos beneficia, tenemos que compartirlo con los demás. Lo que damos vuelve multiplicado a nosotros. Ayúdame a crear un mundo mejor, un mundo de personas felices y responsables, hacedoras e impecables. Un mundo en que los sueños maten los miedos y no al revés.

Ya sabes que el contribuir nos brida felicidad. ¿Me ayudas a hacer llegar todos estos principios a más y más personas? ¿Me ayudas a que cada día más personas en el mundo puedan despertar la magia que duerme en ellos y empiecen a crear su vida de forma deliberada? ¿Me ayudas poniendo tu granito de arena en dejar un mundo mejor?

Se dice que si quieres ayudar a un amigo, mejor que darle un pez, enséñale a pescar. Ayuda a esas personas que te rodean a despertar y a poder poner de nuevo rumbo a sus vidas. Si te ha ayudado a ti, regala uno de los libros a alguién que lo necesite.

Joe Vitale, del que ya te hablado en el libro, empezó su gran cambio gracias a un libro que alguien le regaló cuando vivía en las calles. ¿Te imaginas cómo puede ayudar un libro a las personas que simplemente se han perdido en la vida?

Si regalas uno de mis libros, aparte de ayudar a la persona que lo reciba, vas a ayudarme a ayudar a más personas. Dono el 10% de los beneficios a diferentes instituciones con el afán de mejorar sus vidas. Dono una parte económica y una parte en libros, por lo que te decía de enseñar a pescar a un amigo, en lugar de darle el pez. Al final de nuestras vidas seremos recordados no por lo que ganamos, si no por lo que dimos. El secreto de la vida es dar y ayudar a otros a prosperar. El secreto de la felicidad es ayudar a mejorar la vida de todas aquellas personas que te rodean.

Escribir mis libros y hacer llegar todos estos principios a las personas me hace inmensamente feliz, te estoy profundamente agradecida. Cada mensaje que recibo de las personas que me cuentan sus cambios y mejoras en sus vidas me llenan de alegría. Si quieres explicarme todas las cosas que han cambiado y que estás experimentando en tu realidad, ¡hazlo por favor y me harás enormemente feliz!

Cuéntame los cambios que has tenido utilizando estas potentes herramientas.

Mándame una foto con tu libro para ayudarme a compartir lo que tanto nos ha ayudado. No seamos egoístas y ayudemos en el despertar de más y más personas. Por ti, por mí y por todos. Sin más, te deseo una vida inmensamente próspera y feliz, repleta de alegría, abundancia y éxitos. Una vida en la que brillas siendo tú mismo y en la que tus sueños matan tus miedos.

¡Hasta pronto!

Un gran abrazo,
Gemma

Escríbeme a:
gemmacomasmoner@gmail.com

Sigámonos en las redes sociales

LAIN GARCÍA CALVO

Seguramente has oído más de una vez que cuando el alumno está preparado llega el maestro... y eso exactamente es lo que me sucedió.

Cuando llevaba un tiempo escribiendo mi primer libro, por CAUSALIDAD apareció delante de mi un libro de Laín. Yo había empezado la senda que me llevaba a mi sueño pero aún había una parte por resolver y ¡ahí estaba él!

Me encontré con un ser maravilloso, con un gran propósito en la vida y dueño de una energía arrolladora. No dudé ni un segundo en inscribirme al evento "Vuélvete imparable", dónde se reúnen cientos de personas y tampoco dudé en apuntarme a su mentoría "Tu primer best seller" para poder llevar mi voz al mundo.

Gracias a su guía y apoyo, hoy puedes tener mi libro entre tus manos.

Laín es el coach número uno de habla hispana y fue pionero en la autoedición de su primer libro "La voz de tu alma" con el que ha cambiado la vida a miles de personas. Un hombre de gran corazón e implicado, que guía a personas como yo, a poder transitar el camino que él mismo hizo hace ya más de cinco años, cuando recorría librerías con su gran tesoro debajo del brazo. Ese gran tesoro que poco después fue un best seller y está revolucionando medio mundo.

Si aún no lo has leído, "La voz de tu alma" es simplemente un libro imprescindible. Un libro para leer y releer las veces necesarias. Un libro de crecimiento y descubrimiento de uno mismo y del mundo metafísico.

Y ya sabes que no hay mejor inversión, que la que uno hace consigo mismo.

Gracias Laín por este gran regalo y por mejorar la vida a tantas y tantas personas.

Gracias, gracias, gracias de todo corazón.

www.laingarciacalvo.com

Continúa en...

EL ARTE DE CREAR
DELIBERADAMENTE
"Descubre el poder de tu mente y utilízalo a tu favor"
GEMMA COMAS MONER

NOTAS

9 788409 082278